.

초보 언어재활사를
위한 입문서

언어재활사를 위한

임상 기초

강민선 · 이경민 공저

학지사

언어재활사를 위한 임상 기초

언어재활사가 된 지 이제 16년이 넘어간다. 처음 이 일을 시작하면서 반복되는 치료 스케줄 속에서 내담자를 파악하고 평가하는 일, 치료를 계획하고 이끌어 나가는 일, 그리고 보호자와 상담하는 일들이 외롭고 힘들게 느껴진 적이 많았다. 당시에는 임상에 관한 책들이 거의 없다시피 했기 때문에 몸으로 부딪치며 동기들과 사례를 나누고 각자가 책을 찾거나 선배 치료사에게 직접 물어야 했다. 같은 진단명을 가지거나 검사의 점수가 비슷해도 특색이 모두 다른 내담자와 보호자에게 '무엇을 어떻게 해 주어야 할까?'를 시작으로 치료의 시작부터 종결까지 오롯이 스스로 진행한 뒤에야 하나의 사례, 유형에 대한 윤곽이 잡힐 듯 말 듯 느껴지기 시작하면서 치료에 대해 조금씩 알아 간 것 같다.

어느덧 시간은 흘러 대학교 현장 실습 지도 감독을 하게 되었고, 실습생을 지도하는 중에 '이건 알고 있을 텐데…….', '이건 반드시 해야 하는 것인데…….', '아, 이것을 이렇게 연결 짓는 걸 모르는구나…….'와 같은 생각이 들었다. 실습을 마치고 졸업하여 취업을 하게 되면 이제는 어엿한 언어재활사이다. 따라서 내담자들이 거는 기대와 책무는 커질 것이며 그것은 온전한 언어재활사의 책임인 것이다. 이 책은 그러한 과정을 먼저 겪은 선배 언어재활사로서 언어재활사를 준비하거나 시작하는 이들에게 임상에 실제적인 도움이 되면 좋겠다는 생각에서 시작되었고, 임상을 실제적으로 하나하나 차근차근 그리고 세세하게 알려 주고자 하는 마음으로 완성하였다.

  이 책은 총 3부로 구성되어 있다. 제1부는 내담자를 만나기 전 예약부터 면담과 평가에 대해, 제2부는 장애 영역별 특정 사례를 통한 치료의 진행 과정 전반에 대해, 마지막 제3부는 종결과 언어재활사의 태도, 직무에 대해 작성되었다. 보고서 양식이나 진행 그리고 치료의 관점과 방향은 현장이나 개인마다 다를 수 있어 조심스럽지만 하나의 실질적인 예로 앞으로의 임상에 대한 최소한의 정보라고 생각해 주기를 바란다.

  이런 과정 속에서 힘듦을 견디고 독려해 준 두 저자 스스로에게 대견하다고 이야기해 주고 싶다. 그리고 바쁜 와중에도 기꺼이 많은 도움을 주셨던 정한진 교수님과 김보영 선생님께 진심으로 감사를 드리며, 새로운 기회를 주신 학지사 김진환 대표님과 세심한 교정과 편집에 힘써 주신 박나리 선생님께도 깊은 감사의 인사를 전한다. 끝으로 이 책이 언어재활사를 준비하거나 시작하는 모든 분에게 작게나마 도움이 되기를 바란다.

2021년 2월
저자 강민선, 이경민

언어재활사를 위한 임상 기초

제3부
언어재활 임상 종결

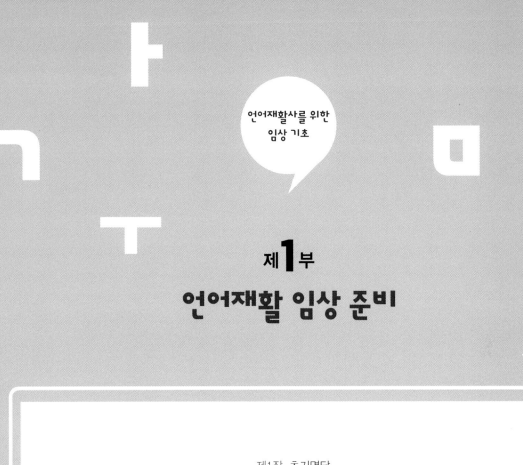

언어재활사를 위한
임상 기초

제1부

언어재활 임상 준비

제1부 언어재활 임상 준비

제1장

초기면담

초기면담은 언어재활의 첫 단계입니다. 면담을 통한 내담자에 대한 빠르고 정확한 이해가 면담 성과에 영향을 미치는 주요한 요소이며 성공적인 치료의 시작이라고 할 수 있습니다. 따라서 초기면담은 담당 언어재활사가 직접 하는 것이 가장 좋습니다. 그러나 이는 전문 치료 영역이 있거나 언어재활사의 특화된 영역을 부여하는 기관들에서 가능한 일이며 실제 임상 현장에서는 기관의 종류에 따라, 혹은 편의를 위해 면담이나 평가를 하는 사람과 치료를 담당하는 사람이 다른 경우도 있습니다. 기관장이나 의료진, 사무직원 등에 의해 초기면담이 이루어진 상태로 오더라도 내담자 및 그 보호자와의 첫 만남은 초기면담을 포함하고 있기 때문에 내담자의 유형이나 특성에 따른 준비를 하고 맞이하는 것이 좋겠습니다.

1. 면담 과정

처음 생각한 초기면담의 모습은 어떤가요? 단정한 차림으로 내담자와 부드럽고 차분하게 이야기하고, 앞으로의 과정을 설명하는 것을 떠올리지만 우리 모두의 첫 면담은 아주 부산스러웠을 겁니다. 주양육자들이 병원을 다녀오거나 검사를 받거나, 여러 번 상담을 한 경우라도 언어재활사와의 상담을 통해 여러 정보를 얻으려고 합니다. 그리고 그 시간 동안 우리 아이를, 나를 맡겨도 되는지 판단하십니다.

언어재활사 입장에서도 초기면담은 매우 중요합니다. 흔히 치료실 문을 열고 들어오는 순간부터 평가는 시작된다고 합니다. 초기면담지를 작성하면서부터는 아동에 대한 객관적, 주관적 정보를 얻게 되고 이를 바탕으로 평가와 치료를 시작하기 때문에 첫 단추처럼 잘 끼워야 합니다.

전화 문의가 오면 이름 및 생년월일, 주호소를 확인한 뒤 병원 및 타 기관에서 받은 평가서가 있을 시 지참하도록 안내 후 예약을 잡습니다. 약속된 예약일에는 내원 시 평가서가 있다면, 주양육자가 면담지의 생년월일 및 이름 및 주호소를 직접 작성하도록 한 뒤 상담에 앞서 평가서를 읽어 보는 것이 좋습니다. 평가서가 없다면 그 시간 동안 언어재활사는 아동과 1 대 1 상황에서 아동의 행동이나 말, 놀이 등을 관찰하여 기능이나 정도를 확인하는 것이 필요합니다. 아동에 따라서는 순서를 바꾸어 면담 후 부모와 상호작용하는 시간을 갖게 함으로써 내담자의 주호소를 확인하고 결과를 안내하기도 합니다. 이때 아동의 관찰은 지치거나 상담 시간에 무리를 주지 않을 정도, 약 15분 이내로 짧게, 그리고 장소는 되도록 치료실 안으로 한정합니다. 만약 치료실 내에서 놀이나 상호작용이 이루어지지 않는다면 그 자체가 하나의 평가결과로 의미가 있습니다. 실제로 치료실 내에서 '아동과 놀이시간에 잘 놀아 주며, 상담 시에 자녀와의 관계에서 본인은 특이사항이 없다'고 하는 경우가 많습니다. 언어재활의 입장에서 '놀이(하다)', '놀아 주다'의 의미가 사전적 의미가 아님을 언어재활사는 알고 있어야 합니다. 놀이라는 겉으로 드러나는 행동을 통해 전반적인 발달의 정도, 의사소통의 의도나 기능, 상징물과 상징 체계에 대한 수용 및 표현의 정도 등을 확인할 수 있습니다. 그리고 아동의 말을 잘 들어 주고 기다려 주는 유형, 아동에게 지시를 하는 유형, 감정적으로 대하거나 무시하는 유형 등 자연스럽게 드러나는 행동과 태도는 평소 아동의 환경과 부모-아동의 상호작용 스타일을 나타냅니다. 언어재활사는 이런 시간을 통해 일상생활에서 아동이 보일 언어능력을 대략적으로 확인할 수 있고, 그에 따른 전반적인 발달 정도, 평가의 필요성을 확인하고 평가의 영역을 계획할 수 있어야 합니다.

이처럼 초기면담은 정보를 얻는 과정이므로 부모가 말을 많이 할 수 있도록 세세한 질문, 충분한 시간 제공을 하는 것이 좋습니다. 그 과정에 치료나 예후, 원인 등에 대한 질문을 받기도 하는데, 불확실한 정보, 예를 들면 치료 기간이나 정확도 수준 등은 평가 후 결과 도출 후 상담하는 것이 좋겠다고 말하고 섣부른 정보를 제공하지 않도록 합니다. 비슷한 예로 다른 곳에서 상담이나 평가를 받거나 인터넷에서 정보를 취한 뒤 오서서 그것을 확인하거나 비교하는 분들도 많습니다. 그런 질문을 왜 하시는지 파악할 필요가 있고, 이론이나 근거에 기반한 연구들을 예로 들어 설명해 주거나 부모님의 생각을 여쭤보면서 언어재활사의 의견을 제시하는 방법도 있습니다.

2. 면담지 작성

이제 초기면담지 작성에 대해 알아보겠습니다. 일반적으로 면담지에 작성하는 것은 크게 다음과 같으며 다음의 범주는 반드시 필요한 것만 나열한 것이라 매우 간단합니다. 기관에 따라 양식이 다르고 좀 더 자세한 항목들로 세분화될 수 있겠으나 '말 · 언어재활'에서는 다음의 항목들이 주요한 정보입니다. 그 외 내담자의 특성, 성인이나 뇌병변, 증후군과 같은 경우에는 필요에 따라 추가 작성하고, 청각장애와 유창성장애의 경우 전용 면담지를 사용하는 것이 좋습니다.

가장 먼저 가족사항에서는 부모의 나이와 직업, 아동과의 관계 확인이 필요한데, 이는 언어발달에 영향을 미칠 수 있는 부모의 정서적, 기능적 반응에 차이가 있을 수 있기 때문입니다. 다음으로는 형제자매 유무 및 관계를 확인하는데 이 역시 가정에서 서로의 말과 행동을 모방, 학습하거나 공유하기 때문에 아동 언어발달에 영향을 미칠 수 있습니다.

다음으로 내원사유는 임상에서 가장 중요한 요소입니다. 주된 문제가 무엇인지와 언제 시작되었으며, 발생 시기에 특별한 사건이 있었는지에 대한 정보를 파악합니다. 내원사유는 되도록 부모가 작성하도록 하고 면담 시에는 작성한 것에 대해 더 세밀하게 질문하도록 합니다.

평가력이 있다면 평가시기와 기관, 평가결과를 확인하고, 치료력이 있다면 치료기관과 치료영역, 치료시기, 종결 여부를 확인합니다. 그리고 장애 진단 유무 확인후 장애 진단을 받은 경우라면 그 시기도 작성합니다.

교육력은 치료를 제외한 학습이나 놀이, 교육 등에 대한 정보입니다. 이것은 아동의 욕구나 부모의 욕구 등을 간접적으로 알 수 있으므로 확인하는 것이 좋습니다.

병력과 가족력을 확인해야 하는 이유는 유전에 의한 증후군이나 질병이 아니더라도 가족력과 깊은 관계가 있을 수 있기 때문입니다. 특히 말더듬이나 조음, 언어발달지연의 경우 가족 중 같은 문제를 보인 사람이 언제, 얼마나 문제를 보였는지와 현재의 상태는 내담자의 예후에 영향을 미치는 요소 중 하나입니다.

출생 배경에서는 이른둥이나 인큐베이터, 황달 등 출생 시 문제나 영유아기 뇌 발달/손상에 영향을 줄 만한 문제들이 있었는지를 확인합니다. 대소변의 경우는 감각이나 정서 문제와도 연결되어 있으니 배변훈련이나 배변을 가린 시기, 훈련을 시작한 시기 등을 확인합니다.

신체 및 운동발달의 경우 초기 발달 정도와 단순한 움직임 외에 운동 계획이나 협응 및 통제 능력을 확인하는데, 뇌병변이나 전반적인 신체 운동발달의 격차가 매우심한 경우에는 자세히 기술하는 것이 좋습니다.

가장 중요한 언어발달은 제2부 장애유형별 언어재활 임상 중재에서 자세히 다루기 때문에 가장 보편적인 것만 언급하자면 옹알이부터 현재까지 언어능력의 확인을 들 수 있습니다. 언어발달 각 단계마다 출현 시기가 있으므로 그 시기와 내용을 보고 현재 이해하고 표현하는 언어 정도를 확인하도록 합니다.

정서발달은 화용적인 부분과 관련된 눈맞춤이나 주양육자와의 분리와 관계, 그리고 아동 성격에 대한 확인이 필요한데, 만약 학령기 이상의 경우라면 정서표현 방법이나 이해의 정도, 정서 조절 등에 대한 추가 확인이 필요합니다.

또래관계는 어린이집이나 유치원, 학교를 다니는 경우 해당 기관을 중심으로 상호작용 방법이나 관계 형성 등의 정보를 파악하고 기관에 다니지 않고 가정보육 중이라면 가족이나 동네 친구 혹은 놀이터에서 만나는 또래들로 바꾸어 물어보도록합니다.

마지막으로, 연령에 따라 그리기, 읽기, 쓰기, 셈하기와 같은 학습상황 및 상태 확인과 기타 행동상의 문제가 있다고 보고되거나 관찰된다면 별도로 작성합니다. 면담을 마무리할 때 언어재활사는 부족한 정보가 없는지 확인을 하고 끝으로 부모의 요구사항이나 추가로 하실 말씀이 있는지 확인 후 초기면담을 마무리합니다.

년 월 일 검사자:

사 례 면 담 지

■ 이름(성별):	■ 연락처:
■ 생년월일:	■ 주소:
■ 소속기관:	■ 정보제공자:

■ 가족 사항(관계, 나이, 직업)

■ 내원사유

■ 평가 및 치료력

■ 교육력

■ 병력(가족력)

■ 출생 배경	• 모 연령
	• 특이사항(미숙아, 난산 등)

■ 신체 및 운동발달	• 뒤집기	
	• 서기	
	• 걷기	
	• 대소변 가리기	
	• 전반적인 발달 1) 또래와 비슷 2) 또래보다 빠름 3) 또래보다 느림	
■ 언어발달	• 옹알이	− 시기:
	• 첫 낱말	− 시기: − 산출 낱말:
	• 첫 문장	− 시기: − 산출 문장:
	• 현재 가장 긴 언어 이해 능력	
	• 현재 가장 긴 언어 산출 능력	
■ 정서발달	• 눈맞춤	
	• 주양육자와의 분리	
	• 아동의 성격	
■ 또래관계	• 전반적인 관계	
	• 좋아하는 장난감	
	• 싫어하는 장난감	
	• 놀이형태	
	• 놀이수준	
	• 주된 놀이 상대	

■ 기타 정보 및 요구사항

[그림 1-1] 초기면담지의 예

〈표 1-1〉 장애유형별 면담 내용

장애유형	면담 내용
성인언어장애	발생원인(질병/사고/장애) 발생 시기 및 처치와 그 시기 진단명(뇌손상의 경우 발병 위치)과 검사 결과 물리치료, 작업치료, 언어재활 및 그 외(침치료, 스피치 학원, 정신건강의학과 진료 등) 현실적인 언어재활의 목표
아동언어장애	출생력 및 발달력 진단명 종합심리검사 유무 및 그 결과 가족력, 치료력, 교육력 동반장애 유무
증후군을 동반한 말-언어장애	증후군명/진단명 수술적 처치 유무와 시기 종합심리검사 유무 및 그 결과 가족력, 치료력, 교육력
뇌병변장애	발생 원인과 발생 부위 수술적 처치 유무 약물 복용 이력과 사항 인지 수준 및 의사소통 형태 물리, 운동, 작업, 감각통합, 수치료 등 치료 영역과 횟수, 발달 정도
유창성장애	말더듬 발생 시기 말더듬 기간/말을 더듬지 않거나 감소한 기간 말더듬에 대한 인식 유무와 그 정도 특발 사항 유무 가족력, 치료력, 교육력
청각장애	청각장애 진단 시기 청력검사 결과 수술적 처치 유무와 시기 보장구 종류(보청기/인공와우) 가족력, 치료력, 교육력 동반장애 여부
음성장애 (공명 문제 포함)	발생 원인/진단명 수술 및 의료 처치의 유무, 그 효과 음성치료의 유무, 기간 현실적인 음성치료의 목표

3. 타인에 의해 의뢰된 면담 _____

부모에게 장애가 있거나 다문화가정으로 주양육자가 한국말이 서툴 경우 등과 같이 부모가 아닌 타인이나 협력기관을 통해 아동이 의뢰되기도 합니다. 따라서 부모에게 직접적으로 내담자의 정보를 얻을 수 없다면 내담자 주변의 사회적 지지체계를 탐색하여 아동에 대해 잘 아는 가까운 친척이나 협력기관(지역아동센터, 정신보건센터 등), 현재 다니고 있는 기관(어린이집, 유치원, 학교 등)을 통하여 아동에 대한 정보를 얻을 수도 있습니다. 아울러 치료의 회기가 거듭될수록 아동의 진전 사항이나 가정 내에서 지지해 주어야 할 부분 등에 대해 전달이 필요한데 이와 관련하여 부모와 의사소통이 어렵다면, 부모와 가까운 성인 혹은 아동을 의뢰한 협력기관 담당자를 통하여 부모에게 전달되도록 하는 것이 효과적이기도 합니다.

제2장

언어평가

　초기면담 이후에는 현재 언어능력을 정확히 확인하고 치료계획을 수립하기 위하여 언어평가를 실시합니다. 어떤 평가를 어떻게 진행할 것인가는 초기면담 시 주호소와 아동관찰 등을 통해 결정합니다. 평가도구를 준비할 때에는 주호소와 연령, 기타 문제 등을 고려해야 하며, 공식검사가 진행되지 못하거나 혹은 미흡할 수 있으므로 가능한 모든 평가도구를 준비하는 것이 필요합니다. 그 외에 평가도구에 문제는 없는지, 평가지는 있는지, 평가자가 검사에 대한 이해가 충분한지 반드시 준비되어 있어야 합니다. 너무 정돈되고 또박또박한 발음이나 태도는 아동에게 긴장을 불러일으켜 평소처럼 말하지 못할 수 있기 때문에 평가 시 평가자의 말이 매우 중요합니다. 아동이 긴장을 한 경우라면 평가 전 짧은 놀이나 대화 등을 통해 친밀감을 쌓고, 평가가 이루어지는 시간 내내 지치지 않도록 충분한 휴식과 평가를 수행하는 것에 대한 지지를 해 주는 것이 필요합니다. 반대로 성인의 경우는 평가자의 전문가적 태도가 중요하므로 평가에 집중하고 좀 더 정돈된 말 표현을 해 주는 것이 좋습니다.

1. 평가내용 정하기

1) 언어발달장애

언어발달장애의 경우 기본적으로 의사소통의 의도와 기능, 수용언어 및 표현언어 능력, 사용의 정도를 살펴보고, 조음 · 음운 능력도 확인합니다.

언어이전단계의 경우 어떤 평가를 할 수 있을까요? 보통은 사물영속성, 수단-목적 관계, 모방 능력, 놀이의 발달 단계와 같은 초기 인지능력을 포함하여 말소리, 의사소통에 대한 이해와 의도, 그리고 사회적 기능의 습득 등이 평가의 대상이 됩니다. 특히 의사소통 의도와 기능은 영유아의 경우나 발화가 적거나 무발화의 경우에는 대단히 중요한 평가의 한 축이 됩니다. 이 경우 평가자는 SELSI와 같은 선별검사와 함께 아동과 주양육자, 그리고 평가자와의 상호작용을 통해 의사소통 의도 유무와 기능의 정도 등을 관찰/평가하여 언어발달의 정도를 측정해야 합니다. 무발화라도 평가가 불가한 것은 아닙니다. 행동 표현이 있는지, 있다면 사회적인지 개인적인지, 그리고 모방 능력이 있는지, 눈맞춤이나 호명 등에 반응을 하는지, 장난감에 관심이 있는지, 실물을 더 좋아하는지, 부모와 분리는 어떠한지, 치료/평가실이라는 낯선 장소에서 어떻게 행동하는지 등을 확인해야 하고 이것이 왜 필요한지에 대해서 부모에게 설명할 수 있어야 합니다. 말소리의 측면에서는 생물학적 발성이나 감탄사, 옹알이 등이 나오는지 아니면 발성조차 나오지 않는지 관찰하여야 하며 단단어 발화를 나타낸다면 발화 모방이 가능한지, 가능하다면 이때 가능한 자모음은 얼마나 있는지 등을 살펴보아야 합니다.

〈표 2-1〉은 언어발달장애 시간에 한번쯤 들어보았을 내용을 표로 만들어 본 것입니다. 각각의 용어나 발달의 단계, 그것이 부모가 흔히 생각하는 언어발달과 어떤 관계를 가지는지 알고 있어야겠습니다.

〈표 2-1〉 언어이전, 무발화 단계의 평가항목

언어이전 단계	음운 형태	옹알이 유무, 정도, 질적인 측면(v, vv, cv, vcv, cvcv, jargon 등 다양성, 조음기관의 협응 정도 측정)
	구문	행동을 동반한 간단한 지시어 이해와 표현 정도
	의미	초기 일상생활 어휘의 이해 정도 수단−목적의 이해 인과 관계, 사물영속성, 상징놀이 발달 정도 확인
	화용	의사소통의 의도 유무 의사소통에 대한 이해 사회적 행동−몸짓 언어 사용 및 이해 눈맞춤, 주고받기와 같은 초기 의사소통 기능의 이해와 사용 운율, 억양 등에 대한 이해와 사용
	그 외	전반적인 소리의 양과 질 부모와의 상호작용, 의사소통 방법 확인 정서 행동의 특성 파악 운동 및 인지능력의 결손 확인

다음 〈표 2-2〉는 평가 시 초기 의사소통 유형을 표로 만들어 작성한 예시이며, 〈표 2-3〉은 상징행동 검사표입니다.

〈표 2-2〉 초기 의사소통 유형 평가표(예시)

초기 의사소통 유형	표현방법	출현 여부
명명하기		
반복하기		
대답하기		
행동요구하기	장난감에 손이 닿지 않자 언어재활사의 팔을 잡아당겼다.	✓
부르기	엄마가 보이지 않자 어~ 하면서 엄마를 찾았다.	✓
인사하기		
거부하기		
기타		

〈표 2-3〉 상징행동 검사표

상징행동 검사표
(김영태 · Lombardino)

이름: _____ 생년월일: _____

검사자: _____ 검사일: _____

상징행동	발달시기	결과(빈도) 회기				동반된 발성/발어
		1	2	3	4	
탐험적인 놀이	9~10개월					
전상징기적 행동	11~13개월					
자동적 상징행동	14~15개월					
단순 상징행동	16~17개월					
단순 상징행동 조합	18~19개월					
복합 상징행동 조합	20~23개월					
물건대치 상징행동 대행자 놀이	24~35개월					

　　언어발달기 아동이라면 더 많은 관찰이 필요합니다. 평가 상황 외, 대화나 놀이 상황에서 단어의 사용(어휘다양도), 의문사 이해, 문장과 문법 구조의 이해와 표현, 상위 언어능력에 대한 정도, 의사소통 및 대화 기능, 이야기 발달 정도 등 실제 사용에 대해서 확인해 보아야 합니다.

　　언어발달장애 대상자의 평가내용 정하기는 크게 '낱말과 낱말 조합 단계', '문법 단계', '이야기 단계', 그리고 '학습 단계'로 나누어 살펴보도록 하겠습니다.

　　낱말과 낱말 조합 단계는 일반적인 발달에서 생후 1년에서 시작하여 18개월 이후 활발하게 나타나는 언어발달의 단계를 말합니다. 이때부터는 말소리가 주된 의사소통의 수단이 됩니다. 초기 의문사 질문에 대한 이해와 단어 산출을 통한 표현이 늘어나고, 의사소통 기능의 이해와 표현이 활발해져 말소리를 포함하여 하나의, 혹은 여러 개의 기능들을 자발적으로 사용합니다. 그리고 낱말 단계가 진행될수록 명사, 동사에서 형용사, 부사어, 반의어나 개념어 등에 대한 이해와 표현도 증가하게 됩니다. 이때에는 의사소통 기능의 분석을 포함하여 어휘 이해 및 표현, 의문사 질문의 이해 및 표현, 그리고 낱말의 의미관계 유형이나 빈도 등을 평가합니다. 그리고 놀이 측면에서 상징놀이의 발달 정도나 언어발달과 관련된 인지능력의 정도도 확인할 필요가 있습니다.

문법 단계는 2세 후반이 되면서 문법을 갖추어 표현하기 시작하는 것을 말합니다. 보통 3세가 되면 초기 의미관계에 따른 구문 구조를 이해하여 적절한 조사나 연결어미, 여러 종류의 종결어미를 활발하게 사용할 수 있습니다. 의미 측면에서는 빠른 연결이 이루어지고, 화용 측면에서는 대화 기능의 발달로 인해 '마치 서로 대화하는 것처럼' 이야기하기 시작합니다. 이 시기에도 의사소통 기능과 초기 대화 기능의 분석, 그리고 어휘와 구문의 이해 및 표현 평가와 양적-질적으로 낱말-낱말 조합시기보다 폭넓고 세밀한 표현이 이루어지는지 확인해야 합니다.

이야기 단계는 4세 이후, 구문 측면에서는 복문의 이해와 표현이 늘어나고, 의미 측면에서는 사동과 피동이나 관계어, 지시어 등이 발달하고, 화용 측면에서는 진정한 의미의 대화 상대자가 되어 짧은 이야기 구성도 가능한 정도를 말합니다. 이 시기나 발달의 평가는 일반적인 어휘 이해 및 표현의 평가를 포함하여 추상적이거나 은유/비유적 표현에 대한 이해와 표현, 복문의 정도나 유형, 그리고 대화 능력과 이야기 능력의 평가가 필요합니다. 대화 능력은 자동적 산출/구어 중심으로 주제 개시와 유지를 포함하여 정보의 전달, 참조적 능력이나 전제 능력, 간접 표현 등을 말합니다. 이야기 능력은 대화보다 의도적인 산출이 좀 더 두드러지며, 산출한 내용이 이야기 문법에서 얼마나 벗어나는지 확인합니다.

학습 단계는 읽기와 쓰기가 시작되는 6세 이후를 말합니다. 이 시기에는 글자 읽기와 관련된 해부호화(decoding)와 쓰기와 관련된 부호화(encoding)가 발달하기 시작합니다. 그러므로 이 시기의 평가에는 연령에 적합한 읽기와 쓰기가 이루어지는지 확인해야 합니다. 만약 읽기와 쓰기가 또래에 비해 느리거나 미숙하다면 읽기와 쓰기를 시작한 시기부터 현재 수행 수준, 학습에 대한 아동의 태도 등에 대해서 확인하고 관련된 검사가 들어가야 합니다. 그리고 담화 능력을 활용하는 것도 매우 중요해집니다. 이 시기부터 집단생활, 학습의 진행, 그리고 또래 문화의 공유 등이 활발히 이루어지기 때문에 아동은 타인의 도움 없이 대화와 이야기 구성, 그리고 설명하기 등을 통해 정보와 감정을 공유하고 받아들이면서 적극적인 사회적 관계를 구축해 갈 수 있습니다. 그러므로 담화 능력의 평가에서는 구어 및 비구어, 언어 및 비언어적 행동을 통해 얼마나 표현하는지 그리고 상황과 상태를 잘 수용하는지 확인해야 합니다.

2) 조음 · 음운장애

조음 · 음운장애의 경우는 표준화된 검사에서 낱말과 문장, 대화(자유발화)와 같이 표현의 단계에 따른 조음 · 음운 오류의 정도를 봅니다. 이때 분석할 내용은 자음과 모음의 정확도, 그리고 오류의 유형이나 패턴, 자극 반응도로 이것들은 기본적으로 분석해야 합니다. 조음의 발달은 만 6~7세가 되면 성인과 유사한 정도로 산출되기 때문에 청소년기 이상, 성인을 대상으로 하는 평가도구는 없습니다. 정확도를 산출하고 싶은 경우 표준화된 검사를 사용할 수 있지만, 그럴 경우 최대한 간단히 그리고 대상자의 감정이 손상되지 않도록 주의해야 합니다. 대신할 수 있는 자료를 통해 오조음을 알아보거나 문장 이상의 단위는 대화 과제 등을 통해 분석하는 것이 효과적입니다.

분석 시 정확도가 매우 낮거나 변별력이 없는 경우도 있습니다. 바로 신경언어장애, 청각장애나 구개열과 같은 문제를 가진 대상자인데, 그럴 때에는 말명료도나 말 용인도에 대한 분석이 추가적으로 필요합니다. Kent 등(Kent, Weismer, Kent, & Rosenbek, 1989)은 말명료도를 화자가 전달하고자 하는 메시지가 청자에게 제대로 전달된 정도라고 하였고 용인도는 Witzel(1995)에 따르면 말이 주는 호감에 대한 청자의 주관적인 판단을 의미하는 것입니다. 말명료도와 용인도는 주로 연구에서 사용되지만 치료의 종결을 결정할 때 자연스러운 말의 산출이라는 측면에서 매우 중요한 지표로 작용할 수 있습니다. 말명료도와 용인도는 백분율로 산출하거나(철자 전사한 것/화자의 발화×100) 등간 척도를 사용하기도 합니다.

그리고 조음기관의 구조 및 기능에 대한 평가도 필요합니다. 이는 조음 오류에 대한 원인을 찾기 위함과 동시에 원인을 제거하는 평가이기도 합니다. 주로 입술과 혀, 턱의 모양, 움직임, 운동 범위를 평가하는데 규준 검사가 아니므로 성공 유무나 특징을 기술, 혹은 그림으로 표시해 놓기도 합니다.

평가는 표준화 검사에서 끝나는 경우도 있지만 비표준화 평가, 즉 자발화 산출 분석도 필요한 경우가 있습니다. 표준화 검사의 결과는 내담자의 말소리를 측정하기 위한 가장 최소한의 정보이지 실제 말소리나 말 문제를 대표하지 못합니다. 양적-질적 난이도나 발화 상태에 따라 말소리는 얼마든지 다르게 나타나므로 자발화 분석을 실시할 때에는 어떤 환경에서 단어나 음소를 어떻게 수집할 것인가를 반드시 계획해야 합니다. 표준화된 검사에서 드러난 단어를 확인할 수도 있고, 오류 음소를 확인할 수도 있습니다. 평가자는 평가 음소나 음절을 수정하거나 반복적으로 들려주어 수정시키거나 학습시키지 않아야 하고, 본래의 목적에 따라 분석 자료를 뽑아내는 것이 필요합니다.

조음 · 음운장애로 평가를 계획하더라도 언어발달에 대한 선별검사는 시행하는 것이 좋습니다. 특히 연령이 어릴수록 대상자가 보이는 조음 · 음운의 문제가 언어발달에 걸쳐 있는 게 아닌지 확인해야 합니다. 만약 언어발달지체나 장애를 동반하는 경우에는 단순 조음 · 음운장애가 아니기 때문에 치료의 목표가 달라지게 됩니다.

3) 유창성장애

유창성장애의 경우도 표준화된 검사와 비표준화된 상황에서의 자발화 산출을 분석하는 것이 필요합니다. 유창성장애는 표준화된 검사도구가 있지만 유창성장애 영역의 특성상 검사의 변별력이 떨어지는 경우가 많습니다. 다른 어떤 영역보다도 환경에 민감하고 발화의 컨디션을 조절하기 힘들기 때문에 실제 능력보다 매우 유창하게 나오거나 실제보다 더 비유창한 경우도 발생합니다. 대상자의 연령이 어릴수록 검사에 대한 거부가 심하고 실제 비유창과의 격차도 클 수 있어서 표준화된 검사 하나만 준비한다면 정확한 상태를 끌어내기 어렵습니다. 그래서 아동 평가에서는 많은 경우 부모와 함께 상호작용을 하는 비공식적인 평가를 진행합니다. 여기서 비공식적인 평가는 아동이 치료실을 들어오는 순간부터라고 생각하면 됩니다.

이렇게 평가 자료를 모으면 무엇을 분석해야 할까요. 말더듬의 정도나 말더듬 유형, 빈도, 부수 행동의 유무 등을 확인합니다. 말더듬이 주로 어떤 언어 환경에서 나오는지, 의사소통 상대자나 환경에 따라 그 정도가 다른지 등은 평가지에는 나와 있지 않지만 분석해 놓으면 치료에서 잘 활용할 수 있습니다. 아동의 경우는 장난감 놀이나 모래 놀이 상자 등을 이용해 발화를 이끌어 낼 수 있고, 성인의 경우는 말더듬에 대해 직접적으로 언급하거나 직업이나 전공, 개인사 등을 주제로 대화할 수 있습니다. 이때 평가자는 말속도나 태도, 그리고 지시 등을 하지 않도록 하고 최대한 평상시의 말을 보일 수 있도록 해 줍니다.

그리고 언어발달의 정도도 점검합니다. 언어능력은 유창성과 매우 밀접한 관계를 가지고 있으므로 반드시 선별 검사를 진행하고, 비표준화 평가나 비공식적 평가를 진행하는 동안 아동의 언어능력을 확인해야 합니다. 간혹 목쉰소리나 속삭이는 소리와 같이 음성 문제를 동반하기도 하는데 그것이 원래의 산출인지 아니면 말더듬의 긴장된 근육 사용으로 인한 것인지 확인하고, 조음의 문제도 운동 능력의 결함인지, 말속도나 타이밍 조절의 실패로 인한 것인지 확인하기 위해 일정한 오류 패턴이 있는지 확인합니다.

4) 신경언어장애

신경언어장애의 경우는 실어증과 마비말장애로 나뉩니다. 실어증과 마비말장애 모두 초기에는 짧은 주의력과 현기를 호소하므로 대상자의 상태에 따라 평가 회기를 조절해야 합니다.

실어증의 경우에는 언어능력의 전방위적 손상으로 평가를 계획할 때 미리 수집된 면담 정보나 임상 보고서를 숙지하는 것이 좋습니다. 다만, 평가 이전에 손상의 부위나 특징을 보고 미리 실어증 유형을 판단하는 것은 삼가야 합니다. 그렇게 되면 평가를 진행할 때 정해진 결과를 확인하는 수준에 머무르게 되고 진정한 평가를 진행하지 못할 뿐 아니라, 경우에 따라서는 언어평가의 결과를 토대로 환자의 병변을 확인할 수도 있기 때문입니다.

실어증을 주호소로 내원한 경우 당연히 공식검사를 시행합니다. 모든 언어평가가 그러하지만 특히 신경언어의 경우에는 평가의 항목이나 그 정도가 바로 치료의 목표로 연결됩니다. 공식검사가 이루어져 대표성을 확인하면 좋겠지만 그렇지 않는 경우도 많습니다. 그럴 경우 비공식적인 자료나 활동을 통해 발화 유창성, 청각적 이해력, 따라말하기 정도, 이름대기 정도 그리고 읽기와 쓰기, 그리고 말 실행증의 동반 여부를 평가합니다. 환자에 따라 표현언어 수단이 제한된 경우에는 행동이나 눈, 손의 움직임 등으로 반응하게 할 수도 있습니다. 과제는 친숙도나 사용 빈도, 언어적 난이도, 그리고 제공되는 촉진의 정도 등에 따라 반응이 다르기 때문에 기술할 때에는 그 근거를 포함하여 작성합니다. 착어나 보속, 실인증이나 감정 상태의 변화 등도 검사 시 확인 가능한 수준이라면 기술합니다.

마비말장애의 경우는 무엇을 보아야 할까요? 마비말장애는 구어 평가와 비구어

평가가 필요합니다. 구어 평가는 호흡, 발성, 운율을 포함한 말 산출에 초점을 둔 평가이며, 비구어 평가는 안면근육을 포함한 조음기관의 움직임을 평가하는 것을 말합니다. 각각의 평가는 다음과 같은 것을 포함합니다.

호흡과 발성, 음성 평가는 최대연장발성시간(Maximum Phonation Time, MPT)과 '가을 문단' 읽기를 통해 GRBAS 척도, 비누출 정도 등을 평가할 수 있습니다. 물론 기관에 따라 CSL, Nasometer와 같은 기기 평가로 진행하기도 합니다. 안면의 움직임(표정)과 조음기관의 구조 및 기능 평가도 포함되는데, 안면은 운동과 감각, 혼합으로 나누어 평가-치료할 수 있습니다. 보통 입술, 구개, 혀, 볼, 그리고 턱, 광대, 눈 부위까지 다루며 이것은 뇌손상 부위에 따라 차이를 보이지만, 환자 개인의 기능 측면에서 운동의 유무와 범위, 정도에서 차이를 나타내므로 평가에 포함·기술합니다. 조음의 경우 SMR, AMRs를 통해 협응 능력을 보기도 하고 공식검사인 조음검사를 진행하기도 하며 말명료도와 용인도 검사도 진행합니다. 대부분 구조화된 문단 읽기를 통해 이루어지며 읽기가 어려운 경우에는 친숙한 노래 가사나 글을 미리 준비하기도 합니다.

실행증에 대한 평가도 필요합니다. 말 실행증과 마비말장애는 여러 과제에서 다른 양상을 보이지만 비슷한 결과를 보여 평가자를 혼란스럽게 할 수 있습니다. 그러므로 '자동 구어, 이름대기, 따라 말하기, SMR, AMRs'에서 두 유형의 말운동장애가 어떤 차이를 보이는지 숙지하고 평가를 시행해야 합니다. 가장 두드러진 특징으로는 말 실행증의 경우는 말의 시작이 어렵고 조음 준비 동작을 하는 듯한 모색행동(groping)을 보입니다. 구강 실행증의 경우는 조음기관의 실행에 문제를 가지나 그 원인이 신경학적 손상, 즉 근육의 마비, 약화, 불협응으로 인한 것이 아닙니다. 구강 실행증은 독립적으로 나타나기도 하고, 말 실행증과 동반되기도 하므로 검사를 통해 선별하거나 중복된 문제를 확인하기 위한 준비가 필요합니다.

5) 음성장애

음성 검사는 크게 객관적인 검사와 주관적인 검사로 나뉩니다. 어떤 검사를 하든 음성은 녹음해야 하고, 기기 평가와 청지각적 평가가 함께 진행되어야 합니다. 병원 세팅의 경우 그 기관이 가진 면담지와 보유하고 있는 검사 기기 매뉴얼에 따라 진행하면 됩니다.

객관적인 검사는 음향학적 검사와 공기역학적 검사, 그리고 후두내시경(laryngeal endoscopy)이 있습니다. 음향학적 평가는 기본 주파수(fundamental frequency)의 주기성과 배음 구성을 분석하여 주파수 변동률(jitter), 진폭 변동률(shimmer), 소음대 배음 비율(NHR)을 측정합니다. 그리고 스펙트로그램(spectrogram), 스펙트럼(spectrum)을 통하여 공명 주파수(formant frequency)의 구성, 발성 시작 시간(voice onset time, VOT), 전이(transition) 등도 측정합니다. 가장 널리 사용되는 음성 분석 기기는 Computerized Speech Lab(CSL)으로 음도와 강도, 그리고 FFT(Fast Fourier Transform), LPC(Linear Predicted Coefficient), 기본주파수, 스펙트럼(spectrum)을 이용하여 음성을 그래프와 수치로 분석 가능합니다. CSL에 포함되어 있는 도구 중 하나인 Multi-Dimensional Voice Program(MDVP)은 음성을 다양한 매개변수를 사용하여 다면적으로 평가가 가능합니다. 그리고 Visi-Pitch나 Dr. Speech도 많이 사용하는 프로그램으로, 분석할 수 있는 음향학 매개변수는 CSL의 MDVP와 거의 동일합니다. Praat는 음성 분석을 위한 공유프로그램으로 특정한 기기나 프로그램을 갖추기 힘든 기관이나 학생 연구자들이 사용하기 적합합니다.

공기역학적 검사는 발성의 공기역학 측면을 확인하는 검사로 Phonatory Aerodynamic System(Kay Elemetrics, PAS)이나 Aerophone II 등을 이용하여, 평균 호기류율(mean air flow rate, MFR), 성문하압(subglottal pressure, Psub), 최대발성지속시간(maximum phonation time, MPT), 발성지수(phonation quotient, PQ) 등을 측정합니다.

후두내시경(laryngeal endoscopy)은 성대의 진동을 관찰하고 분석할 수 있는 검사입니다. 여기에는 후두 회선경 검사(laryngeal videostroboscopy), 후두 카이모그라피(laryngeal videokymography), 초고속 성대 촬영기(high-speed videoendoscopy), 성문파형검사(glottography)가 있습니다. 그리고 이런 후두내시경 검사의 여러 가지 단점을 보완한 성문파형 측정법이 전기성문파형검사(electroglottography, EGG), 광성문파측정법(photoglottography, PGG)과 역여과성문파측정법(inverse filter glottography)입니다.

주관적인 검사는 청지각적검사로 이는 훈련된 음성치료사의 귀로 음성 문제를 판별하며, 가장 대표적인 것은 GRBAS 척도입니다. G는 Grade로 종합적인 음성의 인상/애성도를 나타내며, R은 Rough(조조성, 성대의 불규칙한 진동으로 인한 목소리의 거친 정도), B는 Breathy(기식성, 성문에서 공기 누출로 인한 목소리의 기식성), A는 Asthenic(무력성, 음성의 과소−힘이 없고 연약한 음성), S는 Strained(노력성, 긴장된 음성의 정도)를 의미합니다. 각 평가 항목은 그 정도를 0, 1, 2, 3의 4단계로 평가하며, 0은 정상인 상태이고 3은 음성 문제가 가장 심한 상태이며 1과 2는 그 중간 상태입니다. 그리고 CAPE-V(Consensus Auditory Perceptual Evaluation of Voice)도 많이 사용하고 있습니다.

음성장애지수(Voice Handicap Index, VHI)를 점검하기도 하는데 VHI는 음성 문제를 가진 당사자에 의한 주관적인 평가입니다. 그 외에 음성관련 삶의 질(Voice-Related Quality of Life, V-RQOL), 아이오와 환자음성색인(Iowa Patient's Voice Index, IPVI), 음성증상척도(Voice Symptom Scale, VoiSS) 등이 많이 사용되고 있습니다.

6) 청각장애

청각장애의 평가는 말 · 언어평가와 말지각검사가 시행됩니다. 말 · 언어평가는 일반적인 평가와 마찬가지로 진행되지만 듣기 문제로 평가 수행에 어려움이 있다면 독화나 시각단서가 필요할 수 있습니다(말 · 언어평가는 앞서 설명하였기 때문에 말지각검사에 대해서만 언급됩니다). 말지각검사는 광범위하고 다양한 검사도구가 혼재되어 있고 같은 검사라 하더라도 기관에 따라 검사 실시 방법이 다를 수 있기 때문에 혼란을 줄이고자 한다면 표준화된 검사도구를 사용하는 것이 좋습니다. 그러나 대부분의 사례는 병원에서 진단평가 후 보장구를 착용하고 평가서를 지참하여 내원하기 때문에 언어재활사가 말지각검사를 할 일은 실제로 적습니다.

말지각검사는 말을 듣고 지각하여 이해하는 정도를 평가하며 설문검사, 척도검사 그리고 음소 · 단어 · 문장 수준의 말지각능력을 평가하는 검사도구를 사용합니다. 설문검사는 소리에 대한 자발적인 반응을 부모 보고로 평가하고 대표적인 예로 IT-MAIS(The Infant Toddler-Meaningful Auditory Integration Scale)가 있으며, 척도검사의 대표적인 예로는 CAP(Categories of Auditory Performance)가 있습니다. 말지각 검사도구는 말소리 자극을 들려주고 이에 대한 반응을 해석하는 평가로 어음청각검사(KSA)와 말지각 발달검사(KNISE-DASP)가 국내에서 많이 사용되고 있는 표준화된 검사도구입니다. 말지각검사 시, 자극대상, 자극단위, 자극조건, 자극수준에 따라 타당도와 신뢰도가 갖춰져야 하며 언어재활사는 이를 정확히 검사하고 해석할 수 있어야 합니다. 말지각 능력은 감지·변별·확인·이해의 4단계로 검사합니다. 환경음 검사는 표준화된 검사가 거의 없어 일상생활에서 들을 수 있는 소리나 악기와 같은 환경음을 이용하여 감지·변별·확인 능력을 평가합니다. 패턴지각검사는 소리의 크기, 소리의 길이, 단어 및 문장의 길이 등에 대한 변별과 확인능력을 평가하는데, 검사 수행의 어려움이 있는 어린 아동의 경우 의성어나 의태어를 사용하여 모방 결과를 바탕으로 평가합니다. 음소 수준의 말지각 검사는 모음과 자음의 소리를 듣고 감지·변별·확인 능력을 검사하며 대표적인 검사로 Ling 6 Sound Test가 있습니다. 단어검사는 일음절과 이음절을 적절한 강도로 듣고 정확히 확인하는 능력을 평가하며, 문장수준검사 중 문장지각검사는 문장을 듣고 따라 말하기, 문장이해검사는 문장을 듣고 내용과 관련된 질문에 대답하기, 요약하기 등을 통하여 평가합니다. 그러나 문장이해검사는 언어검사와의 중복성으로 임상에서 많이 시행되고 있지는 않습니다.

내담자의 주호소에 따른 그리고 발달 단계에 따른 대략적인 평가내용에 대해 알아보았습니다. 평가는 공식검사와 비공식평가로 나뉘는데 일반적으로 언어평가가 의뢰된 경우 비공식적인 평가는 공식검사를 보완하기 위한 평가이므로 객관적인 증거를 제시할 수 있는 공식검사를 반드시 포함하여 진행해야 합니다.

그럼 평가영역에 따른 평가도구에 대해 알아보겠습니다.

2. 평가도구

〈표 2-4〉 언어평가도구

장애	영역	평가도구	대상	목적
언어 발달 장애	전반적 언어	영·유아언어발달 검사 (SELSI)	4~35개월	수용 및 표현 언어발달 지체 조기선별(부모 보고)
		취학전 아동의 수용언어 및 표현언어 발달 척도(PRES)	2~6세	수용 및 표현 언어능력 평가
		학령기 아동 언어검사 (LSSC)	7~12세	
	의미	한국판 맥아더 베이츠 의사소통발달 평가 (K M-B CDI)	8~36개월 영아용: 8~17개월 유아용: 18~36개월	낱말, 제스처와 놀이(영아), 문법(유아) 사용 정도를 보 고 언어발달 지체 선별(부 모 보고)
		수용·표현 어휘력 검사 (REVT)	2세 6개월~ 성인	수용 및 표현 어휘능력 평가
		아동용 한국판 보스톤이 름대기검사 (K-BNT-C)	3~14세	이름 대기 능력의 정상 여부 판별
	구문	구문의미이해력 (KOSECT)	4~9세	구문 안에서 문법형태소, 구 문구조, 의미이해 능력 평가
	상위 언어	언어문제해결력검사 (TOPS)	5~12세	사고 과정을 언어화하는 상 위언어기술 평가
	이야기	한국어 이야기 평가 (KONA)	4~12세	이야기 능력 평가
	읽기	한국어 읽기 검사 (KOLRA)	초등 1~6학년	읽기 능력 평가
조음 음운 장애	조음 음운	아동용 발음 평가(APAC)	2세 6개월~ 6세 5개월	조음·음운 능력 평가
		우리말조음음운검사2 (U-TAP2)	2세 6개월~7세	
유창성 장애	유창성	파라다이스-유창성 검사2 (P-FA2)	아동 및 성인	유창성장애 여부와 정도 파악

실어증 및 말운동 장애	전반적 언어	한국판 웨스턴 실어증 검사(K-WAB)		성인	실어증 유무 및 유형 판정
		대구실어증진단검사			
		실어증·신경언어장애 선별검사(STAND)			
	의미	한국판 보스톤 이름대기 검사(K-BNT)		15세 이상	이름대기 능력 정상 여부 판별
	구강 구조 및 기능	조음기관 구조 기능 선별 검사(SMST)		18~59세	조음기관 구조 및 기능의 문제 선별
음성 장애	주관적 평가	자기평가	음성장애 지수(VHI)	전 연령	음성 문제를 가진 당사자가 자신의 음성 상태를 평가
		청지각적 평가	GRBAS		음성의 종합적인 측면 평가
	객관적 평가	공기역학적 검사	PAS		발성의 공기역학적 측면 평가
		음학학적 검사	MDVP		음성의 음향학적 측면을 다면적으로 평가
청각 장애	말지각	설문검사	IT-MAIS	영유아	소리에 대한 자발적 반응 평가(부모 보고)
		척도검사	CAP	아동 및 성인	말지각능력을 척도로 평가
		어음청각검사(KSA)		전 연령	음소·단어·문장의 말지각 단계(확인) 평가
		말지각 발달검사(KNISE-DASP)		아동	음소·단어·문장의 말지각단계(탐지, 변별, 확인, 이해) 평가

〈표 2-5〉 평가도구 활용

	평가도구	확인 사항	평가 항목	준비할 것

언어발달	• SELSI
	• PRES
	• REVT
	• 구문의미이해력검사
	• 언어문제해결력검사
	• LSSC
	• KOLRA
	• KONA
		• 연령
		• 대략적인 언어 수준
		• 다른 문제의 유무
		• 현 의사소통 정도
			• 공식검사
			: 수용언어
			  표현언어
			  읽기
			
			• 비공식평가
			: 놀이 발달 정도
			  의사소통 및 대화
			  청각적 이해력과 주의력
				• 촬영도구
				• 검사도구
				• 연령에 맞는
				  비공식 자료

조음	• APAC
	• U-TAP2
	• SMST
		• 연령
		• 다른 문제의 유무
		• 의학적 처치 및 처치 가능성
		• 대상에 따른 명료도 정도
			• 공식검사
			: 자음정확도
			  모음정확도
			
			• 비공식평가
			: 무의미 음절
			  음절~대화까지 조음 명료도 및 정확도
				• 촬영도구
				• 검사도구
				• 설압자, 거울,
				  펜라이트

유창성	• P-FA2	• 연령
		• 언어 수준
		• 정서 행동 문제 여부
		• 긴장도
			• 공식검사
			: 말더듬 정도와 특성
			
			• 비공식평가
			: 놀이 및 대화
			  비정상적 비유창 행동
			  의사소통 태도
			  말더듬 상태 및 변화 유무
				• 촬영도구
				• 대화 자료

실어증
및
말운동
장애
	• 대구실어증진단검사
	• K-WAB
	• STAND
	• K-BNT
	• U-TAP
	• SMST
		• 연령
		• 학력
		• 직업
		• 진단명
		• 동반장애 유무 및 정도
		• 기타 신경학적 질환
		• 발병 시기 및 횟수
		• 발병 부위
		• 발병 후 처치와 재활
		• 현 의사소통 정도
			• 공식검사
			: 말 유창성 수준
			  이름대기 정도
			  청각적 이해 정도
			  따라말하기 정도
			  읽기와 쓰기 정도
			
			• 비공식평가
			: K-MMSE
			  AMRs, SMR
			  전반적인 언어능력
			  지남력 및 인지능력
			  자동 구어
			  표정 및 제스처 이해 및 표현
				• 촬영도구
				• 검사도구
				• 종이, 펜, 거울

청각
(듣기)
	• 어음청각검사
	• 말지각 발달검사
		• 연령
		• 진단시기
		• 청각검사 자료
		• 인공와우이식수술
		  유무 및 가능성
		• 보장구 착용 시기,
		  종류, 착용 귀 확인
		• 다른 문제의 유무
		• 대략적인 언어수준
		• 현 의사소통 정도
			• 공식검사
			: 음소 · 단어 · 문장의 감
			  지, 변별, 확인, 이해 능력
			
			• 비공식평가
			: 다양한 환경음의 감지,
			  변별, 확인 능력
				• 촬영도구
				• 검사도구
				• 다양한 환경음
				  도구

3. 결과 상담

평가가 끝난 뒤에는 부모에게 아동의 태도, 평가 완료 유무, 대략적인 결과에 대해 이야기합니다. 이때 아동의 낮은 기능으로 의사소통이 안 되거나 부모의 치료 의지가 강한 경우라면 평가자에게 치료 권고 유무 확인 후 바로 치료를 결정하기도 하지만 보통은 평가결과 상담 시 치료를 결정하십니다.

평가 후에는 평가서를 작성하는데 아무리 평가를 잘했다고 해도 평가서를 잘못 쓰면 그건 좋은 평가가 아닙니다. 평가서는 인위적이고 제한된 방식으로 진행된 공식검사 결과 중심이 아닌 초기면담에서 얻은 배경정보와 평가태도, 자연스럽고 다양한 환경에서 관찰된 의사소통 능력 및 공식검사 결과와 결론 그리고 권고사항으로 정리합니다. 평가서는 평가의 결과 확인-보관을 위해 작성하지만 부모나 타 기관의 전문가들에게 전달될 수 있는 문서이므로 되도록 쉽고 정확한 단어를 사용합니다.

평가결과를 상담할 때에는 평가서 외 평가지도 함께 준비하는 것이 좋은데 평가서에 작성한 것 외에 특이사항이나 예가 필요할 수도 있기 때문입니다. 평가결과 전달 후 결론을 안내할 때는 왜 이런 문제가 발생했고 어느 정도의 문제이며 동반되는 다른 문제는 없는지 등을 포함하여 상담합니다. 그리고 가장 중요한 치료 중재의 유무를 판단하고 권고하는데 여기에는 치료의 간략한 목표, 치료의 횟수, 중재 방법이나 접근법, 종결에 대한 안내가 포함됩니다.

부모의 경우 간혹 결과가 나쁘거나 생각했던 결과와 다를 경우 부정적인 감정을 드러내기도 합니다. 이런 경우에는 너무 많은 의견을 말하는 것은 오히려 좋지 않으니 상황에 따라 조절할 필요가 있겠습니다. 또한 평가결과를 확인하고 부모가 눈물이나 자책 등의 모습을 보인다면 마음을 공감하는 것과 함께 중재를 통한 앞으로의 발달과정을 충분히 안내한 후 정서적으로 긍정적인 변화를 가질 수 있도록 합니다. 상담 시 따뜻한 마음과 진심이 전해진다면 아동을 위한 중재가 시작될 것입니다.

제3장

목표설정

1. 장단기 계획

평가를 하였다면 결과를 바탕으로 장단기 계획서를 작성하게 됩니다. 장단기 계획서를 왜 작성해야 할까요? 장단기 계획은 이제 진행될 치료의 틀을 만드는 것입니다. 이 때문에 장단기 계획을 세우지 않고 회기를 진행하게 되면 구체적인 목표가 없어 진전이 더디고 짜임새 있는 치료가 이루어지지 못합니다.

장단기목표를 잘 잡으려면 언어재활사는 내담자의 문제를 정확하게 파악해야 합니다. 중도 이상의 자폐 아동이라면 공식검사 결과상 얻어 낼 것이 거의 없습니다. 그러므로 평가에 따른 결과뿐 아니라 낮은 수행 수준에서도 강점과 약점이 있는지, 발달을 끌어올리거나 중재를 진행하기 위한 키워드가 있는지까지 확대해서 파악하는 것이 필요합니다.

장단기 계획서는 보통 6개월이나 1년의 기간 안에 달성 가능한 것으로 설정합니다. 장단기목표에는 구체적인 수행의 수준이나 상황, 대상, 범위 등이 들어가게 되는데, 이는 목표의 달성을 측정할 때 필요합니다.

장기목표는 내담자의 능력과 중재의 기간을 고려해서 최대한 현실 가능한 것으로 합니다. 대상자에 따라 평가를 바탕으로 −2SD에 속한 것부터 우선적으로 구성하기도 하고, 가장 자극반응도가 높은 것—달성 가능한 것부터 진행하기도 합니다. 생활연령이 높은 아동의 경우 학교나 일상생활에서 필요한 의사소통기술에 맞추어 구성되는데, 예를 들어 초등학교 3학년의 경우 언어 하위영역에 대부분의 문제를 보인다고 가정했을 때 장기목표에서 조음보다는 상위언어, 이야기 이해 및 표현, 읽기/쓰기 등이 우선적으로 구성됩니다.

단기목표는 장기목표의 달성을 위해 필요한 세부적인 계획을 말합니다. 그러므로 당연히 장기목표와 관련된 것이어야 하며, 실현 가능하면서 구체적이고 장기목표의 달성을 위한 단계적인 목표로 작성해야 합니다.

이렇게 장단기 계획이 구성되면, 주양육자에게 이를 바탕으로 앞으로 치료가 진행될 것임을 안내합니다. 부모가 아동의 목표로 특정한 기술이나 행동을 발달—소거시키기를 원하면 그 정도에 따라 목표에 삽입하기도 하지만, 우리의 영역이 아닐 경우에는 해당 영역의 전문가에게 도움을 받도록 권고해야 합니다.

2. 회기 계획

회기는 날짜와 그날의 목표, 결과, 기타 사항에 대해 기록합니다. 회기 시작 전 날짜와 목표를 작성하고, 결과는 회기를 진행하면서 목표에 대한 결과를 간단히 기록할 수 있지만 보통 회기를 모두 마치고 목표에 따른 결과와 활동 시 특이사항과 같은 기타 사항을 작성합니다. 회기를 작성하게 되면 진전과정을 파악할 수 있기 때문에 매 회기 해야 하며, 이러한 회기 기록은 기관마다 형식이 다르기 때문에 기관의 형식에 따르면 됩니다.

병원을 제외한 보통의 기관의 회기는 보통 40분 직접치료와 10분의 부모상담으로 진행됩니다. 매 회기 시작 전 활동 준비를 해야 하는데 무발화나 어린 영유아의 경우 주의력이 낮고 다양한 놀이 행동도 보이지 않을 수 있으므로 아동의 발달 정도에 따른 다양한 활동의 준비가 필요합니다. 회기는 아동과 언어재활사 모두가 즐거울 수 있도록 진행하며 아동이 활동 시 태도가 좋지 않다고 해서 감정적으로 혼을 내거나 겁을 주지 않고 말로 잘 타이르도록 합니다. 치료 기관에 대부분 CCTV가 설치되어 있지 않아 오해를 받을 수도 있고, 혼내거나 겁을 주는 방법으로 아동의 즉각적인 태도 수정은 가능할 수 있겠으나 이는 치료 진전에는 도움이 되지 않습니다.

3. 회기 상담

부모상담은 회기를 잘 구성하는 것만큼 혹은 그 이상으로 중요합니다. 부모는 치료의 중요한 한 축임과 동시에 대상자의 일부입니다. 아이와의 회기가 정해진 목표에 따라 만족스럽게 구성되었다 하더라도 부모가 수용하지 못한다면 좋은 치료 회기의 완성이라고 할 수 없습니다.

다음은 어휘 확장과 3어절 이해 및 표현을 목표로 진행된 마트놀이 활동에 대한 상담의 예입니다.

목표: 어휘 확장 및 3어절 이해 및 표현 활동: 마트놀이

(X) 오늘 마트놀이를 했어요. 즐거워하면서 활동 잘했고요, 이제는 말이 많이 늘어난 것 같아요. →

(O) 오늘의 목표인 어휘 확장과 3어절 이해 및 표현을 위해 마트놀이를 하였는데, '마트, 카트, 과일, 야채'와 같은 명사와 '사요, 계산해요'와 같은 동사 이해 및 표현이 모두 가능하였어요. '바나나를 카트에 담아요'와 같이 지난 시간에는 어려웠던 자발적 3어절 표현들이 오늘은 가능하였습니다. 어머님도 이번 한 주 마트 방문 시 '요구르트 카트에 담아'와 같이 ○○가 좋아하는 음식을 활용하시면 ○○가 이해할 수 있고 일반화에도 많은 도움이 될 것 같습니다. 잘한다고 해서 너무 시키시면 일부러 안 하려고 할 수도 있으니 최대 3회 정도만 하시고, 잘하면 많이 칭찬해 주세요.

부모상담 시간에는 회기에 이루어진 활동을 설명하기보다는 그날 목표에 따른 아동의 반응 및 진전에 대한 설명과 다음 회기까지 가정에서 도움을 줄 수 있는 방법 등을 구체적으로 안내합니다. 매 회기마다 목표가 다르고 활동이 늘 새로우며 자극과 산출 결과가 즉각적으로 나타나면 좋겠지만 실제 치료를 진행하다 보면 거의 불가능한 일임을 알게 됩니다. 상담 시간에는 내담자가 더 효율적으로, 그리고

더 자연스럽게 목표에 도달하도록 부모와 언어재활사가 정보를 주고받는 일을 해야 합니다. 그럴 때 언어재활사는 너무 지시적이지 않게, 필요한 것을 간략히 그리고 정확하게 전달해 주어야 합니다. 앞의 상담에서도 나타났듯이 부모에게 '이것을 하라'가 아닌 '도움을 달라', 혹은 '함께해 보자'로 접근해야 하며, 부모의 이야기에도 귀를 기울여야 합니다. 보통 아동의 문제 행동과 같은 곤란함을 주로 호소하는데, 이때 언어재활사는 답하기에 급급하기보다 부모의 말에 공감하고, 말을 정리해 주며, 혹시 그런 말을 하는 다른 이유가 있는 것은 아닌지 (필요하면) 확인합니다. 그리고 해당 시간에 조언이 가능하다면 그렇게 하고, 시간이나 관찰이 필요하면 양해를 구한 후 추후에 잊지 말고 언급해 주셔야 합니다.

언어재활사를 위한
임상 기초

제**2**부

장애유형별 언어재활 임상 중재

제4장

언어발달장애

　언어발달장애는 언어재활을 다룰 때 가장 처음, 그리고 가장 많이 다루는 영역 중 하나지요? 실제로 임상에 임할 때, 병원이나 복지관, 사설 기관 등에서 가장 많이 만나게 되는 군도 바로 언어발달장애군입니다.

　처음에는 평가하기 쉽고 치료하기 편한 대상자들이라고 생각할 수 있지만 임상을 오래 하시는 분들은 가장 복잡한 언어장애군이라고 말합니다. 일단 대상자의 범위가 매우 넓습니다. 그리고 일반적인 언어발달지연 및 지체, 장애도 있지만 감각이나 인지 등 다른 장애를 동반한 경우와 증후군을 가진 경우, 다른 언어장애와 결합이 된 경우 등이 있습니다. 단순언어발달장애를 보이는 대상자도 검사의 수치는 비슷하다 하더라도 아이들에 따라 가진 특성이 저마다 달라 특정한 프로그램을 일괄적으로 적용하기도 어렵습니다. 따라서 언어재활사의 역량이 필요한 영역이라고 볼 수도 있겠습니다.

　언어발달장애는 연령이 매우 다양하고 언어 외에 고려해야 할 범위가 매우 넓으며, 가정-또래집단-교육기관, 그리고 학습과 일상생활 전반에 걸쳐 언어가 사용되지 않는 곳이 없기 때문에 목표에 있는 언어 활동이 아니더라도 양육자들이 관련된 질문을 많이 하십니다. 따라서 언어재활사는 부모교육 도서도 많이 읽어야 하고 일반 발달 과정과 일반 아이들의 문화, 학습 등에 대해서도 직간접적으로 많이 알고 있어야 하며 임상이나 연구 결과에 따른 정보도 갖추어야 합니다.

이 장에서는 언어발달장애의 언어재활치료를 위해 반드시 알아야 할 이론을 간단히 살펴보고, 무발화, 자폐스펙트럼을 동반한 언어장애, 말 늦은 아동(late talker), 단순언어장애, 지적장애를 동반한 언어장애, ADHD를 동반한 언어장애, 사회적의사소통장애, 읽기장애로 나누어 살펴보도록 하겠습니다.

1. 무발화

발화가 없는 상태

아동 언어재활에서 무발화라고 하면 의미 있는 발화가 없는 상태일 것입니다. 무발화라고 상담이나 치료를 원하는 부모님의 경우는 울거나 웃는 혹은 소리 지르는 것 외에 다른 소리를 내지 않는/못하는 경우, 혹은 '엄마, 아빠' 등 첫 낱말 이후 옹알이처럼 웅얼거리는 말은 있는데 단어가 산출되지 않는/못하는 경우입니다. 뇌성마비나 뇌손상으로 언어재활을 받는 경우가 있지만 이런 경우에는 무발화를 주호소라고 하지는 않습니다.

이런 무발화는 크게 세 가지 원인에 의해 발생합니다. 첫 번째는 실제 임상 현장에서 가장 많이 만나게 되는, 자폐스펙트럼장애와 같이 의사소통의 의도가 없어 소리를 의미 있게 사용하지 못하는 경우입니다. 자폐스펙트럼장애의 경우는 상호작용의 단절이 주된 특징으로 언어발달이 상이하거나 느리게 이루어지는 경우도 있으나 대부분 언어발달의 지체와 감각 자극의 추구를 보입니다. 말의 경우도 마찬가지로 자기자극 행동의 한 부분으로 소리를 내거나 정서적 표현을 위한 도구, 생물학적 발성 등 매우 제한된 산출을 보입니다. 이런 아동들은 사회적 행동도 습득하지 못했으므로 의사소통 의도와 기능 모두가 주된 목표가 되고, 간혹 쓰기나 AAC 장치를 이용하여 의사소통을 하기도 합니다.

두 번째는 심도의 지적장애를 동반하여 소리 내는 방법을 몰라 발화가 없는 경우입니다. 이런 아동은 초기에는 자폐스펙트럼장애 아동과 유사한 행동(단절된 상호작용, 느린 언어발달)을 보여 구분하기가 쉽지 않습니다. 임상에서 경험한 바로는 자폐스펙트럼장애 아동보다 외부 자극의 수용이 용이하고, 타인에 대한 관심도 회기가 진행됨에 따라 증가합니다. 놀이의 즐거움을 보다 빨리 익혀 의사소통을 위한 행동을 하기 시작하고 이런 경우는 사회적 행동과 관련된 발화나 아이가 흥미를 가지는 범주의 단어(의성어, 의태어 포함)부터 자극을 하는 것이 도움이 됩니다.

마지막으로는 뇌성마비나 기타 뇌손상으로 인해 호흡이나 발성과 관련된 구조나 기능의 이상이 있는 경우입니다. 뇌손상 아동의 경우 지적 결함을 동반하는 일이 잦고 운동 능력의 결함으로 의미 있는 발성 산출에 실패하는 경우가 많으며, 운동 능력의 제한 정도에 따라 언어재활의 목표도 달라지게 됩니다. 그리고 경우에 따라 AAC를 사용합니다.

자폐와 심도의 지적장애 두 사례는 사설 기관 및 복지관, 개인 병원 내 치료센터에서 가장 많이 만날 수 있습니다. 자폐와 심도의 지적장애의 경우 치료의 구성은 비슷하겠지만 초점을 맞추는 언어의 영역이나 연령에 따른 활동의 내용이 다르며, 목표에 대한 기대 수준도 다르게 됩니다. 다음의 무발화 사례는 심도의 지적장애를 가진 뇌손상 아동의 사례입니다.

● 무발화 초기면담 시 확인할 사항 ●

▶ 의사소통 의도 유무: 의사소통 의도는 매우 중요한 척도가 됨. 만약 비구어 및 비언어 의사소통 기능을 가진 아동이라면 무발화는 표현언어지체 측면에서 평가해야 함

▶ 발성의 양과 질: 무발화 아동이라고 하더라도 생물학적 발성, 혹은 감탄사나 소리 산출은 있음. 놀이나 기타 행동과 함께 소리가 나오는지, 모국어 음절 및 음소가 출현하는지, 아니면 자기만의 의미를 지닌 말소리로 해석할 수 있는지, 혹은 의미 없이 자기 자극을 위한 소리 산출인지 등 그 양과 질을 확인해야 함

1) 배경정보

영아 연축(west syndrome, infantile spasm)은 영아기에 나타나는 뇌전증/뇌증의 한 종류임. 영아 연축은 뇌 발달에 큰 영향을 주는 질병이며, 약물 치료의 부작용도 발달에 관련이 있어 '발병 시기, 약물 시작 시기, 정도' 등을 반드시 확인해야 함

초기부터 지적 결함이 큰 경우 증후군이나 뇌손상, 기타 병력이 있을 가능성이 있음

사례면담지

■ 내원사유
말을 못해서 언어재활을 받으려고

■ 평가 및 치료력
1* 개월 때 **병원에서 영아 연축 진단받고 약물 복용 시작함. *개월 전부터 약물 줄이고 있음
운동발달 느려 **개월부터 물리치료와 작업치료 함
*개월 전부터 감각통합치료, 발달놀이치료 시작함

■ 병력(가족력)
아동: 없음
가족력 없음

■ 출생배경	• 모 연령 **세 출산	
	• 특이사항(미숙아, 난산 등) 미숙아. 인큐베이터 **주	
■ 신체 및 운동발달	• 뒤집기	느림 **개월
	• 서기	느림 **개월
	• 걷기	느림 **개월
	• 대소변 가리기	아직 안 됨
	• 전반적인 발달 1) 또래보다 느림 (✓)	
■ 언어발달	• 옹알이	• 시기 비슷
	• 첫 낱말	• 시기 돌 즈음
		• 산출 낱말 아빠
	• 첫 문장	• 시기 없음
		• 산출 문장 없음
	• 현재 가장 긴 언어 이해 능력 ○○ 가져와	
	• 현재 가장 긴 언어 산출 능력 이거	
■ 정서발달	• 눈맞춤	좋음
	• 엄마와의 분리	좋음
	• 아동의 성격	아직 모르겠음

■ 기타 정보 및 요구사항
1. 약 먹기 전에 옹알이, 엄마, 아빠 소리 나왔는데 약 먹고 나서 없어짐
2. 침을 계속 흘림
3. 치료를 많이 해서 장난감 좋아할 줄 알았는데 관심 없음. 소리 나면 처다보는 정도

- 지적장애가 될까 봐 걱정이 큼
- 언어재활로 바라는 점은, 말을 하는 것

이런 사례의 아동이 내원했을 때, 초기면담 상황에서 알아보아야 할 것은 많지 않습니다. 불안한 어머니를 달래기에는 아동의 발달이 너무 지체되어 있고, 이미 의료진과 타 영역의 치료사들에게 원하지 않는 말을 많이 들은 상태일 것입니다.

무발화의 경우는 부모 보고에 의한 검사 외에 직접 평가가 어려운 경우가 대부분인 데다가, 무발화의 특성상 실제 임상 현장에서는 초기면담에서 행동 관찰을 하고 바로 치료로 들어가는 경우도 많습니다. 그렇지 않은 경우라면 초기면담에서 굳이 행동 관찰 시간을 따로 쓰는 것보다 바로 평가에 들어가는 것이 좋고, 대부분 부모의 참여가 필요하므로 해당 내담자에게 가능하거나 필요한 평가를 안내하고 진행해야 합니다.

해당 아동의 경우 영아 연축(혹은 경기라고도 하는)이라는 조금 생소할 수 있는, 소아기 뇌전증을 가졌습니다. 연축이 있으면 대략 50~60%에서 지적장애를 보인다고 하는데 해당 아동의 경우도 심도의 지적 손상이 의심되어 전 영역으로 재활치료가 의뢰된 경우로 사례의 중심을 연축이 아닌, 심도의 지적장애로 인한 (발달지연) 무발화 측면에서 살펴야 하겠습니다.

2) 평가

해당 아동의 경우 어린 연령, 낮은 발달 정도로 인해 직접 평가는 시행할 수 없어 영·유아 언어발달 검사(SELSI), 한국판 맥아더-베이츠 의사소통발달 평가 유아용 (K M-B CDI)과 부모-아동 의사소통/상호작용 관찰로 초기 의사소통 기능 및 화용 기능을 평가하기로 하였습니다.

언어평가 보고서
Langage & Speech Assessment Report

이름: 장**(M)

평가일: 20**년 **월 **일

생년월일: 20**년 **월 **일

연령: 만 2세 *개월

배경정보

내담자는 2세 *개월의 남아로 전반적으로 발달이 느린 것을 이유로 본 기관을 방문하였다. 어머니 보고에 따르면 출생 시 특이사항 없었으나 1*개월 정도에 영아 연축으로 약물 복용을 시작하였다고 한다. …(중략)… 첫 낱말 '엄마'는 돌 즈음에 했다가 약물 복용하면서 사라졌고, 그 이후에 …(중략)…

엄마와 분리, 눈맞춤은 잘한다고 한다. …(중략)… 영아 연축도 담당의와 상의하여 약물을 줄이고 있는 상태라고 한다. 가족력 없으며, 다른 재활치료로는 감각통합치료와 물리-운동치료 진행 중이라고 한다.

> 퇴행의 가능성도 있으므로, 과거에 산출한 말이나 행동 등도 기술하는 것이 좋음

> 약물의 변화가 행동과 같은 발달에 영향을 주는지 확인하는 것이 좋음. 약물과 발달 사이의 관계가 있다고 보기 때문임

> 전반적으로 발달이 느린 경우라면 특히나 어느 영역의 치료를 언제부터 진행하고 있는지 확인해 두면 좋음. 어떤 치료를 가장 먼저 시작했는지도 알아 두면, 발달의 정도나 기저 원인 등을 추측해야 할 때 도움이 됨

검사 태도

검사 시 주로 혼자 놀이하거나 눕고 엎드리며 …(중략)… 신체 놀이나 관심 끌기의 행동을 보였다.

실시한 검사

1) 영·유아 언어발달 검사(SELSI; 김영태, 김경희, 윤혜련, 김화수, 2003)

2) 한국판 맥아더-베이츠 의사소통발달 평가 유아용(K M-B CDI; 배소영, 2012)

3) 부모-아동 의사소통/상호작용 관찰

검사 결과

1. 언어 능력

1) 수용언어

SELSI를 통해 아동의 전반적인 수용언어능력을 알아본 결과, 수용언어 등가연령 10개월, 표준편차 −2SD 미만 …(중략)… 한다.

K M-B CDI 결과, 아동은 이해 어휘 수 17, 백분위수 10%ile 미만으로 …(중략)…

어머니와의 상호작용 관찰을 통해 수용언어 정도를 확인한 결과 …(중략)… 어휘 이해 정도를 보여 주고 싶어 하셨으나 모든 기회에서 …(중략)…

> SELSI의 경우, 부모 보고이므로 부모의 태도에 따라 상대적으로 발달이 좋거나 나쁘게 측정되기도 함
> 검사 후 반드시 대면 혹은 모아 평가를 통해 대표적인 항목 확인해 보아야 함

> 위의 검사 항목 중 평가한 내용과 다른 경우는 단서를 포함하여 기술해 줌

> 평소와 다른 양육자의 태도는 아동의 반응에도 당연히 영향을 줌. 반드시 해야 할 과제가 있지 않고서는 되도록 평소의 상호작용 행동을 요구-관찰해야 함

2) 표현언어

SELSI 결과, 표현언어 등가연령 5개월, 표준편차 −2SD 미만으로 나타났다. …(중략)…

K M-B CDI 결과, 아동은 표현어휘 수 0, 백분위수 10%ile 미만으로 나타났다(고위험). 아동은 전체 단어 모든 범주에서 유의미한 산출이 없었으며, 이는 모방 상황에서도 마찬가지라고 한다.

어머니와의 상호작용 관찰을 통해 표현언어 정도를 확인한 결과, 아동은 검사 상황 내 '으(콧소리)', 웃음 소리를 5회 미만으로 산출한 것을 제외하고는 다른 음성 산출은 없었다. …(중략)…

> 표현언어가 거의 없는 경우는 행동 언어와 음성 표현의 종류, 질-양 등을 기술함. 이를 근거로 발달 정도를 평가할 수 있음

3) 화용/의사소통 기능/상징 놀이

어머니와 함께 진행한 상호작용 관찰 및 보고를 다시 정리하면 다음과 같다.

의도	어머니에 한해 놀이나 활동의 개시 보임 검사자의 자극에는 회피하는 행동 있음-집에서도 아버지가 놀아 주려고 하면 어머니에게 가서 앉거나 끌고 온다고 함
기능	인사(＋): 어머니가 시범 보이면 고개 까딱이기 모방(＋): 던지거나 뿌리는 것 제외하고는 모방 안 됨 요구, 거부, 호명 반응 (−): 뺏기, 울기 주고받기, 함께 주목하기(−): 모두 가져가기 대부분. 활동의 연속성 없음 부르기(−): 소리지르거나 잡아끌기 대답하기(−): 무반응이거나 미소

> 있다. 없다로 작성하기 어려운 경우는 자세히 기술함(예: ASD의 경우 의사소통 의도 없음 혹은 낮음/낮음의 근거, CP의 경우 물리적 제한은 있으나 의사소통 의도 있음 등)

> 어느 자료에서 발췌한 항목인지 작성. 아동이 보이는 행동도 함께 기술함

대부분의 사회적 상호작용, 사회적 행동을 보이지 못하며 어머니나 검사자의 말에 반응하는 경우도 의미/상황과 관계 없이 반사적 행동(예: 미소)인 경우가 많았다.

상징 놀이 및 놀이 단계의 경우 주로 감각 놀이, 그중에서도 체감각을 이용한 놀이가 가장 두드러졌다. …(중략)…

2. 조음, 구강조음기관의 형태 및 기능, 발성 능력

1) 조음

평가 시 관찰 및 보고에 따르면 아직 우리말 모음 산출이 안 되고, 옹알이도 거의 나타나지 않는다고 한다.

2) 구강조음기관의 형태 및 기능

관찰 및 보고에서 형태/기질적 문제는 없었고, 씹기와 삼키기, 빨기도 모든 단계에서 …(중략)… 구토 반사를 일으키기도 한다고 한다.

3) 발성

약한 음성이며, 생물학적 발성을 제외하고는 대부분 허밍 수준의 발화로 이루어져 있었다.

3. 그 외: 청력, 유창성, 음성 상태

(문제없음)

결과 요약 및 결론

이 아동은 2세 *개월의 남아로 전반적인 발달 지연을 이유로 본 기관을 방문하였다. 언어 검사 결과 수용언어 능력 10개월, 표현언어 능력 5개월, 통합 언어 능력 7개월, 표준편차 −2SD 미만으로 '언어발달지체'로 나타났다. 그리고 이해 및 표현어휘 수를 확인한 결과에서도 수용어휘 17/128, 표현어휘 수 0/128로 고위험군으로 볼 수 있다.

의사소통 의도 및 기능, 초기 화용기능 역시 매우 제한된 상태로, 사회적 상호작용의 대상이 어머니로 한정되어 있으며, 사회적 행동을 습득하지 못했고, 모방 행동 역시 거의 나타나지 않았다. 발성 역시 매우 미약하여 검사 상황에서 생물학적 발성을 제외하고 거의 나타나지 않았으며, 대부분 구강으로 음성 산출하기보다 허밍 수준의 약한 음성이 두드러졌다. 조음기관의 운동성도 제한되어 침 흘림 있고, 적절한 폐쇄나 유지가 어려운 상태였다.

따라서 상기 아동의 전반적인 언어발달 및 의사소통 능력을 향상시키기 위해 발성 증진, 의사소통 의도 및 기능 향상, 수용어휘 증진 등을 목표로 하는 집중적이고 지속적인 언어재활치료와 부모교육이 필요할 것으로 보인다.

평가 후 상담 시 평가의 결과와 함께 현실적인 언어재활의 목표를 안내하고, 치료 과정에 대한 양육자의 협조도 얻어야 합니다. 함묵증이 아닌 무발화의 경우 갑자기 말을 트고 또래의 언어발달을 따라가는 것이 어렵기 때문에 지속적인 치료 과정과 부모의 협조가 반드시 필요합니다.

3) 목표설정

평가결과에 따라 다음과 같은 장단기목표를 설정하였습니다. 이 아동의 경우 놀이 발달부터 전반적인 언어발달이 매우 지연된 상황이라 상호작용과 의사소통 의도 및 기능에 관한 목표, 초기 어휘 발달 목표, 그리고 음성의 산출에 의미를 둔 표현언어 목표를 계획하였습니다.

장기목표	단기목표
1. 놀이 상황에서 언어재활사와의 상호작용을 향상시킨다.	1-1. 언어재활사와의 상호작용 놀이에서 1분 이상 함께 주목할 수 있다. 1-2. 장난감에 대한 흥미 향상, 다양한 장난감 사용의 경험을 가질 수 있다. 1-3. 상호작용 놀이 상황에서 반복적인 주고받기 행동을 주어진 기회의 3/5 이상 할 수 있다.
2. 놀이 상황에서 지시에 반응할 수 있다.	2-1. 몸짓을 동반한 지시어를 듣고 주어진 기회의 4/5 이상 적절히 반응할 수 있다. 2-2. 몸짓을 동반한 금지어를 듣고 주어진 기회의 4/5 이상 적절히 반응할 수 있다. 2-3. 언어재활사의 사물 요구 및 지시 행동 표현을 듣고 주어진 기회의 4/5 이상 적절히 반응할 수 있다.
3. 초기 수용 어휘의 발달을 향상시킨다.	3-1. 신체 부위의 이름을 이해하여 주어진 기회의 3/5 이상 적절히 가리킬 수 있다. 3-2. 먹는 것과 관련된 명사-동사를 듣고 주어진 기회의 3/5 이상 행동할 수 있다. 3-3. 치료실 상황에서 자주 사용되는 동사를 이해하여 주어진 기회의 3/5 이상 행동할 수 있다.
4. 놀이 상황에서 기능적 발화의 양을 증가시킨다.	4-1. 놀이 상황에서 생물학적 발성의 양을 증가시킨다. 4-2. 우리말 모음에 가까운 음절 발화를 산출할 수 있다. 4-3. 놀이 상황에서 몸짓언어 및 행동과 함께 소리 산출을 할 수 있다.

언어재활사는 기능적으로, 그리고 아동 중심으로 계획과 회기를 구성하여야 하고, 부모교육의 경우는 언어, 비언어 자극을 주는 방법-모델링, 그리고 강화의 방법, 활동의 일상화 등을 위해 장단기목표를 함께 진행하는 것이 필요합니다. 부모의 경우는 너무 많거나 너무 적게, 혹은 너무 교수적으로 자녀와 상호작용할 수 있으므로 그 방법을 알려 주고 회기 내에 확인하는 형식으로 진행하도록 구성합니다.

4) 회기 활동

무발화 아동의 경우 주의력이 낮고 의미 있는 놀이 행동도 보이지 않을 수 있습니다. 그러므로 아동의 발달 정도에 따라 다른 대상자보다 많은 활동의 준비가 필요하고, 활동의 유지가 어려운 만큼 회기 내에 여러 가지 활동을 돌려 가며 여러 번 시행하기도 합니다.

1) 부모와 분리가 어렵고, 가정 활동이 매우 필요하였으므로 함께 진행하였다.

활동 전에 반드시 시험적 시도(trial therapy) 시간을 가져야 하는데, 이 사례도 아동과 부모가 놀이/상호작용을 할 때 자세나 위치, 강화의 방법, 그리고 할 수 있고 해야 하는 놀이 활동부터 확인하고 필요한 목표와 활동은 함께 만들어 나갔다.

		20**년 **월 **일
회기	목표 및 활동	기타

**	1. 1-1. 1분 이상 함께 주목하기
	  2-1. 몸짓을 동반한 지시어 이해하기
	  4-1. 생물학적 발성 증가
	1) 공 굴리기: 모와 소리-불빛 나는 공 굴리기로 아동의 흥미 끎
	  모델링: 박수치고 웃기, 가리키기+지시어=가져오기
	2) 뽀로로 구급차 노래 듣기: 눌러서 노래 켬, 흥미 끌기
	  모델링: 춤추고 노래 부르기+웃기, 가리키기+지시어=누르기, 가져오기
	3) 돼지 저금통: 저금통에 동전 넣고 노래 듣기
	  모델링/지시어 동일
	4) 비눗방울 터트리기: 모와 언어재활사가 비눗방울 불고 손발로 터트리기
	
	2. 3-1. 신체부위의 이름 이해
	  4-1. 생물학적 발성 증가, 4-2. 모음에 가까운 발성 산출
	1) 발, 손 감각놀이
	-간지럽히기: 발에 감각놀이를 하거나 장난감 끼우는 놀이(평소에 좋아하던 것) 시작
	  모델링: 선 자극 제공-후 반응 모델링, 자극 전 '발' 명명하기
	    웃음 소리, '아~' 감탄 표현 모델링
	-차가워 따뜻해 느끼기 놀이: 차가운 점토, 따뜻/부드러운 천 느끼기
	  모델링: 차가운 것-놀라며 '아!' 깜짝 놀라는 소리와 행동, 자극 전 '발' 명명하기
	-점토 까꿍놀이: 점토로 발, 눈 가리며 까꿍놀이
	  모델링: 신체부위 이름 명명, 가리면서 '어?'-까꿍하면서 '까꿍', '짠~'
		• 아이를 무릎에 앉히고 활동을 하지않는다.
		
		• 아이가 매달리려고 하면 활동을 멈추고 안아 주고 다시 90° 자리에 앉힌다.

아이와 부모가 서로 얼굴을 볼 수 없음. 청각적 정보만 전달되기 때문에, 아동은 수용이 어렵고, 부모는 아이가 무엇을 하는지 확인할 수 없음(특히 상호작용 제스처가 필요할 경우). 아이는 안정감만 느낌

아동은 자주 자기 발을 가지고 놂. 그래서 신체 부위 이해 과제에서 발부터 시작함

2) 부모-아동 활동 중심으로 회기를 구성할 수도 있다.

해당 사례의 경우 4회기 진행 후 부모-아동 중심으로 2/3 시간을 보내며 언어재활사가 피드백을 주고, 1/3은 언어재활사의 활동에 부모가 보조적 역할로 참여하도록 하였다.

	20**년 **월 **일	
회기	목표 및 활동	기타
**	1. 1-2. 다양한 장난감/놀이 경험, 1-3. 반복적인 주고받기 행동 　2-1. 몸짓을 동반한 지시어 이해하기 1) 목표(지난 회기 활동/가정활동의 목표)와 지시어 '줘', 주고받기 　횟수 2회 안내 　장난감은 선택할 수 있도록 다섯 가지(감각놀이, 기능놀이 장난 　감)를 바닥에 펼쳐 놓음 　활동 전 모델링, 언어재활사가 장난감 모에게 전달하며 부모-아 　동 활동 시작함 　비디오 녹화하여 함께 보며 피드백 제공 　예) 가리키기 + '줘' = 아이가 엄마 손에 물건을 놓을 수 있게 손을 　　　움직여 주라./아이 손을 끌어당겨서 엄마 손에 물건을 놓게 　　　하라. 　예) 장난감 건드리고 엄마 쳐다보면=박수쳐 주고(강화) 엄마도 　　　장난감 버튼 누르고 아이 쳐다보아라. 　예) 아이가 엄마에게 안기거나 올라타려고 하면 놔두지 말고 안 　　　아서 자세 잡은 뒤 간식이나 장난감으로 화제를 전환, 활동 　　　으로 이어 가라. 2. 4-3. 행동을 동반한 발성 산출 1) 간식 먹기: 활동 중반-후반부에는 간식을 먹으면서 (아동 입장 　에서) 쉬는 시간을 가짐 -치즈 뺏으려고 하면 언어재활사가 아동 손 뒤집어 주기, 손 내밀 　기 = 치즈 받음 　손 내밀면 '줘-어' 소리 모델링+손 뒤집어서 주기 　엄마와 똑같은 소리나 행동이 나오지 않아도 시도만 해도 치즈 줌 　(강화) 　부모교육: 활동은 자연스럽게-너무 천천히 말하지/행동하지 않 　는다, 언어적 칭찬보다 원하는 물건이나 행동을 해 주는 것이 훨 　씬 확실하다는 것을 보여 준다.	

3) 아이가 치료실 밖으로 나가려고 하기도 한다.

자신이 원하는 자극을 찾으려고 혹은 제한된 공간에서 상호작용하는 것을 수용하지 못해서 등 여러 가지 원인이 있다. 이런 경우는 치료실 환경에 따라 중재 방식도 다르다. 병원이나 사설 기관에서는 여러 치료가 동시에 진행되고 있기 때문에 아이의 요구에 따라 방을 옮기거나 치료실 밖에서 활동하기 어렵다. 가능하더라도 부모가 원하지 않는 경우가 많은데, 이런 경우에는 주의 환기 후 다시 입실을 시키는 것이 좋다. 이 사례의 아동처럼 기능이 매우 낮은 수준이라면 양해를 구하고 언어재활사와 함께 공간을 옮기면서 진행할 수도 있다.

이 사례의 아동은 '대기실에 있는 엄마나 아빠에게 간다/다른 치료실 문을 열고 들어간다/나가서 의미 없이 돌아다닌다/치료센터 밖으로 나가려고 한다 등'의 행동이 다수 나타났다. 정해진 공간에서 활동해야 한다는 것을 모르거나 자기 자극만 추구하는 경우에는 치료 초기에 간혹 일어나는 일이다.

해당 기관과 언어재활사는 아동의 행동을 수용하고 '1) 엄마아빠에게 간다 → 부모와 함께 들어간다, 2) 다른 치료실 문을 연다 → 치료실이 비어 있으면 활동 장소를 바꾼다, 3) 돌아다닌다, 나가려고 한다 → 언어재활사와 함께/손을 잡고 같이 움직인다, 명명하기나 탐색하기 등의 자극을 준다'와 같이 아동의 행동을 수용하였다.

이런 행동은 사전에 시험적 시도(trial therapy)에서 아동의 행동 관찰 시 확인할 수 있다. 그때에 부모에게 반드시 가능성을 언급하고 언어재활사의 행동이 치료 과정의 일부임을 안내해야 한다. 만약 허용하지 않는 부모라면 아동의 주의가 흐트러지지 않도록 언어재활사는 더 신중하게, 그리고 치료 활동을 매우 여러 가지로 촘촘히 구성해야 한다.

2. 자폐스펙트럼을 동반한 언어장애 _____

자폐스펙트럼장애(Autism Spectrum Disorder, ASD)는
사회성 결함이 주 특징인 발달장애로 사회적 의사소통 및 상호작용의
지속적인 결함과 제한되고 반복적인 패턴의 행동이나 관심사를 보임

자폐스펙트럼장애는 과거에는 전반적 발달장애, 자폐, 아스퍼거장애, 소아기 붕괴성장애 등 넓은 범주에 다양한 명칭으로 사용되던 것을 DSM-5에서 자폐스펙트럼장애라는 용어로 통합하였습니다.

ASD로 진단하기 위해서는 1) 다양한 분야에 걸쳐 나타나는 사회적 의사소통 및 사회적 상호작용의 지속적인 결함, 2) 제한적이고 반복적인 행동이나 흥미, 활동, 3) 발달 초기부터 증상의 발현, 4) 증상으로 인해 사회적, 직업적 또는 다른 중요한 현재의 기능 영역에서 임상적으로 뚜렷한 손상을 초래해야 합니다. 진단의 핵심은 언어, 비언어적 의사소통을 포함한 사회적 상호작용의 제한입니다.

> 진단 기준을 알아야 하는 이유는 우리가 다루는 장애 영역이기 때문임. 간혹 아이가 ASD인지 불안해하는 경우, 언어재활사에게 의견을 확인하는 경우, ASD가 무엇인지 물어보는 경우가 있음
> 그리고 가장 두드러지거나 공통된 증상이 무엇인지 알아야 치료 시 목표설정이 가능하고 쉬움

ASD는 70% 이상이 지적장애를 동반하고 있으며, 고기능 자폐라고 불리는 평균 이상의 지능을 가진 경우라도 사회적 사용을 위한 기능적 언어습득이나 사용에 실패하여 질적으로 다른 의사소통을 보입니다. 이들은 발달 초기부터 함묵증 혹은 그와 유사한 언어/비언어적 의사소통행동을 보이다가 반향어의 사용이나 과장된 구어와 같은 특징을 보이기도 합니다. '반향어'는 거의 모든 자폐스펙트럼장애에서 나타나는 언어 특징입니다. 반향어는 치료 상황에서 발달 단계나 정도 등을 고려해서 언어 습득을 위해 이용하기도 하고 소거해야 하기도 합니다.

● 초기면담 시 확인할 사항 ●

▶ 진단 및 치료력: 전문기관이나 병원 초기 내원일 또는 진단을 받은 경우는 진단 시점, 치료실이나 치료에 대한 적응 여부와 그 기간, 치료의 횟수, 변화한 정도 등을 알아보면 아동의 정도도 알 수 있고 부모의 기대나 협조 정도 등을 알 수 있어 좋음

▶ 출생 배경 및 가족 사항: 출생 시 특이 사항이나 병력, 가족력을 확인

▶ 운동발달: 근력운동 및 신체 활동이 서툴고 이상하게 걷거나 뛸 수 있음

▶ 언어발달: 12개월이 되도록 옹알이나 포인팅 또는 의미 있는 제스처를 하지 않고, 첫 낱말 산출 시기가 늦으며 24개월까지 두 단어 연결이 되지 않음. 발화가 가능하다면 단조로운 억양에 대한 확인과 반향어가 있다면 반향어의 특성을 파악해야 함. 발화가 없다면 발성이 있는지 아니면 발성조차 없는지 확인이 필요함

▶ 감각자극: 모든 감각이 예민하고 민감하기 때문에 손 흔들기와 같은 자기 자극적인 행동과 공격적인 행동, 소리나 빛 등의 특정 자극에 대해 과소/과대 민감성을 보일 수 있음

▶ 사회적 의사소통: 혼자 놀기를 좋아하고 눈맞춤의 문제를 보임. 타인이 주의를 기울이는 특정한 사건이나 사물에 같이 주의를 기울이거나 자신이 흥미를 가지는 사건이나 사물에 타인이 주의를 기울이도록 하기 위한 행동(공동주의)을 얼마나 보이는지 확인

▶ 그 외 특이사항: 문자를 인식하거나 강박적으로 반응을 보일 수 있고, 장난감

을 일반적인 방법이 아닌 방법으로 갖고 노는 양상, 특정 물건에 대한 집착을 보일 수 있으며 자해 행동도 나타날 수 있음

▶ 약물 복용 여부: 행동 문제나 주의력 문제 등을 동반하는 경우에는 약물 권고가 있기도 함. 약물 복용 중이라면 그 시점이나 효과에 대해 의견을 물어보는 것이 좋음

사례 1 │ 학령전기

1) 배경정보

다음의 사례는 중증 자폐스펙트럼장애로 진단받은 2세 6개월(남) 아동의 사례입니다. 친숙한 사물의 이름대기는 가능하나 일관적이지 않으며 지연 반향어 사용빈도가 높은 아동입니다. 제한된 상호작용 형태를 보이며 주된 관심은 동영상과 숫자라고 합니다.

- 이름: 유** / 성별: 남
- 생년월일: 2***년 **월 **일 / 생활연령: 2세 6개월
- 내원사유: 자폐스펙트럼으로 인한 언어발달장애
- 평가력: 2세 5개월 **대학병원에서 자폐스페트럼 진단
- 치료력: 치료력 없으며 **대학병원에서 언어재활, 놀이치료, 감각통합치료 권고받음
- 언어발달: 옹알이 6개월, 첫 낱말 산출 18개월, 두 낱말 조합은 산출 전
- 운동발달: 문제없음
- 정서발달: 5개월째 어린이집 적응 중. 낯선 장소에 안 가려고 함. 평소 마음에 들지 않으면 소리를 많이 지름.
- 인지발달: 알려 준 적 없는데 시계의 숫자 읽음

2) 평가

언어평가 보고서
Langage & Speech Assessment Report

> 아동명: 유**(M)
> 평가일: 20**. **. **.
> 생년월일: 20**. **. **.
> 연령: 만 2세 6개월

1. 배경정보

유**(2;6, 남) 아동은 자폐스펙트럼장애로 인한 언어발달지연을 주소로 본 기관에 내원하였다. 어머니 보고에 의하면 출산 및 신체발달의 특이사항은 없었으며, 언어발달의 경우 옹알이 6개월, 첫 낱말 18개월에 나타났고 아직 두 낱말 조합은 산출 전이라고 한다. 아동에게 과일이나 동물 이름을 물어보면 가끔 대답할 때가 있으나 일관적이지 않고 자신이 원하지 않는 지시는 무시하며 소리 지르는 것으로 거부표현을 나타낸다고 한다.

…(중략)…

한 달 전 **대학병원에서 중증 자폐스펙트럼장애로 진단받았으며 언어재활, 감각통합치료, 놀이치료를 권고받았다고 한다.

> ASD는 비정상적인 기능이 3세 이전에 나타나기 때문에 조기 진단이 가능. 조기 진단으로 인한 조기 중재는 ASD 치료에 긍정적인 영향을 미치게 됨

> ASD 아동은 언어 외 감각·놀이발달 등의 여러 문제를 보이기 때문에 통합적 치료접근이 일반적임

2. 평가 시 태도 및 행동관찰

평가 시 엄마와 함께 입실하였고 동영상이나 가정에서 읽어 주었던 책 내용의 일부를 지연된 반향어 형태로 중얼거리는 모습이 많았다. 평가실 내 시계의 숫자를 보며 말하기를 좋아하였고, 평가자가 질문할 때마다 소리를 지르며 거부하는 모습이 관찰되었다.

> 지연된 반향어란 시간이 지난 후에 들었던 말을 반복하는 것을 말함

3. 실시한 평가

1) 영·유아 언어발달 검사(SELSI; 김영태 외, 2003)
2) 한국판 맥아더-베이츠 의사소통발달 평가(K M-B CDI; 배소영 외, 2011)
3) 주양육자-아동 의사소통/상호작용 관찰

4. 말·언어평가

1) 수용언어

SELSI 결과, 수용 원점수 28점, 언어발달연령 15개월(1%ile 미만)로 나타났다. '소유자+소유'의 의미 이해하기, 부정서술문 이해하기, 10개 이상의 동사 이해하기는 가능하나 이야기에 주의집중 유지하기, 대명사 '나'와 '너' 이해하기, 그림과 실물 짝짓기 이해는 어려운 것으로 나타났다.

K M-B CDI 결과, 전체 641개 어휘 중 72개의 어휘(10%ile 미만)를 이해하고 있는 것으로 나타났다. 아동은 장난감 및 문구류, 일상생활, 동물, 신체부위, 호칭의 경우

이해의 빈도가 50%를 넘었으나 나머지 어휘영역에서는 이에 미치지 못하였다.

2) 표현언어

SELSI 결과, 표현 원점수 33점, 언어발달연령 18개월(1%ile 미만)로 나타났다. 대화 중에 들은 낱말 모방하기, 1개 이상의 사물이름 대답하기, 10~20개의 낱말 사용하기는 가능하나 사물이름 스스로 말하기, 호칭이 포함된 두 낱말 문장 사용하기, 감정, 느낌 표현하기는 어려운 것으로 나타났다.

K M-B CDI 결과, 641개 어휘 중 54개의 어휘(10%ile 미만)를 표현하였고, 일상생활, 음식, 동물, 신체부위 어휘의 사용 빈도가 50% 이상으로 높았다.

3) 의사소통 기능

> 의사소통 의도 여부(대상, 장소, 물건 등), 기능과 놀이 수준과 특징 등에 대해 자세히 기술하는 것이 좋음

평가자와의 상호작용에서 한 가지 단순 지시어(예: "앉아")는 이해 가능하였고, 소리 나는 장난감 차에 호기심을 보였으며 공동주의가 가능하였지만 시간이 경과하자 거부하였다. 장난감을 모두 꺼내며 지연된 반향어(예: 캐릭터 인형을 보고 "도와줘?", "밥 먹어")와 사물에 대한 자기 경험 중심의 대용어(예: 미끄럼틀 "슝", 냉장고 "밥", 자동차 "아무")를 사용하였다.

발화를 통한 의사소통 기능으로 사물 요구하기, 인사하기, 이름대기, 소리를 지르는 모습으로 거부하기가 확인되었다.

5. 결과 요약 및 결론

유**(2;6, 남) 아동은 SELSI 결과 수용언어능력 15개월(1%ile 미만), 표현언어능력(1%ile 미만) −2SD에 해당되었고, K M-B CDI검사 결과 이해가능어휘 72/641(1%ile 미만), 표현 가능어휘 54/641(1%ile 미만)로 평가되었다. 평가자와의 상호작용에서는 한 가지 단순 지시 이해와 공동주의가 가능하였고, 반향어와 대용어를 사용하였으며, 발화를 통해 사물 요구하기, 인사하기, 이름대기가 확인되었다.

평가 시 숫자에 관심이 많았으며 음향적 정보에 예민하게 반응하는 모습이 관찰됨에 따라 사회적 의미에 관심을 가질 수 있는 환경에서 사회적 상호작용 빈도를 증가시키고, 연령에 적절한 어휘습득 및 다양한 구문의 이해와 표현을 위한 언어재활이 필요한 것으로 판단된다. 또한 가정에서도 아동의 언어발달을 촉진할 수 있도록 부모교육을 실시할 것을 제언한다.

ASD가 의심되는 아동의 경우 구어 의사소통이 가능하더라도 질적, 양적 차이를 보입니다. 그리고 진전의 정도가 느리고 발달의 상이함이 두드러지므로 평가 시 공식 평가에서 유의미한 진전을 찾기 어려울 수 있습니다. 그래서 가장 두드러진 특징인 상호작용에서의 질적 결함에 대해 자세히 평가-기술함으로써 아동의 전반적인 의사소통 의도와 기능 수준, 언어 및 비언어적 행동의 수용과 표현 정도를 나타내 주는 것이 필요합니다.

3) 목표설정

ASD 아동의 생활연령을 고려한 활동은 놀이를 통한 상호작용에서 진행합니다. 치료 상황에서 언어재활사와의 놀이를 통한 상호작용을 바탕으로 설정된 장단기목표는 다음과 같습니다.

장기목표	단기목표
1. 자발적 발화로 의사소통 기능 사용하기	1-1. 자발적 발화로 행동요구하기 1-2. 자발적 발화로 부르기 1-3. 자발적 발화로 거부하기
2. 어휘 이해 및 표현하기	2-1. 명사 이해 및 표현하기 2-2. 동사 이해 및 표현하기 2-3. 형용사 어휘 이해 및 표현하기
3. 2어절 의미관계 이해 및 표현하기	3-1. 대상-행위 관계 이해 및 표현하기 3-2. 실체-서술 관계 이해 및 표현하기 3-3. 배경-행위 관계 이해 및 표현하기

4) 회기 활동

날짜	목표	활동	결과/기타
	3-1. 대상-행위를 80% 이상 이해할 수 있다. "뽀로로 올라가." "뽀로로 앉아." "뽀로로 일어나." "뽀로로 내려가."	3-1. 최근 아동은 캐릭터 장난감 '뽀로로'를 좋아해 항상 들고 다닌다. (아동의 좋아하는 물건은 장난감 캐릭터로 주기별로 바뀌는데 최근에는 뽀로로임)	
		뽀로로 캐릭터 인형과 뽀로로가 탈 수 있는 장난감 버스를 준비하여 놀이를 한다. → 언어재활사가 준비한 장난감으로 "뽀로로 앉아"라고 하며 버스에 앉게 하고 아동이 놀이에 관심을 보이면 자신의 뽀로로를 활용하여 활동에 참여하도록 한다.	소리에 예민하게 반응하는 아동이므로 버스의 멜로디는 꺼 두고 활동함
**	1-3. 발화로 거부하기를 80% 이상 할 수 있다. "아니야."	1-3. 거부하는 상황을 만들기 위해 언어재활사는 치료실 내 세팅된 뽀로로를 아동에게 "**(아동명) 뽀로로"라고 말하며 준다. 아동이 '거부하기'를 소리를 지르거나 던지는 행동으로 나타내면 "아니야"라고 모델링하고 산출하도록 한다. → 목표 언어 산출 시 아동의 뽀로로를 준다.	1-3. 80% 정반응. 소리를 질렀지만 세 번 만에 "아니야" 산출됨
	2-1 명사를 90% 이상 정확히 이해하고 표현할 수 있다.	아동의 주된 놀이는 교통수단 장난감의 바퀴를 굴리거나 일렬로 세우는 것이다.	100% 정반응
	"자동차" "버스" "소방차" "경찰차"	언어재활사가 개입하여 바퀴를 같이 굴리다 도로에 차를 굴리며 놀이를 새롭게 배우도록 하고, 이때 사물의 이름을 반복적으로 모델링하여 아동이 산출할 수 있도록 한다.	행동모방이 되지 않아 아동의 손을 장난감에 이끌어 활동을 유도함

ASD 아동의 특정 물건에 대한 집착을 소거하기보다는 자연스럽게 활용하는 것이 좋음

일상생활에서 사용하는 친숙한 어휘로 구성

〈좋아하는 물건 적극적으로 활용하기〉

좋아하는 것과 집착하는 것은 다릅니다. 집착하는 것 외에 다른 활동을 못하는 경우라면 어쩔 수 없이, 타인을 참여시키는 것이나 놀이를 확장/확대시키는 것을 목표로 치료적 접근을 해야 합니다. 예를 들어, '공룡'을 좋아하는 아이라면 공룡으로 의사소통 기능, 어휘, 구문/질문 과제 등을 구성해도 좋습니다. 공룡을 활용하여 동물이나 차, 그 외의 사물이나 장소, 놀잇감으로 확장/확대할 수 있고, 훨씬 더 자연스러운 의사소통-상호작용 행동을 습득할 수 있을 것입니다.

〈반향어 중재〉

반향어(즉각, 지연)는 요구하기, 주장하기, 언급하기와 같이 다양한 의사소통 기능을 갖고 있습니다. 요청하거나 의견을 제시하기 위해 혹은 대답하기 위해 사용되는 반향어를 소거할 수는 없지만 그렇다고 그냥 둘 수도 없지요. 그렇다면 반향어 중재는 어떻게 해야 할까요?

첫 번째, 아동의 수준에 맞추어 언어 제공을 단순화합니다. 예를 들어, '딸기'라는 어휘를 익히기 위하여 '딸기를 먹는 그림'을 준비했다면 과일 딸기가 아닌 딸기 먹는 모습 자체를 딸기라고 인식하고 무엇인가 먹는 상황에서도 '딸기'라는 지연 반향어가 나타날 수 있습니다. 따라서 모든 언어 제공은 아동의 수준에 맞추어 단순하고 명확하게 제공되도록 합니다.

두 번째, 아동의 대답을 바르게 수정해 줍니다. 아동과 과일 놀이를 하면서 "사과 줄까?"라는 질문에 "사과 줄까?"라고 즉각 반향어가 나타났다면 언어재활사는 아동이 대답해야 하는 "사과 줘"라고 말을 하여 아동이 바르게 수정하여 다시 산출할 수 있도록 합니다.

세 번째, 아동의 반향어 의도를 파악한 후 적절한 언어를 제시합니다. 놀이 도중 아동이 "이제 집에 가자"라고 치료가 끝난 후 집에 갈 때마다 엄마에게 들었던 말을 지연된 반향어로 사용하였다면 그만하고 싶거나 다른 놀이를 하고 싶다는 '거부'의 메시지를 담은 반향어입니다. 아동의 의도를 파악한 후 상황에 맞게 "이제 다른 거 하자"라고 말하여 지연된 반향어를 수정해 주도록 합니다.

사례 2 학령기

1) 배경정보

다음은 학령기 자폐스펙트럼장애를 가진 아동의 사례를 보겠습니다. 해당 아동은 초등학교 1학년 아동으로 학령전기나 영유아기와 다른 치료 목표와 접근이 필요합니다.

- 이름: 이** / 성별: 남
- 생년월일: 2***년 **월 **일 / 생활연령: 6세 11개월(초등 1학년)
- 내원사유: 자폐스펙트럼으로 인한 언어발달장애
- 평가력: *세(만 *세) 사설 심리치료기관에서 평가결과 전반적 발달지연 소견, *세 때 **병원에서 자폐로 진단
- 치료력: *세(만 *세) 언어재활, 놀이치료 시작, 현재 감각통합치료, ABA, 놀이치료, 그룹미술치료, 심리운동(수영), 언어재활 진행 중
- 언어발달: 옹알이, 첫 낱말, 첫 문장의 시기 기억나지는 않으나 모두 늦은 편이었음
- 운동발달: 또래보다 늦은 발달 보였음
- 정서발달: 3년 전 처음 어린이집을 다닐 때는 분리에 어려움이 있었으나 현재는 나아짐. 또래와는 말이 잘 안 통해서 이성의 친구들과 몸으로 많이 노는 편
- 인지발달: 가르쳐 준 적 없는데 읽기와 쓰기 몇 달 전부터 하기 시작, 요즘은 매일 큰 소리로 길거리 간판 읽기나 마트 광고지 읽기, 그림카드 읽음

2) 평가

실시한 평가
공식평가
1) 취학전 아동의 수용언어 및 표현언어 발달 척도(PRES; 김영태, 성태제, 이윤경, 2003)
2) 수용 · 표현 어휘력 검사(REVT; 김영태, 홍경훈, 김경희, 장혜성, 이주연, 2009)

비공식평가
아동 화용언어 체크리스트(CPLC; 오소정 외, 2012)

수용 언어	**전반적 수용언어** 1. PRES 결과, 수용언어발달연령 *세 *개월 (**개월), < 1%ile 　1) 화용 영역에서 가장 어려움을 보임 　2) 수 개념, 감정 상태어, 복수의 이해 등이 어려움 　3) 특징: 대부분 질문을 단순화하거나 전체 구문의 수용이 어려움 2. REVT 결과, 수용어휘력 등가연령 *세 6~11개월, < 10%ile, 수용어휘발달지체 　1) 검사자의 질문과 관계없이 선택, 질문 단어 확인의 필요함
표현 언어	**전반적 표현언어** 1. PRES 결과, 표현언어발달연령 *세 *개월 (**개월), < 1%ile 　1) 화용 영역에서 가장 어려움을 보임 　2) 익숙한 이야기의 재구성, '어떻게' 질문에 대한 대답, 낱말의 회상이나 정의 표현 　　이 어려움 　3) 특징: '여기'와 같은 지시어의 사용이 많고 한정된 단어를 반복적으로 사용함. 제 　　한된 관심을 반복적인 표현하는 것, 적절한 말 사용보다 행동 언어의 사용이 잦 　　은 것, 맥락이 끊어진 이야기의 산출 등을 보임 2. REVT 결과, 표현어휘력 등가연령 *세 0~5개월, < 10%ile, 표현어휘발달지체 　1) 자기만의 단어(예: 자르다/베다 → 톡스, 신호 등 → 신대모, 화분 → 새싹 봉지), 　　반복된 단어의 산출(예: 넘어지다−떨어지다)을 보임
의사 소통 (화용)	**의사소통 및 화용** 1. CPLC 결과 다음과 같음 　1) 반응하기: 동일한 주제를 가지고 두세 번 말 주고받기를 한다(−). 질문에 맞게 　　대답한다(−). 　2) 주장하기: 자신이 흥미를 가지고 있는 것에 대해 말한다(±). 　3) 대화의 주제를 갑자기 엉뚱한 내용으로 바꾸지 않는다(−). 　4) 상호관계에 있는 말들을 적절히 사용한다(±). 듣는 사람이 나의 경험을 알고 있 　　는지 모르고 있는지에 따라 말하는 내용을 조절할 수 있다(−). 자기가 알고 있거 　　나 좋아하는 낱말을 부적절한 상황에서는 되풀이하지 않는다(−). 　5) 상황에 적절한 '감정 이해와 표현/음성의 크기나 말의 양 조절/표정이나 말투를 　　포함하는 비언어적 행동/사회적인 행동/거리 조절이나 눈맞춤/자기 통제−욕구 　　조절' 등을 할 수 있다(−). 　6) 특히 제한된 관심사와 짧은 주의: 소리 나는 인형 반복적으로 작동, 짝 맞추기 퍼 　　즐 글자 읽기−질문에 반향(대답 못함), 다시 소리 나는 인형 작동시키기 등 　7) 반향어 사용: 크고 단조로운 음성으로 질문이나 지시에 반향어 사용함

학령기 아동의 경우 이미 오랜 기간 치료를 받았거나 진단을 받은 경우가 많기 때문에 반드시 필요한 경우가 아니면 평가를 하지 않으려고 하는 경우가 있습니다. 그런 경우는 검사상 수치보다 검사 항목 중 실사용과 관련된 측면, 교수의 목표나 방향 등에 대해 더 상담하면 좋겠습니다.

3) 목표설정

이 사례의 담당 언어재활사는 의사소통, 구문 표현, 구문 이해를 장기목표로 설정하였습니다. ASD의 경우 의사소통 의도와 기능에서 대화 기능과 같은 화용 언어 능력의 제한이 가장 두드러지므로 가장 중요한 목표가 됩니다. 다만, 해당 아동은 학교 생활을 해야 하므로 학습이나 단체 생활을 위한 구조적인 활동의 수용도 필요합니다.

> 언어재활의 목표에 착석이나 책상에서 과제 진행 등이 맞다, 맞지 않다 의견이 나뉠 수 있음. 학교/학습 환경에 대한 이해가 낮아 자주 타인의 영역이나 거리를 침범하며, 이에 대한 부모의 교수 요구가 있어 포함함

장기목표 1. 언어재활사의 상호작용 상황에서 의사소통 및 대화 기능을 향상시킨다.

단기목표

1-1. 요구하기 상황에서 80% 이상 자발적으로 행동 및 허락 요구를 산출할 수 있다.

1-2. 행동을 포함한 지시어를 이해하여 80% 이상 적절하게 반응할 수 있다.

1-3. 의자 착석 및 착석 유지, 책상 내에서 활동으로 제한된 의사소통 환경에서 구어 주고받기를 할 수 있다.

1-4. 음성의 크기와 대화 거리, 시선 처리를 언어재활사의 촉진에 따라 조절할 수 있다.

> 해당 아동의 경우 이런 초분절적-비언어적 과제가 어려워 자연스러움이 감소하여 목표에 포함시킴. 모니터링이 되지 않는 경우는 외부 촉진에 따른 의사소통 행동의 수정을 목표로 하기도 함

> 습득에 시간이 오래 걸리며, 자발적인 언어산출을 기대하기 어려워, 반향어 형식으로 2~3어 조합의 짧은 문장을 통으로 익혀 사용을 연습시키기로 함

장기목표 2. 아동의 활동 장소에 따라 필요한 구문의 이해와 표현을 향상시킨다.

단기목표

2-1. 학교 장소와 그에 관련된 구문 표현을 익혀 표현할 수 있다.

2-2. 치료실 장소와 관련된 상태 표현을 익혀 자발적으로 사용할 수 있다.

2-3. 집에서 가족과 상호작용 시 필요한 구문 표현을 익혀 사용할 수 있다.

> 해당 아동은 치료실 선생님이나 동 시간 다른 아이들이 주된 의사소통 대상자임. 학원 친구나 또래 관계가 없으므로 하고 싶은 것, 하기 싫은 것과 같은 상태 표현이나 초기 화용 기능이 거의 이루어지지 않으며, 치료별 언어재활사의 지시도 수용하지 못하는 경우 많아 자료 수집하여 교수하도록 했음

장기목표 3. 질문 이해 및 표현을 향상시킨다.

단기목표

3-1. 예/아니요 질문을 이해하여 대면 상황에서 10번 중 7번 이상 정확하게 반응할 수 있다.

3-2. 의문사 '무엇' 질문을 이해하여, 10번 중 7번 이상 정확하게 동사 및 명사 이름대기를 할 수 있다.

3-3. 의문사 '어디' 질문을 이해하여, 10번 중 7번 이상 장소명을 말할 수 있다.

장기목표 4. 어휘 이해 및 표현을 향상시킨다.

단기목표

4-1. 먹는 것, 그와 관련된 사물의 이름을 이해하여 5번 중 3번 이상 정확하게 표현할 수 있다.

4-2. 장소 이름을 이해하여 5번 중 3번 이상 정확하게 표현할 수 있다.

4-3. 역할/직업/명칭을 이해하여 5번 중 3번 이상 표현할 수 있다.

4) 회기 활동

해당 아동은 검사 시 행동보다 모방 능력이 좋았으며 모방의 범위도 놀이, 발화, 행동 등 아주 넓어 검사 시 평가자의 말이나 행동, 자신이 했던 것을 첫 회기에서도 그대로 구현하는 모습을 보였습니다(예: 착석 후 '책', '이.것.봐', '*.*.아' 등).

치료 계획을 할 때, 언어재활사 중심으로 기술을 습득하게 하면 매우 빠른 향상을 보일 수 있지만 특정 상황을 시각적/청각적으로 옮겨 놓기 형식의 습득이라 자연스럽지 못하고 전이도 어려울 것으로 판단하였습니다. 그렇지만 연령상 사회적 규칙이나 학습/집단 활동을 위한 태도 및 행동도 필요한 상태로 아동 중심의 놀이 활동과 언어재활사 중심의 기능과 행동 습득을 각각 회기에 적용하기로 하였으며 회기가 진행될수록 활동의 범위를 좁히고 감각자극의 활용을 줄이는 것으로 구성하였습니다. 이런 회기 구성의 전반적인 틀, 계획은 부모와의 상담 시에 반드시 언급하고 동의를 구하는 것이 좋습니다.

초기, 장난감 놀이를 중심으로 진행한 회기임

시험적 시도(trial test) 때 평가 시보다 행동 문제가 두드러졌으며, 반복적인 놀이 행동과 반향어 사용, 짧은 주의력, 감정 상태의 급 변화와 불확실성 등이 컸음

날짜	목표	활동	결과/기타
	의사소통 의도와 기능 1-1. 허락 요구하기 1-4. 음성 강도 조절	1. 라바 춤추는 인형 놀이 * 수 회기 동안 입실 직후에는 라바 인형 조작하기 함(고정적 행동) "선생님 라바 주세요." 자발적 산출 → 선생님, 라바 해도 돼요? 연습	1-1. 모방 후 (3/3+) 1-3. (−) 속삭이는 소리 산출(모름)
	3. 질문 이해 및 표현 3-1. 예/아니요 표현	"라바 또 할 거야?"→ "네." 연습 목소리 시각 판(시끄러워/좋아/안 들려), 신체 압박(어깨 누르기) 음성 강도 맞춤	3-1. "라바 또 할 거야?" 반향함 대답 모델링에도 반향함
**	의사소통 의도와 기능 1-3. 착석 후 활동	2. ○○인형 가족 놀이 　차 타고 ○○에 가는 놀이 아동 환경포함/포함되지 않는 곳 선정 : ○○학교, ○○센터, 복지관, 롯데월드, 이마트/경찰서 −하는 일과 장소 연결, 질문으로 확인	1-3. 자꾸 바닥으로 내려가서 누우려고 함 물리적 촉진이 필요
	3. 질문 이해와 표현 3-3. 어디 질문 이해		3-3. 질문 반향 (3/3+) 경찰서 포함
	4. 어휘 이해와 표현 4-2. 장소명 이해와 표현		4-2. 자극과 관계 없이 좋아하는 곳(이마트) 계속 언급
	의사소통 의도와 기능 1-2. 지시 이행하기 1-4. 대화 거리	3. 아이스크림 가게 놀이 예) "○○야, 선생님 ○○ 아이스크림 줘." 언어재활사 지시와 관계없이 본인이 좋아하는 아이스크림 줄 때, '싫은 표정' 후 다시 요구 언어재활사 입에 아이스크림 장난감 넣으려고 할 때(좋아서), 갑자기 와서 안기거나 등등 할 때, '싫은 표정'과 '밀어내기 행동(거리 안내)' 후 다시 요구	1-2. 지시 이행 (2/4+) 아동이 원하는 것을 선택, 줌 1-4. 기분이 좋아지면 스킨십 횟수 늘고, 행동 과격해짐

장난감 활용을 하지 않고, 그림/사진 자료만으로 구성한 회기임

날짜	목표	활동	결과/기타
**	1. 의사소통 의도와 기능 1-3. 음성 강도 조절 1-2. 착석 유지	1. 집 장소 사진 이름 확인하기 예) '○○'이야? – 응 or 네 2. 집 모형에 사진 붙이기 예) 어디야? – ○○(부엌) 3. 음식 사진 이름 말하기/질문에 반응 예) 피자, 미역국 등 예) 어디에서? – ○○ 4. 필요한 말 – 사진/그림/주고받기 활동 예) 배고파요, 안 먹어, 저리가, ○○ 먹고 싶어요, 뜨거워요, 얼음 주세요 등 5. 음성 강도 조절 – 특히 음식 활동에서 예) 손이나 어깨 살짝 눌러 줌. 목소리 크기 판(시각) 보면서 확인 연습	* 강도조절–물리적 촉진 필요 * 책상에 발 올리기, 갑자기 일어나서 돌아다니기 1회씩 있음
	2. 구문 이해와 표현 2-3. 집에서 필요한 말		안 먹어, ○○ 먹고 싶어요 반복적으로 선택, 말함
	3. 질문 이해 및 표현 3-1. 예 반응하기 3-3. '어디' 질문 이해하기		예 반응(5/5) 장소 이름(4/5)
	4. 어휘 이해와 표현 4-1. 먹는 것		음식(5/5) : 너무 세분화된 표현 → 홍.합. 미.역.국., 풀무○ 납○ 군만두야
	2. 구문 이해와 표현 2-1. 학교 상황	1. 문장 글–학교 활동 그림 예) '선생님, 화장실 가고 싶어요' 읽고 해당 그림 찾기	* 자동화 행동(읽기만) * 읽기 후 손에 잡히는 그림 선택(무작위) 매우 큰 소리로 읽기 –웃으면서(짜증남의 표현)
	1. 의사소통 의도와 기능 1-3. 음성 강도 조절 1-2. 착석 유지		

3. 말 늦은 아동

> 말 늦은 아동(Late Talker)은 다른 영역의 손상 없이
> 단순히 표현언어 능력에만 지연을 보이는 3세 이전의 아동을 말한다.

말 늦은 아동의 다수는 연령이 높아지면서 정상 언어발달 수준을 따라잡고, 그 이후에도 지속적으로 따라잡기를 통한 회복이 진행되지만 일부는 3세 이후 언어발달지체나 단순언어장애로 진행되거나 장기적으로는 학령전기를 전후로 학습에까지 영향을 미치기도 합니다. 평가는 공식검사와 비공식검사 모두 필요하며 평가 후 언어 문제가 지속적으로 진행될 것인지 아니면 회복될 것인지에 대한 정확한 판별이 중요합니다. 중재 시 치료가 필요하다면 언어적 약점을 중심으로 치료를 구성할 필요가 있으며 그렇지 않다면 정상언어발달 회복을 위한 부모교육이 필요하게 됩니다.

이번 절에서는 말 늦은 아동으로 평가된 후 치료를 권고한 사례와 부모교육 후 6개월 뒤 재평가를 권고한 각각의 사례에 대해 알아보도록 하겠습니다.

● 초기면담 시 확인할 사항 ●

▶ 출생 배경: 출생 시 특이 사항이나 병력 및 가족력 유무 확인
▶ 가족 사항: 영유아의 경우 친밀한 양육자와의 상호작용을 통해 언어발달이 이루어지기 때문에 가족 형태와 주양육자와의 관계 및 형제자매 유무 확인 필요
▶ 언어발달: 어휘폭발기에 표현어휘 양이 크게 증가하지 않고 36개월까지 산출 가능한 낱말이 50개 미만임. 이해언어보다 표현언어의 문제가 더 크기 때문에 발음 문제(조음·음운)를 동반할 수 있음.
▶ 기타 발달: 운동, 인지, 신경학적, 정서 행동의 문제가 없어야 함

사례 1   직접치료

1) 배경정보

함께 볼 사례는 상호작용 및 초기 인지, 행동, 자조 능력이 또래와 비슷한 수준이지만 언어발달, 특히 표현언어 발달이 지연되어 평가를 의뢰한 경우로 초기면담 후 다음과 같은 평가 계획을 세웠습니다.

- 이름: 박** / 성별: 남
- 생년월일: 2***년 **월 **일 / 생활연령: 2세 4개월
- 내원사유: 언어발달지연
- 평가력: 없음
- 치료력: 없음
- 언어발달: 옹알이 100일경, 첫 낱말 7개월, 첫 문장은 17개월
- 운동발달: 정상
- 정서발달: 어린이집에서 특별한 어려움 없다고 함
- 인지발달: 문제없는 것 같음
- 바라는 점: 언어문제가 해결되면 좋겠다.

2) 평가

언어평가 보고서
Langage & Speech Assessment Report

이름: 박**(M)
평가일: 20**년 **월 **일
생년월일: 20**년 **월 **일
연령: 만 2세 4개월(28개월)

배경정보

이 아동은 2세 4개월의 남아로 언어지연을 이유로 본 기관을 방문하였다. 어머니의 보고에 의하면 아동은 출생 및 신체 운동발달은 또래와 비슷한 수준 …(중략)… 대소변 가리기는 3개월 전부터 시작하였으며 …(중략)…

언어발달의 경우 옹알이 100일경에, 첫 낱말은 대략 7개월 정도에 …(중략)…

정서 발달 및 또래 관계에서도 특별한 어려움은 없다고 …(중략)…

어린이집은 18개월부터 내원했으며, 가족력은 없고, 말-언어 문제로 교육을 받은 적도 없다고 한다.

검사 태도

공식검사를 시도하였으나 착석 및 검사 자료 거부하여 검사를 진행할 수 없었다. 다만, 비공식적인 검사의 경우 검사자와 …(중략)… 하여 평가 가능하였으며 특이사항은 없었다.

실시한 검사

1) 취학전 아동의 수용언어 및 표현언어 발달 척도(PRES; 김영태, 성태제, 이윤경, 2003) - 평가 불가
2) 영·유아 언어발달 검사(SELSI; 김영태, 김경희, 윤혜련, 김화수, 2003)
3) 초기 화용기능 및 의사소통 의도·기능 평가

언어평가

1. 수용언어

아동의 수용능력을 알아보기 위해 SELSI 시행한 결과는 다음과 같다.

	등가연령	백분위수	발달정도
수용언어	2*개월	55%ile	정상발달

평가결과, 수용언어 능력은 또래 수준으로 발달하는 것으로 나타났다. …(중략)…

2. 표현언어

아동의 표현능력을 알아보기 위해 SELSI 시행한 결과는 다음과 같다.

	등가연령	백분위수	발달정도
표현언어	2*개월	<1%ile	언어발달지체(정밀검사의뢰)

평가결과, 표현언어 능력이 또래에 비해 6개월 이상 지연되었으며, '의미, 음운, 구문, 화용'의 모든 언어 영역에서 표준편차 -2SD 미만인 것으로 나타났다. 아동은 의미, 음운, 구문, 화용 네 가지 영역 모두에서 -2SD 미만으로 나타났다. 항목별로 보면, …(중략)… 표현하기 등이 아직 어려운 것으로 나타났다.

3. 초기 화용기능 및 의사소통 의도·기능 평가

검사자-아동, 모-아동과의 상호작용 관찰 및 면담 등을 통해 의사소통 의도 및 기능을 측정한 결과는 다음과 같다. 자동차 놀이, 음식 자르기-먹기 놀이에서 평가
* 타인과의 상호작용 미숙하나 거부하지는 않음
적극적으로 놀이에 참여를 요구하거나, 검사자의 놀이나 행동을 탐색함

적절한 기능을 사용하여 놀이. 어머니의 모델링 참고하여 놀이를 확장하는 모습이 관찰됨

* 명료도 저하 두드러짐. 자곤(jargon) 수준의 발화 관찰되나 대부분 1음절의 간단한 단어 수준임

1) 인사 및 눈맞춤, 가리키기: 상황에 적절한 행동(+), 음성(−)

2) 모방하기: 행동 모방(±), 음성 모방(−)

3) 요구하기: 사물 요구, 행동 요구(±, 사회적 행동으로 표현 가능−횟수 적음)

4) 부정 · 거부하기: 회피 혹은 나타나지 않음

5) 반응하기: 예/아니요 반응(−), acting out(±), 음성 반응(±)

6) 이름대기 및 음성 산출: 의성/의태어, 호칭, 관습적인 표현("이거 뭐야?") 몇 차례 나타남

그 외, 어머니와의 놀이에서 아동은 음성 모방으로 보이는 발화, 질문에 대답으로 보이는 발화가 나타났으나 명료도 저하와 적절한 대면(비언어적 행동 포함)의 미숙함으로 전달에 어려움이 관찰되었다.

결과 요약 및 결론

이 아동은 2세 4개월의 남아로 언어지연을 이유로 …(중략)… 그 결과 수용언어 등가연령 2*개월로 '정상발달', 표현언어 등가연령 2*개월로 '언어발달지체'로 보고되었다. 다만, 시행한 검사는 부모 보고에 의해 측정되는 것으로 각 영역에서의 결과가 실제 아동의 언어능력과 차이를 보일 수 있다.

아동은 간단한 이야기에 주의 기울이기나 일상적인 어휘의 이해는 또래 수준이지만, 새로운 낱말의 산출이나 단어 모방, 스스로 이름 말하기 등에서 표현의 어려움이 있는 것으로 보고 및 관찰되었다.

상호작용을 통해 아동의 전반적인 의사소통 의도와 기능을 기술한 결과, 아동은 적절한 의사소통 의도를 가지고 있는 것으로 보이나, 사회적 기능의 습득이 미숙하고 특히 음성을 통한 의사소통에 양적/질적 저하가 두드러졌다.

이러한 결과로 볼 때, 아동은 특히 표현언어에서의 지연이 두드러지므로 …(중략)… 또한 …(중략)… 중재와 함께 지속적인 관찰 및 평가가 필요하겠다.

평가 후 결과 상담 진행 시, 공식평가가 이루어지지 못한 점을 알리고 부모 체크리스트 검사의 장단을 언급한 뒤 행동 관찰한 결과와 함께 검사 결과 상담을 합니다. 단순 언어발달지체, 특히 연령이 어린 경우는 치료가 필요한지 기다려도 되는지 등을 궁금해합니다. 여기에는 생활 연령, 언어발달의 정도, 부모의 양육태도나 환경 그리고 부모의 욕구도 고려의 대상이 됩니다. 일반적으로 검사 결과상 6개월~1년 이상 지체된 경우에는 권고를 하지만, 그렇지 않더라도 초기 언어발달부터 수용과

표현의 격차가 큰 경우는 이후 발달에 영향을 줄 수 있으므로 치료를 권하기도 합니다.

3) 목표설정

해당 아동의 담당 언어재활사는 아동의 어휘 능력, 구문 능력, 그리고 의사소통 기능 향상을 위한 목표를 설정하였습니다. 어휘의 경우 명사-동사로 나눌 수도 있고, 범주 개념으로 나눌 수도 있습니다. 이 아동은 의미적 접근을 위해 범주 개념으로 나누어 해당 범주의 내에서 어휘 목록을 작성하였습니다. 검사 시 발음 부정확도 확인되었으나 목표에는 없는데 언어능력과 조음 · 음운 능력 모두의 발달이 느린 경우, 단어를 정확하게 몰라서, 즉 언어능력의 부족으로 발음에 문제를 가진 것인지 아니면 단어는 정확하게 수용하고 있는데 조음능력의 부족으로 인해 생긴 문제인지 확인하고 목표를 설정하는 것이 필요합니다.

다음 아동은 언어 문제가 두드러져 언어발달을 향상시킨 후 중간평가 결과에 따라 목표를 수정하기로 하였습니다.

장기목표 1. 어휘 표현 향상
단기목표
1-1. 탈것 관련 어휘 습득
1-2. 의식주 관련 어휘 습득
1-3. 장소 관련 어휘 습득
장기목표 2. 구문 이해 및 표현 향상
단기목표
2-1. 목적+행위 구문 이해와 표현
2-2. 행위자+행위
2-3. 장소+행위
장기목표 3. 의사소통 기능 향상
단기목표
3-1. 사물 및 행동 요구하기
3-2. 차례 지키기/주고받기
3-3. 거부하기

4) 회기 활동

해당 아동의 경우 아동의 연령을 고려하여 아동 중심, 절충법을 조절하여 중재하였고, 치료실 내 활동을 가정으로 전이시키기 위해 초기에는 모가 일정 시간 수업에 참여하여 함께 활동, 가정 학습 자료 배포, 확인의 과정을 거쳤습니다.

단기목표

날짜	목표	활동	결과/기타
**	탈것의 이름 이해와 표현	자동차 경주 어휘: 빠방(차), 뿌뿌(기차), 버스 등 구문: 아빠/엄마/○○+타	스스로 이름대기(+) 모방하기(+) 2음절 조음 정확도는 낮음
	2어 조합 모방	○○+줘, ○○+빼/넣어	어절 단위로 모델링(+)
	차례 지키기	모방 후 행동 질문에 반응하기는 없음 행동 표현은 수용 않고 모방 후 기회 제공 母 참여 : 언어 모델링, 강화 방법 연습 (칭찬은 짧고 강하게, 행동은 즉시)	母와 활동 시 차례지키지 않고 떼 쓰거나 뺏기 증가 언어재활사 참여, 하나-둘-셋 시각적/물리적 촉진 제공, 연습 필요
	먹는 것 이름 이해와 표현	배고파-○○한테 음식 주기 어휘: 주스, 초코, 빵, 바나나, 딸기 등	수용(+, 보기 4개까지) 모방 표현 연습(+)
	2어 조합 모방	구문: ○○+먹어, ○○+아니(야) 부르기: 선생님, 엄마 요구하기: ○○ 줘, 해 줘 母 참여	음절 축약 행동이나 의성/의태어 표현 잦음 : 먹어→아, 아니→고개 젓기
	부르기 요구하기	: 언어 모델링, 가능한 놀잇감과 방법 안내(평소에 차 외에 같이 놀기 어려움)	행동 요구(해 줘) 수용 어려움 : 모델링 → 으응(yes R)

사례 2   간접치료

1) 배경정보

이번 사례는 상호작용 및 초기인지, 행동, 자조 능력이 또래와 비슷한 수준이지만 표현언어발달 및 부정확한 발음을 주소로 평가 후 중재 여부를 결정하고자 의뢰되었습니다.

- 이름: 이** / 성별: 남
- 생년월일: 2***년 **월 **일 / 생활연령: 2세 8개월
- 내원사유: 언어발달지연
- 평가력: 없음
- 치료력: 없음
- 언어발달: 옹알이 4개월, 첫 낱말 13개월, 첫 문장은 29개월. 발음이 부정확함
- 운동발달: 걷기 14개월
- 정서발달: 매일 아침 어린이집 등원마다 엄마와 분리가 힘들고 가정에서는 울음이 많고 떼를 많이 쓴다고 함
- 인지발달: 문제없는 것 같음
- 참고사항: 쌍둥이 중 첫째

2) 평가

직접 평가가 불가하여 주양육자 보고를 통한 선별검사 SELSI를 시행하였고, 면담에서 보고된 정서 문제와 양육환경이 언어발달에 미치는 영향을 확인하기 위해 주양육자−아동, 동생−아동의 상호작용 관찰이 진행되었습니다. 아동이 안정을 갖고 라포 형성이 되었을 때 언어재활사−아동 놀이에서 자연스럽게 산출된 표현언어를 분석하였습니다.

언어평가 보고서
Langage & Speech Assessment Report

이름: 이**(M)
평가일: 20**년 **월 **일
생년월일: 20**년 **월 **일
연령: 만 2세 8개월(32개월)

배경정보

이** 아동은 2세 8개월의 남아로 표현언어지연 및 부정확한 발음을 주소로 평가 후 치료 여부 결정하고자 내원하였다.

어머니 보고에 의하면 아동은 일란성 쌍둥이 중 첫째로 37주 5일 2.5kg로 태어났으며, 10개월에 설소대 단축증으로 frenotomy 시행하였다고 한다. 걷기는 14개월, 언어 발달의 경우 옹알이 70일, 첫 낱말 13개월, 두 낱말 조합은 29개월에 나타났다고 한다. …(중략)…

> 쌍둥이는 37주가 만삭이며, 2.5kg 이상이면 정상 분만 쌍둥이 출산은 조산의 위험 요소가 많아 이른둥이나 인큐베이터 등에 대한 확인이 필요

> 설소대가 짧은 것으로 혀를 내밀었을 때 혀 끝이 W 모양이 됨. 영아기에는 수유의 문제를 보이게 될 수 있고, 유아기에는 /ㄹ/ 발음 산출의 어려움과 함께 혀의 운동장애를 초래하여 자음의 정확도를 떨어뜨림

24개월부터 어린이집에 다니기 시작했으며 어머니께서 평일에 퇴근 후 아이들 육아를 담당하고, 주말에도 자영업을 하는 아버지 때문에 어머니 혼자 쌍둥이 육아를 하고 있어서 아동에게 다양하게 놀아 주거나 반응해 주지 못하는 점이 문제로 생각된다고 보고되었다.

검사 태도

쌍둥이 동생과 함께 입실하였고 낯가림이 심하여 한동안 동생과 함께 엄마에게 안겨 있었다. 평가자의 놀이 개입에 손을 내저으며 원치 않는다는 표현을 하였으나 엄마하고는 새로운 놀잇감에 관심을 보이며 탐색하였다. 그러나 탐색 중인 놀잇감을 동생이 만질 때마다 소리를 지르거나 칭얼거림으로 거부 표현을 하였고, 동생에게 자신의 마음대로 놀잇감을 얻지 못하자 강하게 울면서 감정 표현을 하였다.

실시한 검사

1) 영·유아 언어발달 검사(SELSI; 김영태, 김경희, 윤혜련, 김화수, 2003)
2) 자발화 수집 및 분석
3) 주양육자-아동 의사소통/상호작용 관찰

언어평가

1. 수용언어

1) 전반적인 수용언어 능력

부모 보고에 의한 SELSI 평가결과, 수용언어 원점수 53점, 등가연령은 29개월(45%ile)로 또래에 비해 3개월 지연되었으나 발달정도는 정상으로 나타났다. 5어절 이상 긴 문장 이해, 일상동사 이해, 여러 색이름 이해는 가능하였고, 사물의 상대적 위치 이해, 비교 개념 이해, 한 사람에 대한 다양한 호칭 이해에는 어려움을 보였다.

> 6개월 이상의 수용언어 발달 지체는 예후가 좋지 않을 수 있음

2. 표현언어

1) 전반적인 표현언어 능력

부모 보고에 의한 SELSI 평가결과, 표현언어 원점수 46점, 등가연령 26개월(10%ile)로 또래에 비해 6개월 지연, 발달정도는 약간지체로 나타났다. 일상 동사에 대한 표현, 의문사 질문, 첫 자음산출은 가능하였으나 조사 사용, 시간을 나타내는 낱말 사용, 형용사/부사 사용에는 어려움을 보였다.

> 요즘 아동들의 언어발달이 빠른 데다 선별 검사가 노후화된 것임을 감안하였을 때. 결과는 또래에 비해 6개월 지연이지만 주양육자가 현실적으로 느끼는 또래하고의 차이는 그 이상일 수 있음

2) 의미 능력

자발화를 통한 개별의미유형 분석결과, 체언부 43.6%(31/71), 용언부 33.8%(24/71)의 순으로 출현 빈도가 나타났으며 수식부는 15.4%(11/71), 대화요소는 8.4%(6/71)로 나타났다. 체언부에서는 행위자 21.1%, 대상 9.8%, 소유자 7%, 공존자 5.6%, 수혜자 4.2%, 경험자와 실체가 1.4%의 출현 빈도가 나타났고 용언부에서는 행위 23.9%, 상태서술 7%, 부정서술 2.8%, 수식부에서는 부정 11.8%, 장소 2.8%, 체언수식 1.4%, 대화요소에서는 되묻기 2.8%, 대답, 동반소리, 인사가 모두 1.4% 출현 빈도를 보였다.

> 자발화 표본 수집은 70~100개 문장 정도를 분석해야 함. 90 발화를 수집하였으나 자발성이 없었던 발화를 삭제하고 분석 가능한 70 발화만 분석함

문장 내 의미관계 분석 결과 2낱말 의미관계 22%(11/50), 3낱말 의미관계 16%(8/50)순으로 출현 빈도가 나타났으며 세부적인 결과는 2낱말 의미관계 대상-행위, 배경-행위, 소유자-실체, 행위자-대상, 3낱말 의미관계 행위자-대상-행위, 공존자-대상-행위, 대상-배경-행위 순으로 출현 빈도를 보였다.

어휘 다양도(TTR) 분석 결과, .43으로 서로 다른 낱말 수(NDW)와 전체 낱말 수(NTW) 모두 명사, 동사, 형용사, 대명사, 조사 순으로 사용하고 있었다.

> 정상발달의 경우 .50에 가까운(.43~.47) 어휘 다양도를 보임. 따라서 아동의 어휘발달의 예측은 긍정적임

3) 구문 능력

평균발화길이(MLU)를 분석한 결과, 평균형태소길이(MLU-m) 2.06(-1~-2SD), 평균낱말길이(MLU-w) 1.2(-2SD 이하), 최장낱말길이는 4(-1~-2SD)로 구문적 발달이 약간 지체되었고 문법형태소는 주격조사 '이/가'만 나타났다.

> 또래 평균형태소길이: 3.01
> 또래 평균낱말길이: 2.39
> 또래 평균최장낱말길이: 6.29
> 구문의 발달이 지체되어 있음이 확인됨

4) 화용능력

자발화를 통한 화용기능 분석 결과, 사물/행동 요구 44%, 생각설명, 감정설명, 부정이 각각 14%, 기타(부르기) 7%, 정보요구 4%, 혼잣말 3%로 화용기능을 적절하게 사용하고 있었다. 아동은 주양육자-아동 상황보다 동생-아동의 경쟁적인 상황에서 다양한 자발화 사용의 빈도가 높은 것으로 관찰되었으며, 화용기능은 적절히 나타나고 있었다.

3. 구강음기제

10개월 설소대 단축증으로 설소대 절제수술(frenotomy) 시행 보고되었고, 협조 불가능하여 공식평가는 실시하지 못하였으나 구강구조나 기능에 특별한 문제는 없는 것으로 보인다.

4. 조음 · 음운 능력

아동과 어머니 상호작용 시 나타난 자발화에서 자음/ㅁ/, /ㄴ/, /ㅇ/, /ㅂ/, /ㅃ/, /ㄷ/, /ㄱ/이 산출되었고, 첫음절 외 대부분의 자음은 생략되었다. 자음정확도는 또래 평균(77.3%)에 비해 −2SD 미만으로 지체되어 있을 것으로 예상된다.

> 공식평가가 실시되지 않을 경우 비공식적으로 자발화에서 나타난 자음과 모음을 확인해야 함

결과 요약 및 결론

> 이**(2;8, 남) 아동은 SELSI 결과, 수용언어능력 29개월(45%ile)로 '정상', 표현언어능력 26개월(10%ile)로 −1~−2SD에 속하여 '약간지체'로 나타났다. 비공식검사인 자발화 분석 결과, 어휘 다양도(TTR) .43으로 또래 수준, 화용기능은 다양하게 나타나고 있으나 평균형태소길이 2.06(−1DS), 평균구문길이 1.42(−2SD), 자음정확도 −2SD 미만으로 구문 및 조음 · 음운 능력에 지체를 보이는 것으로 나타났다.
>
> 상호작용 관찰 시 놀잇감에 탐색을 하다가도 동생이 참여하면 서로 엄마에게 경쟁적으로 놀이를 요구하며 싸우는 모습이 대부분이었고, 거부표현은 강하게 울음으로 나타내고 있었다. 이에 따라 경쟁적인 상황 속에서 상호작용의 기회가 적었을 것으로 예상되며, 완전한 언어자극의 기회도 부족했을 것으로 판단된다.
>
> 따라서 표현언어능력 향상을 위한 양육태도와 환경 개선을 위한 부모교육을 실시할 것을 제언하고 모니터링 후 6개월 뒤 표현언어 및 조음 · 음운 능력 확인을 위한 재평가를 권고한다.

3) 목표설정

이 사례(2;8, 남)의 아동은 평가결과 이해언어 '정상 범주', 표현언어 '약간 지체', 조음 · 음운 능력 '지체'인 것으로 평가되었습니다. 영유아의 경우 표현언어지연을 보인다면 조음 · 음운의 문제가 동반될 수 있으며, 이러한 문제가 원인이라면 표현언어능력 향상으로 조음 · 음운 능력이 개선될 가능성이 큽니다. 따라서 평가자는 아동에게는 표현언어향상을 위한 중재가 우선이라고 판단하고 조음 · 음운 능력은 모니터링 권고하였습니다. 또한 부모의 양육태도 및 양육환경이 표현언어발달에 영향을 미치고 있다고 판단하여 직접치료보다는 부모교육을 통한 간접치료를 실시하기로 하였습니다.

4) 회기 활동

부모교육을 위하며 주양육자-아동의 상호작용 녹화를 요청하여 분석하고, 피드백할 수 있으나 대상 영유아의 경우 면담과 평가 과정에서 아동-주양육자의 상호작용 형태를 파악할 수 있었기 때문에 이를 바탕으로 부모교육을 실시하였습니다.

해당 아동의 담당 언어재활사는 아동의 표현언어능력 향상을 위한 양육태도와 환경 개선을 위한 부모교육을 1회기 진행하였고, 부모 모두 참석할 수 있는 시간 약속 후 다음과 같은 내용으로 진행되었습니다.

> 즐거운 놀이가 무엇인지 모르는 경우가 많고 아이와 함께 있는 시간이 노는 시간이라고 생각하는 경우도 있음
> 가정에서는 역할놀이(요리하기 놀이, 엄마, 아빠 놀이 등)와 야외에서는 신체적 활동을 바탕으로 한 놀이(함께 공 차기, 함께 원반 던지기 등)의 구체적인 안내가 필요함. 이때 시간보다는 시간의 질에 대한 중요성을 안내해야 함

첫 번째, 주된 2(자녀) 대 1(엄마)의 제한적인 상호작용 환경을 개선하기 위하여 일주일에 한 번 이상 1(아동) 대 1(엄마 혹은 아빠) 최소 30분 이상 놀이를 통한 상호작용을 하도록 안내하였습니다. 그리고 1 대 1 놀이를 통한 상호작용 시 다양한 언어자극도 함께 제공해 줄 것을 요청하였습니다.

두 번째, 아이들이 싸우는 대부분의 이유는 장난감입니다. 똑같은 장난감을 두 개 사 줘도 싸우기 때문에 각 장난감에 색이 다른 네임 스티커를 붙이게 하여 서로 자기 소유물 개념을 익혀서 발화가 아닌 울음으로 표현하는 형제의 갈등 상황을 최소화하도록 안내하였습니다. 네임 스티커의 색이 다른 이유는 아직 한글을 모르기 때문에 우선 색으로 구분하도록 하기 위해서였습니다.

세 번째, 낮은 에너지로 다양하게 반응을 해 주지 못하는 주양육자(엄마)의 양육태도 개선을 위하여 최소한의 휴식시간을 확보할 수 있도록 권고하였습니다. 이를 위하여 가사지원서비스와 아이돌봄서비스 이용 등의 현실적인 대안을 안내해 드렸습니다.

마지막으로, 앞서 제시한 활동 중 2개 이상 실행이 어렵고 전문가의 도움을 받고자 한다면 언제든 언어재활을 진행할 수 있음을 안내하였고, 6개월 뒤 재평가를 권고하였습니다.

4. 단순언어장애

단순언어장애(Specific Language Impairment, SLI)는
지능, 청각, 신경학적 문제는 없지만 언어발달에만 문제를 보임

단순언어장애는 표준화된 지능검사상 언어성 검사 점수가 −1.25 표준편차 이하이고, 비언어성 지능점수가 85 이상이며 청각, 신경학적, 말 산출과 관련된 구강구조나 기능, 사회적 상호작용의 이상이 없지만 언어발달에만 문제를 보이는 경우를 말합니다. 단순언어장애는 대화할 때 뭔가 이상하다, 답답하다라고 생각되던 문제들이 학령기가 되어 또래와의 대화에 어려움과 언어적인 학습의 문제로 진행된 후 전문가를 찾아오기도 합니다. 따라서 다른 영역에는 두드러진 문제를 보이지 않지만 언어에만 문제를 보이는 단순언어장애는 부모에게 아이의 언어 문제를 정확하게 이해시키는 과정이 필요할 수도 있습니다.

● 초기면담 시 확인할 사항 ●

▶ 평가 및 치료력: 지능검사 자료(표준화된 검사에서 비언어성 지능이 85 이상, 언어검사에서 표준편차 −1.25SD 이하), 치료 경험 유무 확인

▶ 신경학적 혹은 기저 원인의 유무: 청력의 이상, 신경학적 이상, 말산출과 관련된 구강구조나 기능에 이상이 없어야 함

▶ 언어발달: 초기 언어발달력의 경우 초기 단어 습득에 지연이 있고, 구문을 산출하는 시기도 일반 아동에 비해 늦음, 현재 언어 능력도 정상보다 지체되어 있음

▶ 사회적 상호작용: 사회적 상호작용 능력에 심각한 이상이나 장애가 없어야 함

1) 배경정보

- 이름: 한** / 성별: 남
- 생년월일: 2***년 **월 **일 / 생활연령: 8세 4개월(초등학교 3학년)
- 내원사유: 언어재활을 위해(치료의 진전이 없는 것 같아 기관 옮김)
- 평가력: 2***년 *월(만 7세 3개월) ** 소아정신과 종합심리검사 결과 지능 문제없음 (K-WISC-Ⅳ 전체 평균 지능 **점. 언어이해 80, 지각추론 85, 작업기억 85, 처리속도 103)
- 치료력: 2***년 *월(만 7세 3개월) 친구들과의 대화에 끼지 못한다는 담임 선생님의 보고로 언어재활 시작
- 언어발달: 옹알이는 기억 안 나고 첫 낱말 15개월. 첫 문장은 26개월 나타남. 현재 대화 시 부적절하게 대답할 때가 많고, 학교에서 있었던 일을 물어보면 주로 단답형으로 짧게 대답함
- 운동발달: 정상
- 정서발달: 친구들과 놀 때는 문제가 없어 보이나 대화에는 끼지 못함. 눈치가 많이 없고 융통성이 부족함
- 인지발달: 초등학교 입학 전 스스로 글자를 깨쳤고 현재 학습의 문제없음

2) 평가

학령기 평가는 많은 시간이 소요되기 때문에 평가 시간을 충분히 확보한 후 진행되어야 하며, KONA의 경우 문법에 대한 지식이 없다면 결과 신뢰도의 문제가 발생하기 때문에 문법에 대한 충분한 지식을 갖춘 후 실시하도록 합니다.

아동은 장난감 스프링을 들고 입실하여 "꼬불꼬불 라면 같네. 주머니에 넣고 끝나고 갖고 놀자"라고 말하자 작은 목소리로 "이거 라면 아니에요. 스프링인데"라고 말하며 주머니에 넣었고, 긴장을 풀기 위한 일상적인 질문에 대부분 고개를 끄덕이는 모습으로 대답을 대신하였습니다.

평가 시 잘 모르는 문항이 나왔을 때는 별다른 반응 없이 평가자를 빤히 쳐다보거나, 빈번히 평가자의 반응을 살피기 위해 곁눈질로 눈치를 살피기도 하였습니다.

> 가정에서 대화 시 부정적인 피드백이 많았던 것으로 보고된 아동으로 말하는 것에 심리적 부담감이 있음을 확인할 수 있는 부분임

실시된 평가

공식평가

1) 학령기 아동 언어 검사(LSSC; 이윤경, 허현숙, 장승민, 2014)

2) 수용 · 표현 어휘력 검사(REVT; 김영태, 홍경훈, 김경희, 장혜성, 이주연, 2009)

3) 구문의미이해력 검사(KOSECT; 배소영, 임선숙, 이지희, 장혜성, 2004)

4) 언어문제해결력 검사(TOPS; 배소영, 임선숙, 이지희, 2000)

5) 한국어 이야기 평가(KONA; 권유진, 진연선, 배소영, 2018)

비공식평가

화용기능(○○의 자료에서 발췌)

수용 언어	**전반적 수용언어** LSSC 결과, 수용언어지수는 68(1%ile 미만) ① 의미 • REVT 결과, 원점수 90점, 등가연령 9;0~9;5개월(40~50%ile)로 평균 • LSSC 결과 상위개념 이해 환산점수 5점(−1~−2SD). 장신구, 행성, 필기도구, 연장 등의 이해는 가능하였으나 학용품, 도형, 곡식, 방위의 이해는 어려워함. 그림자극이 있는 문항에서 91%의 정답률을 보임. 비유문장이해 환산점수는 7점(−1SD) ② 문법 • 구문의미 이해력 검사 결과, 원점수 44점 연령규준 25%ile(+1~−1SD), 학년규준 27%ile(−1.25SD), 구문구조에 초점을 맞춘 문항 70%, 의미에 초점을 맞춘 문장에서 30%의 오류를 보임 • LSSC 결과 문법오류 판단 환산점수 1점(−2SD 이하)
표현 언어	**전반적 표현언어** LSSC 결과, 표현언어지수 71(2.6%ile) ① 의미 • REVT 결과, 원점수 82점으로 등가연령 8;0~8;5개월(20%ile) 약간 지체 • LSSC 결과, 상의어표현 환산점수 9점(−1SD), 반의어 표현 환산점수 3점(−2SD 이하), 동의어표현 환산점수 7점(−1SD) ② 문법 LSSC 결과, 문법오류 수정 환산점수 1점(−2SD 이하), 복문산출 환산점수 4점(−1~−2SD)

심화 검사	**상위언어** • 언어문제해결력검사 결과, 총점 22점(6~9%ile). 원인이유 8점(5~6%ile), 해결추론 10점(13~19%ile), 단서추측 5점(6~9%ile). 대부분의 대답은 단답형이나 단문으로 나타났으며, 생각하기보다는 제시된 그림을 보이는 대로 말하는 경우가 많음(예: 친구가 왜 놀랄까요? → "물고기 때문에", "종이비행기를 내리려고 한다는 것을 어떻게 알 수 있나요?" → "장 때문에"). **담화** • LSSC 듣기 이해 결과, 단락듣기 이해 환산점수 5점(−1~−2SD)으로 듣기이해를 위한 촉진이 요구됨 • KONA 결과, 비유창성, 이야기 문법 회상률은 평균에 속하나 완전한 일화 수 −1.5SD, 이야기 구성 −2SD로 나타남. 적절한 결속표지의 사용 수 및 문법형태소의 오류율 −2SD. 이야기 이해에서 사실적 이해의 어려움은 없으나 추론적 이해 과제에 머뭇거리거나 대답을 하지 못함 • 대화를 통한 비공식평가 결과 비언어적 수단 사용이 많았고, 반응하기와 설명하기가 주된 문제로 나타남 + 요구하기(질문, 사물/행동, 주의집중), 대답하기, 설명하기(사물, 주장) 발전적 표현 (놀리기, 경고) − 설명하기(사건, 감정, 생각), 발전적 표현(농담하기)

3) 목표설정

평가결과 아동은 의미, 구문, 형태, 음운보다 상위언어와 화용 및 담화 중재가 필요한 것으로 나타났습니다. 따라서 다음과 같이 목표를 설정하였습니다.

> 가장 늦게 발달하는 관용어는 속담 이해 및 표현을 어느 정도 진행 후 중재하는 것이 좋음

장기목표	단기목표
1. 상위언어 이해 및 표현 향상	1-1. 비유언어(속담, 관용어)를 이해하고 표현하기 1-2. 다양한 질문(원인이유, 단서추측, 해결추론)을 이해하고 대답하기
2. 이야기 이해 및 표현 향상	2-1. 다양한 이야기를 듣고 추론적(텍스트연결추론, 빠진정보추론) 질문에 대답하기 2-2. 다양한 이야기를 이야기 문법(배경, 계기사건, 시도, 결과, 내적반응)에 맞게 말하기
3. 사회적 의사소통 기술 향상	3-1. 대화 시 타인의 생각, 감정, 의도 이해하기 3-2. 대화 시 타인에게 사건, 감정, 생각 설명하기 3-3. 대화 시 발전적 표현(농담) 적절히 사용하기

4) 회기 활동

초등학교 3학년 아동으로 실제 상황과 유사한 상황에서 다양한 경험을 할 수 있도록 회기 활동을 구성하여 간접적으로 경험하고 의사소통의 성공과 같은 긍정적 대화 경험을 많이 하도록 하였습니다.

어느 정도 회기가 안정화되면 실제로 또래와의 상호작용을 활발히 하고 개별 치료를 적용하기 위해서 그룹 치료를 진행하는 것이 좋지만 소규모 기관의 경우 그룹 구성이 쉽지 않다면 짝치료를 진행하는 것도 좋은 방법입니다.

목표 및 활동

중기 회기

1-2. 원인이유, 해결추론: 축구 교실에서 생긴 일

오늘 축구 교실에서 친구들과 함께 축구를 하였습니다. 내가 공을 차려던 순간 민호가 나를 밀쳐서 골이 들어가지 않았습니다. 그러자 축구 선생님께서 민호에게 경고 카드를 주고 정정당당히 축구를 해야 한다고 말했습니다. 민호는 나에게 "공을 뺏으려고 하다 그만 밀게 되었어. 미안해"라고 사과를 하였고 나는 "실수로 그런 거니까 괜찮아"라고 하였습니다. 오늘의 축구 교실은 내가 마지막에 한 골을 넣어 2:1 승리로 끝났습니다.

질문:
① 나는 왜 넘어졌을까?
② 민호의 기분은 어떨까?
③ 친구가 실수로 반칙을 했다면 어떻게 해야 할까?
④ 내가 실수로 반칙을 했다면 어떻게 해야 할까?

2-2. 이야기 문법: 동화 〈황금알을 낳는 거위〉

동화 〈황금알을 낳는 거위〉 그림카드 5컷을 준비한다. 언어재활사는 이야기를 들려주고, 아동은 그림 순서를 맞추며 '각 항목을 넣어/이야기 문법에 맞게' 이야기를 구성한다.

> 동화를 활용하여 재미있게 문법 확장을 할 수 있도록 함. 동화의 활용은 학령 전기와 초기에 많이 권하는 활동임

이야기 문법 항목의 예)
① 배경: 농장
② 계기사건: 황금알을 낳은 거위 발견
③ 내적반응: 좋아하는 농부
④ 시도: 황금알을 많이 가지고 싶어서 배를 가름
⑤ 결과: 알 없음. 거위 죽음
이야기 문법에 오류가 있을 경우 이야기를 다시 들려주고 모델링하거나 아동 스스로 모니터링한 후 재산출하도록 한다.

3-2. 설명하기: 워터파크

아동이 주말에 검도 학원에서 단체로 워터파크에 다녀왔다는 이야기를 듣고 미리 사진을 요청하여 출력함. 처음에는 사진을 보고 설명하다가 나중에는 사진 없이 설명하도록 한다.

① 워터파크에 언제 누구랑 어디로 다녀왔는지 질문에 대답하기
   (언어재활사) 주말에 어디 다녀왔었다면서?
   (아동) 토요일에 학원 친구들 모두 강원도에 있는 **워터파크에 다녀왔어요.

② 친구들과 워터파크에 다녀온 기분과 각 놀이기구를 탔을 때의 기분 이야기하기(신났다, 재미있었다, 무서웠다, 떨렸다)
   (언어재활사) 파도풀, 미끄럼틀, 간식 먹기 등 여러 사진을 한 장씩 보여 주고 설명하도록 함
   (아동) 파도풀 사진 → 파도풀에서 튜브 타고 노는 거 재밌었어요.
   ···(중략)···

③ 사진 속에 보이지 않는 파도풀에서 놀지 않고 있는 친구에 대해 이야기하기
   (아동) **는 튜브를 안 갖고 와서 파도풀에서 안 놀았어요. 그런데 나중에 친구들이 튜브를 빌려줘서 탔어요.

5. 지적장애를 동반한 언어장애

지적장애(Intellectual Disability)는 지적 능력과 적응 기능에
심각한 제한이 있는 상태로 언어발달장애의 여러 원인 중 하나

지적장애란 지적 능력과 적응 행동에 심각한 제한이 있는 상태로 발달기에 시작되며 우리나라의 경우 표준화된 공심검사 결과가 70 이하인 경우부터 1~3급으로 나누어 진단합니다. 지적장애는 발달과정 내에 지속적으로 나타나는 것으로 언어발달 및 인지, 정서, 행동과 사회성, 학습까지 영향을 미치게 됩니다.

지적장애의 원인은 크게 염색체, 신경계, 대사장애 등과 같은 생물학적 원인과 임신-출산이나 사회경제적 원인으로 나눌 수 있습니다. 이런 원인에 따라 예방적 치료나 약물치료, 수술적 처치, 교육이나 재활 치료와 같은 통합적 치료가 지원됩니다.

첫 번째 사례는 지적장애 3급 진단을 받은 학령기 여아입니다. 해당 아동은 병원에서 평가와 진단을 받고 치료를 위해 내원한 아동으로 이런 경우 검사 결과를 보고 바로 목표를 정해서 첫 회기를 임하기보다, 공식평가 내용을 확인하고 아동의 언어 수준 평가와 친밀감 형성을 위해 비공식적 평가—시험적 회기를 진행하는 것이 좋습니다.

학령기, 진단 및 치료의 경험이 있는 경우 보호자는 간혹 언어재활사보다 더 언어재활사다운 경우가 많습니다. 그렇지 않더라도 굳이 많은 정보를 주거나 요구하기보다 객관적 자료와 아동 면담을 통해 직접 확인한 후 면담을 진행하는 것이 좋습니다.

아동 면담에서는 짧은 시간 내에 읽기와 쓰기, 수와 색 같은 초기 인지 개념, 놀이 수준 및 형태, 언어 이해 정도, 표현 모드와 정도, 이야기 산출 가능 유무 등을 확인해야 하며, 만약 면담이 이루어지지 않는다면 첫 회기에서 시험적 회기를 가져야 합니다. 지적장애 아이들의 경우 집에서는 부모가 싫어해서 본인이 좋아하는 놀이를 하지 않거나 장난감을 잘 갖고 놀지 않다가 치료실에 와서는 매우 어린 아이들이 가지고 노는 장난감을 가지고 노는 일이 잦습니다. 아이가 할 수 있는 것과 하고 싶은 것은 다르기 때문에 이럴 때에는 면담 시 행동만 보고 아이의 놀이 형태나 수준을 평가하는 말을 하면 안 됩니다.

◉ 초기면담 시 확인할 사항 ◉

▶ 평가 및 진단: 보통은 평가서를 지참하고 내원하므로 상담 전에 읽어 보고 들어가는 것이 좋음. 그리고 지적장애 진단을 받은 경우는 급수에 따라 지능, 적응 행동, 발달 정도가 다르므로 이런 정보를 가지고 임하는 것이 필요함

▶ 행동이나 정서적 특이사항: 언어발달에 영향을 주는 많은 요소가 있지만, 행동이나 정서 문제의 유무가 가장 큼. 언어발달과 관계 없이 공격성이 나타나거나, 사회적 상호작용의 결함이 동반된 경우는 지적 능력이 좋더라도 언어 발달의 속도를 저하시키는 요인이 되기도 함

사례 1	학령전기

1) 배경정보

- 이름: 유** / 성별: 여
- 생년월일: 2***년 **월 **일 / 생활연령: 5세 *개월
- 내원사유: 언어재활을 위해(이사로 치료실 옮김)
- 평가/치료력: 2***년 *월(만 3세) 말이 느린 것 같아 **병원 내원하여 종합심리검사와 언어검사 받음
- 올해 지적장애 3급(전체 지능 **수준) 진단받음
- 같은 병원에서 언어재활 받고, 복지관에서 놀이치료와 인지치료
- 사설 기관에서 언어와 사회성 그룹치료 1년 반 정도 받았음
- 언어발달: 옹알이, 첫 낱말은 언니와 비슷했음. 첫 문장은 3세 정도에 했음
  (말이 느리다고 생각했지만, 막내이고 아기처럼 대해서 그렇다고 생각했음)
  지금은 짧은 문장(예: 엄마 밥 먹어요) 쓰지만 대화에 무리는 없으며, 대부분의 말을 이해하는 것 같다고 함
- 운동발달: 또래와 비슷
- 정서발달: 5세 때(만 4세) 유치원에 가면서 아이가 좀 느리다는 생각을 하게 됨. 대소변 가리기도 유치원에 가서야 했고, 말이 늘 것이라고 생각했지만 오히려 떼가 더 늘었으며, '아이가 거의 매일 울고 소리를 지른다고 하며, 다른 반(제일 어린 반)에 가서 놀고, 같은 반 아이들이 동생처럼 다룬다'는 이야기를 듣고 평가 권고받음
- 인지발달: 글 읽기는 통글자와 받침없는 글자 몇 개, 쓰기는 이름과 숫자 정도임
- 바라는 점: 치료를 열심히 해서 지능 점수를 올리고 싶다.

2) 평가

이전에 평가를 한 아동의 경우 검사도구의 학습 효과를 방지하기 위해 6개월 이내에는 검사를 하지 않습니다. 그럴 경우에는 시험적인 회기를 가져 평가결과와 실제 아동의 능력을 확인할 필요가 있습니다.

해당 사례의 아동은 다음과 같은 공식검사의 결과, 비공식검사를 진행하였습니다.

공식검사

1. PRES 수용언어 발달연령 3세 *개월 / 표현언어 발달연령 3세 *개월

2. REVT 수용어휘 등가연령 3세 *개월~*개월 / 표현어휘 등가연령 2세 *개월 수준

3. 구문 이해력 검사 결과

4. U-TAP 결과

비공식검사

1. 의사소통 의도 및 기능(○○의 자료에서 발췌)

2. 대화 기능(○○의 자료에서 발췌)

3. 어휘, 구문 이해 및 표현

4. 조음 능력

5. 놀이 발달

6. 그 외

이 평가의 경우는 공식 서류로서의 보고서 작성이나 결과에 대한 부모상담은 필요하지 않지만, 다만 진전 평가 시 자료로 이용할 수 있으므로 문서로 정리해 놓거나 기술해 놓을 필요는 있습니다.

이 아동은 또래에 비해 현저히 낮은 언어 능력과 놀이 수준을 보였으나 대화 상황에서는 유행어나 행동, 줄임말 등을 (정확한 뜻은 모르지만) 사용하기도 하였습니다. 지적장애 아동의 경우 이렇게 공식검사의 결과와 대화 수준에서의 격차가 큰 경우가 많은데 대화의 경우 비문법성이 허용되고, 일상생활에서 사용하는 말은 상당히 제한적이기 때문에 경계성 지적능력을 가진 아동은 단지 조금 어리거나 철없이 보이기도 합니다. 그리고 이런 행동을 잘 이용하기 때문에 평가할 때 특히 의미-구문적 측면을 세밀히 평가하여야 합니다. 반대로 소심하거나 어리숙하게 보이는 아이들의 경우는 반응 속도가 느린 편으로 평가 과제를 도중에 포기하지 않도록 해야 하겠습니다.

3) 목표설정

해당 아동의 담당 언어재활사는 아동의 어휘와 구문의 발달, 그리고 초기 이야기 발달 및 조음 향상을 중심으로 목표를 설정하였습니다.

장기목표	단기목표
1. 어휘 이해 및 표현 향상	1-1. 의식주 관련 어휘 이해 및 표현 1-2. 지역사회 장소 관련된 어휘 이해 및 표현 1-3. 계절 및 시간 관련된 어휘 이해 및 표현
2. 구문 이해 및 표현 향상	2-1. 격조사 이해 및 표현 2-2. 의문사 질문 이해, 각 질문과 관련된 연결어미 사용한 구문 표현 2-3. 시제 및 시간 관련 구문 이해 및 표현
3. 4컷 그림카드 이용하여 순차적인 사건의 이해 및 표현 향상	3-1. 반복적인 일상과 관련된 4컷 그림 이해하여 순서 나열, 이야기 산출하기 3-2. 문제 발생 포함된 4컷 그림 이해하여 순서 나열, 이야기 산출하기 3-3. 경험하지 못한 일에 대한 4컷 그림 이해하여 순서 나열, 이야기 산출하기

4) 회기 활동

해당 아동의 경우 착석 시간이 짧고, 책이나 그림 과제에 대한 거부감이 높으며 말보다 행동으로 표현하는 일이 잦았기 때문에 인쇄물 과제에 대한 부담감을 줄이기 위해 회기 안에 책이나 그림자료를 반드시 포함시켰습니다. 놀이와 인쇄자료를 유관하게 구성하여 놀이를 정리하거나 혹은 오늘의 놀이를 소개하는 형식으로 구성하였습니다.

> 활동 자료의 단계, 난이도 등을 정할 때 주제/목표에 맞추어 통일성 있게 구성하는 것이 좋음
> 반복하면서 지루하지 않고, 여러 단계의 자극을 통합적으로 받아들일 수 있으며, 아동의 장단점도 쉽게 파악할 수 있음

		20**년 **월 **일
회기	목표 및 활동	기타
**	초기 회기 집 꾸미기 1) 어휘: 범주어와 하위 개별어(집-방, 주방, 거실, 화장실) 　　　장소와 어울리는 물건(방-침대, 옷장, 화장대, 책상 등) 　　　물건의 기능이나 쓰임새(책상-공부할 때 쓰는 것/책 놓는 것, 식탁-밥 먹을 때 쓰는 것/그릇 놓는 것) 　　　물건의 위치(리모컨은 소파 위에 있어, 컵을 책상 위에 놔) 2) 구문: '어디' 질문 이해하여 위치 부사어, 처소격 조사 사용하여 문장 완성하기	

'무엇을' 질문 이해하여 객관적 서술하기
3) 이야기 산출: '아침에/유치원 가기 전에 하는 일' 5컷 그림과 함께 진행
예) 그림/책으로 배경 정보제공−그림 설명하기로 객관적 서술하기/ 질문 이해로 확인하기−장난감 놀이하면서 회상/활용하기
예) 콩지 래빗 가족으로 집 꾸미고 역할 정해서 순서화(sequencing) 확 인하기
2. 회상하기
오늘 한 일 정리하기−순서대로

연령에 따라 책이나 그림 자료를 먼저 사용하기도 함. 정적 → 동적, 학습 → 경험 등은 아동의 특성이나 생활/언어 연령에 맞추어 배치하면 됨

남아의 경우 인형이나 그림 등으로 역할 놀이하는 것을 싫어하기도 함. 그럴 때에는 유행하는 캐릭터 등을 이용하여 만화의 한 장면을 함께 구성하기도 함

사례 2 학령기

1) 배경정보

다음은 학령기인 초등학교 2학년 아동의 사례입니다. 치료를 2년간 진행하였고 1년 전 **대학병원에서 지적장애로 진단받았다고 합니다. 초기면담 시 1년 전 **대학병원에서 실시한 종합심리검사 자료를 미리 지참하도록 안내하였습니다.

- 이름: 권** / 성별: 남
- 생년월일: 2***년 **월 **일 / 생활연령: 8세 1개월(초등학교 2학년)
- 내원사유: 언어재활과 인지치료를 위해(이사로 치료실 옮김)
- 평가력: 2***년 *월(만 7세 2개월) ** 대학병원 지적장애 3급 진단(K−WISC−Ⅳ, 전체 평균 지능 63)
- 치료력: 2***년 *월(만 6세 1개월) 언어발달 지연으로 언어재활 시작/2***년 *월(만 7세 4개월) 한글 학습을 위하여 인지치료 시작
- 언어발달: 옹알이 많이 없었고 첫 낱말 15개월, 첫 문장은 30개월 이후에 나타남. 현재 의식주와 관련된 간단한 의문사에 대답 가능한 정도. 새로운 단어를 알려 줘도 기억하지 못함. 조음의 문제 없음
- 운동발달: 민첩하지 못함
- 정서발달: 학교에서 친구들과 어울리지 못하고 대화하지 않음
- 인지발달: 읽기는 가능하고 쓰기는 소리 나는 대로 씀. 한 자릿수 덧셈, 뺄셈 가능함
- 바라는 점: 어휘력 향상과 학교에서 있었던 일에 대한 질문에 대답을 했으면 좋겠다.

2) 평가

학령기 언어평가는 많은 시간이 소요되는 만큼 오랜 시간 집중하는 것을 힘들어 할 수 있으며, 평가 후반으로 갈수록 정확도가 낮아 변별력이 떨어질 수 있습니다. 평가를 정확히 진행하는 것이 중요하기 때문에 오랜 시간 집중하는 것에 어려움이 있다면 평가회기를 나누어 진행할 수도 있습니다.

다음의 평가는 아동의 느린 반응으로 2시간 가까이 진행되었고, 후반으로 갈수록 지친 모습을 보였지만 성실하게 끝까지 수행하였습니다. 읽기 평가는 한글 학습을 위해 진행하고 있는 인지치료에서 최근 실시하였다고 보고되어 다음 평가에서는 제외되었습니다.

실시된 평가

공식평가

1) 학령기 아동 언어 검사(LSSC; 이윤경, 허현숙, 장승민, 2014)

2) 수용 · 표현 어휘력 검사(REVT; 김영태, 홍경훈, 김경희, 장혜성, 이주연, 2009)

3) 구문의미이해력 검사(KOSECT; 배소영, 임선숙, 이지희, 장혜성, 2004)

4) 언어문제해결력 검사(TOPS; 배소영, 임선숙, 이지희, 2000)

5) 한국어 이야기 평가(KONA; 권유진, 진연선, 배소영, 2018)

비공식평가

화용기능(○○의 자료에서 발췌)

수용 언어	**전반적 수용언어** • LSSC 결과, 수용언어지수 55(1%ile 미만) **① 의미** • REVT 결과, 원점수 57점, 등가연령 5;6~5:11개월(10%ile 미만). 일상생활과 관련된 명사(한권, 책상, 세면대)와 동사(심다) 이해 어려움 • LSSC 결과 상위개념 이해 환산점수 5점(−1SD). 그림자극이 있는 문항에서 100%의 정답률, 그림자극이 없는 문항에서는 0%의 정답률을 보임. 비유문장이해 환산점수 6점(−1SD)으로 개인적 강점임 **② 문법** • 구문의미이해력 결과, 원점수 29점으로 연령규준 4%ile(−2SD), 학년규준 3%ile (−2SD)에 해당하였고 연결어미 및 사동 피동의 오류 관찰됨 • LSSC 결과, 문법오류 판단 환산점수 1점(−2SD 이하)

표현
언어
	전반적 표현언어
	• LSSC 결과, 표현언어지수 59(1%ile 미만)
	
	① 의미
	• REVT 결과, 원점수 61점으로 등가연령 5;0~5;5개월(10%ile), 표준편차 −2SD. 일상
	  생활 명사(연, 바이올린, 화분)와 동사(기어가다, 부러지다, 배달하다) 표현 어려움
	• LSSC 결과, 상위어표현 환산점수 6점(−1SD), 반의어 표현 환산점수 4점(−1~
	  −2SD), 동의어표현 환산점수 1점(−2SD 이하)
	
	② 문법
	• LSSC 결과, 문법오류 수정 환산점수 2점(−2SD 이하), 복문산출 환산점수 1점(−2SD
	  이하). 주로 단문표현. 대등하게 이어진 문장 사용하지만 정확도 낮음

심화
평가
	상위언어
	• 언어문제해결력 검사 결과, 총점 19점(1~2%ile). 대부분의 대답은 단답형. 추론의
	  경우 친구와 부딪힐 때, 더울 때와 관련된 해결 추론 질문에만 적절히 반응, 나머지
	  모두 오류
	담화
	• LSSC 단락 듣기이해 결과, 환산점수 3점(−2SD)으로 첫 번째 단락의 사실적 이해에
	  서만 정반응 보임. 두 번째 단락부터 듣기 집중 떨어짐
	• KONA 실시 결과 전체 회상산출 이야기가 짧아 분석할 수 없었음
	• 대화를 통한 비공식평가 결과 대화 기능 중 객관적 언급(사건, 고유특성, 기능), 주관
	  적 진술(규칙, 속성, 설명), 발전된 표현(농담, 경고, 놀리기)은 나타나지 않음

3) 목표설정

　다음의 목표는 낮은 어휘 능력과 문법 사용의 제한으로 구문 이해 및 표현에 어려움이 있는 것으로 평가되어 어휘와 구문 이해 및 표현 향상을 목표로 설정하였습니다. 또한 이야기를 듣고 대답하는 과제의 어려움으로 일상생활 및 학교, 지역사회에서 일어나거나 경험한 일의 대화를 바탕으로 화용언어능력을 향상하고자 목표설정을 하였습니다.

장기목표	단기목표
1. 어휘 이해 및 표현 향상	1-1. 일상과 관련된 어휘 이해 및 표현 1-2. 학교와 관련된 어휘 이해 및 표현 1-3. 지역사회와 관련된 어휘 이해 및 표현

2. 구문 이해 및 표현 향상	2-1. 복문산출에 중요한 연결어미 이해 및 표현
	2-2. 피동형 어미 이해 및 표현
3. 이야기 이해 향상	3-1. 사실적 정보 이해와 관련 질문에 대답
	3-2. 추론적 정보(텍스트 연결, 빠진정보, 감정) 이해와 관련 질문에 대답
4. 대화 기능 향상	4-1. 일상, 학교생활, 지역사회 관련 대화에서 객관적 언급(사건, 고유특성, 기능) 표현
	4-2. 일상, 학교생활, 지역사회 관련 대화에서 주관적 진술(규칙, 속성, 설명) 표현

4) 회기 활동

다음은 초기 활동의 예로 동화를 활용한 구문 및 문법 중재 외 가정이나 학교, 지역사회에서 일어날 수 있는 일들을 바탕으로 구성하였습니다.

목표 및 활동	기타
초기회기 1) 어휘 이해 및 표현: 학교 내 장소 어휘 교실, 보건실, 급식실, 도서관, 교무실, 컴퓨터실(범주화) 　① 학교 내 장소 그림 제공과 함께 장소의 명칭과 설명하기 　② 아동은 학교라는 상위개념 아래의 범주화 판에 학교 내 장소 어휘 작성하기	어휘를 찾지 못하면, 사진을 보여 주고 어휘기억을 강화하며, 그래도 기억하지 못하면 첫음절 제시함
2) 구문 이해 및 표현: -면서, -는데 넣은 구문 이해 및 표현(토끼와 거북이 4컷 그림카드) 　① 4컷 토끼와 거북이 그림카드를 준비한 후 아동에게 전체적인 이야기를 들려준다. 　② 아동은 컷을 순서화한 후 한 컷씩 이야기를 한다. 　③ 이와 같은 활동을 각 한 번씩 4컷 카드 모두 실시한다.	이야기 말하기를 반복하면서 모델링 기법과 확장 기법을 사용. 연결어미를 정확히 사용하여 구문을 표현하도록 함
3) 이야기 이해: 사실적 정보 이해(마트에서 생긴 일) 엄마와 마트에 가서 감자와 양파를 사러 갔습니다. 계산을 하려고 하는데 지갑이 없어서 계산을 할 수 없었습니다. 그래서 엄마와 나는 감자와 양파를 사지 못했습니다. 　① 엄마와 어디에 갔지? 　② 마트에서 무엇을 샀지? 　③ 어떤 문제가 생겼지? 　④ 그래서 어떻게 됐지?	대답하지 못하면 질문과 관련된 부분의 이야기를 다시 들려줌

범주화란 일정한 기준에 따라 모여 하나의 종류나 부류로 묶이게 되는 것. 상위로 묶거나 하위 범주로 나열해 볼 수 있음. 어휘 확장을 위해 많이 하는 활동임

6. ADHD를 동반한 언어장애

주의력결핍 과잉행동장애(Attention Deficit Hyperactivity Disorder: ADHD)는
주의산만·과잉행동·충동성 위주로 아동기 초기에 발병하며 학령기 아동에게
흔히 볼 수 있는 행동장애의 하나로서 화용언어의 두드러진 문제를 보임

주의력결핍 과잉행동장애는 아동기 초기에 발병하며 학령기 아동에게 흔히 볼수 있는 행동장애의 하나로서 주의력 결핍, 과잉행동, 충동성의 문제를 보입니다.이러한 문제로 정상 범주의 지능을 가졌음에도 불구하고 일반아동에 비해 낮은 언어 능력을 보이게 됩니다. ADHD 아동의 언어 특성은 대화 차례를 지키지 못하거나 대화 주제에서 벗어나며 본인이 하고 싶은 말만 장황하게 하기도 합니다. 또한 상황의 민감성이 낮아 상황 파악을 제대로 하지 못하고 상황에 맞는 적절한 언어를 사용하지 못하여 엉뚱한 말을 하기도 합니다.

● 초기면담 시 확인할 사항 ●

▶ 진단력: ADHD 진단을 언제, 어디서 받았는지 확인
▶ 치료력: 약물을 복용하고 있다면 하루 복용 횟수와 시간 확인, 심리, 인지치료 등 기타 치료 진행 여부 확인
▶ 언어적 특성: 언어발달력 확인, 느린 언어발달을 보였다가 또래 수준으로 회복 되었더라도 화용언어의 문제가 있을 수 있음
▶ 정서, 인지, 행동적 특성: 주의산만, 과잉행동, 충동성의 정도와 주된 문제 행 동 확인

사례 1	학령전기

1) 배경정보

> 진단명이기 때문에 장애라는 단어가 붙음. 우리가 흔히 알고 있는 '장애'의 의미라기보다는 '질환'의 의미로 알아 두는 것이 좋음

> ADHD는 아동 상태에 맞는 약물치료와 놀이, 언어 등의 통합적인 치료를 많이 함

- 이름: 정** / 성별: 남
- 생년월일: 2***년 **월 **일 / 생활연령: 5세 2개월
- 내원사유: 정확한 의사표현의 문제와 이야기를 잘 듣지 않음, 산만함
- 평가력: 2***년 *월(만 5세 1개월) **소아정신과에서 주의력결핍 과잉행동장애(ADHD) 진단
- 치료력: **소아정신과에서 놀이치료, 언어재활 권고받았으나 실시 전
- 2주 전부터 아침 8시에 ADHD 약물 복용 중(일주일 간격으로 약 용량 맞추고 있음)
- 언어발달: 옹알이 첫 낱말 정상. 첫 문장이 다소 늦은 23개월에 산출
- 운동발달: 빠른 편
- 정서발달: 유치원에서 잠시도 가만히 있지 못하고 착석에 어려움을 보임. 말보다는 행동이 앞서서 또래보다는 혼자 노는 경우가 많으며, 친구들이 부정적인 반응을 보이면 때리는 문제 행동 보임. 그룹 활동에서 소외됨
- 인지발달: 보통
- 바라는 점: 언어능력을 기르고, 주의력 문제가 고쳐졌으면 좋겠다.

2) 평가

ADHD 진단을 받지 않고 언어발달과 주의산만으로 내원한 아동 평가의 경우, 주의산만으로 인한 언어발달의 문제인지 아니면 단순한 언어발달의 문제인지에 대한 판단이 중요합니다. 만약 주의산만이 주된 문제라고 판단된다면 정확한 확인을 위한 검사를 의뢰할 수도 있습니다.

평가 시 대상 아동은 자신이 생각나는 대로 여과 없이 말하고 엉뚱한 말을 하는 경우가 많았으며, 몸을 의자에서 들썩거리고 손을 계속 만지는 등 착석 자세가 좋지 않았습니다. 또한 평가의 항목들을 끝까지 듣지 않고 반응하였으며, 어렵게 느껴지는 항목에서는 쉽게 포기하며 "몰라요", "그만 할래요"라고 말하였습니다. 평가 시 이러한 태도적인 문제들이 의사소통에 영향을 미치고 있음을 확인할 수 있었습니다.

실시한 평가

공식평가

1) 취학전 아동의 수용언어 및 표현언어 발달 척도(PRES; 김영태, 성태제, 이윤경, 2003)

2) 수용 · 표현 어휘력 검사(REVT; 김영태, 홍경훈, 김경희, 장혜성, 이주연, 2009)

3) 구문의미이해력 검사(KOSECT; 배소영, 임선숙, 이지희, 장혜성, 2004)

4) 한국어 이야기 평가(KONA; 권유진, 진연선, 배소영, 2018)

비공식평가

화용기능(○○ 자료에서 발췌)

수용 언어	① PRES 결과, 수용언어 언어발달연령 42개월(원점수 24점), 백분위 2%ile ② REVT 결과, 수용어휘 등가연령 3세 0~5개월(원점수 37점), 백분위 10%ile 미만 ③ 구문의미 이해력 검사 결과, 원점수 6점(7%ile): 문항이 끝나기 전에 선택하거나 자리를 수시로 이탈함
표현 언어	① PRES 결과, 표현언어 언어발달연령 50개월(원점수 32점), 백분위 7%ile ② REVT 결과, 표현어휘 등가연령 4세 0~5개월(원점수 48점), 백분위 10%ile 미만
심화 평가	담화 • KONA 이야기를 듣지 않고 반복적으로 자리를 이탈하여 시행 못함 • 놀이 시 장난감을 갖고 노느라 평가자의 질문이나 대답 요구에 반응을 선택적으로 함. 장난감의 정보를 요청하는 많은 질문(예: "이거 어디서 샀어요?", "이거 누구 거예요?" 등)을 수시로 하였으며, 아동이 주로 관심을 보인 캐릭터를 함께 갖고 놀자고 요청하자 캐릭터와 관련된 만화 이야기를 쉬지 않고 <u>장황하게</u> 하다가 갑자기 다른 이야기로 전환함 • 발전적 표현(농담하기, 놀리기) 외 모든 대화 기능 사용함

> 장황하게 말하는 경우 언어표현의 문제가 없거나 말을 잘한다고 생각할 수 있음. ADHD 아동의 장황한 표현은 그 자체가 언어표현의 문제임

3) 목표설정

장기목표	단기목표
1. 어휘 이해 및 표현 향상	1-1. 계절, 직업과 관련된 어휘 1-2. 감정/상태와 관련된 어휘 1-3. 의식주와 관련된 동사 어휘
2. 구문 이해 및 표현 향상	2-1. 피동/사동 이해 및 표현 2-2. 연결어미 이해 및 표현

3. 대화 기술 향상	3-1. 말 차례 지키기
	3-2. 청각적 주의 유지하기
	3-3. 주제 및 맥락 유지하기
	3-4. 장황하게 말하지 않기

4) 회기 활동

다음은 화용언어 향상을 위한 장기목표 3 활동의 예입니다. 대화 시 남의 말을 끝까지 듣지 않고 하고 싶은 말만 하거나 대화 중에 주제를 벗어나 장황하게 말하는 문제를 해결하고자 다음과 같은 목표를 설정하였습니다. 활동 시작 전 항상 규칙을 정한 후 시작하였으며 활동 후에는 적절한 강화를 제공하였습니다.

목표 및 활동	기타
3-1.말 차례 지키기 3-2. 청각적 주의 유지하기 〈유치원 가는 길〉 〈활동 예시〉 다음의 활동은 '끝까지 듣고 대답해야 하기' 규칙을 정한 후 시작한다. 준비: 도로와 길이 있는 그림판에 장소(우리집, 아이스크림 가게, 꽃가게, 과일가게, 유치원 등)를 정해 그려 놓고 활동 준비 ① "집에서 나와서 횡단보도를 건너요"라는 말을 들려주고 질문 　언어재활사: 집에서 나와서 어디를 건넜지? 　아동: 횡단보도 ② "찻길을 건너고 큰 나무 옆에 있는 과일가게를 지나가요"라는 말을 들려주고 질문 　언어재활사: 과일가게는 어디에 있지? 　아동: 큰나무 옆 　…(중략)… ③ "아이스크림 가게 뒤에 있는 유치원에 드디어 도착했어요"라는 말을 들려주고 질문 　언어재활사: 유치원에 도착했어요. 유치원은 어디 뒤에 있어요? 　아동: 아이스크림 가게 뒤	질문에 대답하지 못하면 이야기를 다시 들려줌 대화 차례를 지키지 못하면 규칙을 다시 한번 강조한 후 진행함

> 아동의 문장을 끝까지 듣고 핵심 단어를 말하도록 함. 회기가 진행되면서 지문과 대답의 문장이 길어지면서 난이도가 조절됨

3-3. 주제 및 맥락 유지하기, 3-4. 장황하게 말하지 않기 〈태권도장에서 있었던 일〉

〈활동 예시〉

다음의 활동은 '태권도장에서의 일만 이야기하기' 규칙을 정한 후 시작한다.

> 언어재활사: 선생님한테 태권도장에서 뭐 하는지 세 가지만 이야기해 줄래?
>
> 아동: 줄넘기도 하고, 겨루기도 하고, 품새도 해요.
>
> 언어재활사: 그렇구나. 그러면 겨루기는 어떻게 하는 거야?
>
> 아동: 겨루기는 두 명이 누가 더 잘하는지 시합하는 거예요.
>
> 언어재활사: 겨루기할 상대는 어떻게 뽑는 거야?
>
> 아동: 그건 사범님 마음대로 뽑아요.

만약에 첫 질문에 적절히 대답하지 못하여 진행이 어렵다면 "선생님은 태권도장에서는 줄넘기, 겨루기, 품새, 달리기, 잡기놀이 하는 걸로 아는데 ○○이는 태권도장에서 뭐 해?"라고 말하여 대화를 이끌어 낸다.

> 활동 시 태권도장과 벗어난 주제가 나오면 "선생님은 태권도장에서만 있었던 일을 물어본 거야. 그리고 세 가지만 이야기해 줘"라고 말함

> 태권도장 → 줄넘기, 겨루기, 품새 → 겨루기 등으로 범위를 점점 좁혀 주제를 유지하고 장황하게 이야기하지 않도록 함

사례 2 　 지적장애를 동반한 ADHD 학령기

1) 배경정보

해당 아동은 7세 때 ADHD 진단받고 약물 복용 시작했으며, 초등 1년 때 지적장애 진단받은 아동으로 배경정보는 다음과 같습니다.

> 성명(성별): 한**(남)
> 생년월일(연령): 20**년 **월 **일(9세, 초등 3년)
> 주호소: 지적장애로 인한 언어발달장애
> 가족력 및 병력: ADHD 진단받고 약물 복용 중(콘**, 7세 때부터, 주중 1일 1회)
> 평가결과
> - 초등 1년 때 바우처 사용 및 특수교육을 위해 장애 진단받음
> - 지능 70 수준, 언어발달능력은 4세 수준: 잘 기억나지 않는다고 함(평가서 없음)

해당 아동의 경우 학령 전기부터 인지학습치료와 언어재활, 놀이 및 심리치료를 개별 및 그룹으로 지속적으로 받고 있는 아동입니다. 초기 대면에서 일상적인 대화 및 기초 학습 능력에는 어려움이 없는 것처럼 보였습니다. 7세 때 ADHD 진단을 받고 바로 약물치료를 시작했으며, 주중에는 일일 1회 약물 복용하고 주말에는 먹지 않는다고 합니다.

> 주말에는 학교에 가지 않으니 약물을 먹지 않는다는 아이들이 많았음. 당연히 주말에 약물 멈추지 말라고 권고는 받음. ADHD 경우 약물 복용 시간(아침, 밤), 횟수, 그리고 부작용 유무, 먹은 기간이나 복용하지 않는 때 등을 확인하고 수업 때 체크하면 좋음

아동의 언어능력을 알아보기 위한 평가를 계획할 때, 전반적인 언어능력과 어휘–구문 및 문법형태소-상위언어적 개념–이야기 능력을 종합적으로 알아보고자, 학령기 아동 언어검사(LSSC), 한국어 이야기 평가(KONA), 수용·표현 어휘력 검사(REVT), 언어문제 해결력 검사를 하기로 하였으며, 검사는 아동의 주의력 문제 및 회기 시간을 고려하여 *회기에 걸쳐 진행하기로 했습니다.

2) 평가

언어평가 보고서
Langage & Speech Assessment Report

> 이름: 한**(M)
> 평가일: 20**년 **월 **일
> 생년월일: 20**년 **월 **일
> 연령: 만 9세 *개월(초등 3년)

배경정보

…(생략)…

검사 태도

…(생략)…

실시한 검사

1) 학령기 아동 언어 검사(LSSC; 이윤경, 허현숙, 장승민, 2014)

2) 수용·표현 어휘력 검사(REVT; 김영태, 홍경훈, 김경희, 장혜성, 이주연, 2009)

3) 언어문제해결력 검사(TOPS; 배소영, 임선숙, 이지희, 2000)

4) 한국어 이야기 평가(KONA; 권유진, 진연선, 배소영, 2018)

언어평가

1. 수용언어

LSSC 결과, 수용언어 지수 5*으로 또래의 0.*%ile로 나타났다. 수용언어의 하위 검사상에서 보면 구문 이해, 문법오류판단에서 가장 낮은 지수를 보였으며, 상위 개념 이해와 단락 듣기 이해, 그리고 비유 문장 이해 순으로 나타났다. 구문 이해와 단락 듣기의 경우 문장의 길이가 길어지면서 과제를 포기하였다. …(중략)…

REVT 결과, 수용어휘력은 *세 ~*세 5개월 수준으로 또래의 10%ile 미만으로 나타났다. …(중략)…

언어문제해결력 검사에서 원인이유 6~8%ile, 해결 추론은 7~12%ile, 단서 추측은 1~3%ile로 전체 17~18%ile로 나타났다. 아동은 질문 및 상황 이해의 제한 시, 동어 반복 형식의 반응(예: 주소를 안 쓰면 왜 안 될까요? → 안 쓰면 안 되니까)을 보이기도 하고 해결 추론(예: 내일 날씨를…? → 비 오면 우산 쓰고 놀지. 나도 우리 저번에…)이나 단서 추측(예: 내년 여름이 되면…? → 꽃나무 거기 있어요, 계속)에서 어려움을 나타냈다.

…(중략)…

2. 표현언어

LSSC 결과, 표현언어 지수 8*으로 또래의 2*.*%ile로 나타났다. 표현언어의 하위 검사상 문법의 오류 수정이 가장 어려운 것으로 나타났으며, 상위어 표현과 복문 산출, 그리고 반의어-동의어 표현 순으로 나타났다. 문법오류판단에서는 조사의 오류[예: 나는 아버지가(랑, 와) → 아버지께서], 구문 형태의 오류[예: 잠을 자려고(자면서) → 자고], 그리고 어휘의 오류(예: 책을 읽혔다 → 읽었다) 등을 보였다. 또한 반의어의 경우는 '안' 부정사를 사용하여 반의어 표현을 하는 경우도 빈번하였다. …(중략)…

REVT 결과, 표현 어휘력은 *세 ~*세 5개월 수준으로 또래의 10%ile 미만으로 나타났다.
…(중략)…

KONA 결과는 다음과 같다.

1. 이야기 구성	이야기 문법 회상률	−1SD	2. 결속표지	정확률		−2SD
	완전한 일화 수	−1SD		사용 수	적절	−1SD
	이야기 구성 점수	−2SD			부적절	−2SD
3. 비유창성	T-unit당	+1SD	4. 구문 및 문법형태소	MLTm		−1SD
	긴 쉼	부적절		오류율		−2SD

아동은 이야기 구성과 이야기 문법 회상률과 완전한 일화의 수에서 구성을 위한 중재 및 이야기 문법 향상을 위한 촉진이 필요한 것으로 나타났다. 아동은 이야기 문법 중 배경과 시도, 내적 반응 등 다양한 측면에서 생략을 보여 이야기에 필요한 정보를 자세히 전달시키지 못하는 것으로 나타났다. 결속 표지의 경우 그 자체의 발달에서의 문제로 인해 낮은 수행을 보이는 것으로 나타났다. 구체적으로 살펴보면 연결어미에서는 연결어미 발달에 어려움으로 인한 문제(예: 고마워서 → 고마워 가지고, 귀찮게 해서 → 귀찮게 했는데, 했어 가지고)가 두드러졌고, 접속 부사는 '그리고, 그래서'의 두 가지만 사용하였다. …(중략)…

3. 의사소통 및 대화 기능
…(생략)…

조음 · 음운평가

평가 상황 및 대화 상황에서 조음 발달의 지체가 관찰되지 않아 검사를 시행하지 않았다.

청각, 유창성 및 음성

평가 및 대화 상황에서 듣기 어려움, 비정상적 비유창, 음성 문제가 관찰되지 않아 검사를 시행하지 않았다.

결과 요약 및 결론

…(생략)…

해당 아동은 어휘와 문법 문제가 두드러지고 부족한 상황 이해 능력 그리고 전반적으로 수용언어발달의 어려움이 더 큰 것이 특징으로 이를 중심으로 하는 언어재활을 진행하기로 하였습니다.

치료 현장에서 아이들을 만나다 보면, 일상적인 대화에서 큰 어려움이 감지되지 않고 대화를 장난이나 버릇없는 행동처럼 넘기는 아이들이 있거나 자기 할 말만 하고 다른 사람의 이야기는 잘 듣지 않는 행동을 하는 아이들이 있습니다. 표현 언어 능력이나 의사소통 기능이 상대적으로 좋아서 자신의 의견을 잘 이야기하고 상황도 잘 모면하는 아이들입니다. 말을 잘하는 것처럼 보이니 언어재활사가 아닌 이상 수용언어에 어려움을 감지하지 못하거나 크게 떨어진다고 생각하지 않을 수 있습니다. 전체를 보기보다 특정한 상황이나 자극에 쉽게 주의를 빼앗기기도 하고 의사소통의 규칙을 잘 지키지 못하기 때문에 수용언어 발달의 기회를 뺏긴 것처럼 보이는 아이들도 많습니다. 그래서 평가를 할 때 보이는 행동에 대해 회피하는 것인지, 주의 저하로 인한 것인지, 아니면 상황 이해나 지시 수행에 대한 거부나 이해 저하인지에 대해 판단할 수 있어야 합니다.

3) 목표설정

해당 아동은 어휘와 구문, 그리고 이야기 영역으로 나누어 장기목표를 설정하였으며 각각의 단기목표를 세웠습니다.

장기목표	단기목표
1. 어휘	어휘 범주화 및 반응 정확도의 향상
2. 구문	2-1. 청각적 기억 및 주의 향상 2-2. 격조사 이해 및 표현 향상
3. 이야기	3-1. 2개의 에피소드를 가진 이야기 이해 및 표현 3-2. 상황 이해하여 이유 원인-해결 향상

4) 회기 활동

활동 1. 이어 붙여 말하기
아동과 언어재활사가 특정 범주에 대한 어휘들을 하나씩 말함-다른 사람이 말한 것까지 함께
예) 학용품: 연필, 연필-지우개, 연필-지우개-색연필 등
강화는 스티커 모으기-*개 모으면 당일 ** 모바일 게임 10분 이용권
강화는 어머니와 아동과 함께 정할 수 있음. 학령기 아동에게 강화물을 주어야 하는가에 대해서는 언어재활사마다 다르게 생각할 수 있겠음. 강화는 점차 커지는 것이 보통이라 초반에 너무 크고 강한 자극이 들어가는 것은 좋지 않다고 함. 다만, 해당 아동의 경우는 보상이 없으면 그것을 핑계 삼아 활동을 회피하는 유형이어서 언어재활사가 강화하는 방법을 사용하였으며 회기가 진행될수록 강화는 가정 내에서의 보상으로 바꾸었음

활동 2. 틀린 문장 만들기
그림과 설명 문장을 보고 틀린 격조사 채워 넣기
예) 가로등 아래__ 차를 세웠다., 너무 화가 나서, 주먹__ 꽉 쥐었다. 등
빈칸의 수는 1개부터 시작, 처음에는 보기 제공하여 진행함
과제의 규칙을 이해함. 그러나 규칙을 잊어버리고 옳은 문장을 만드는 실수를 자주 함. 혹은 그림을 보고 생각나는 것을 말하거나 언어재활사가 하는 말을 못 듣는 일이 빈번함. 과제에 대한 흥미 저하인지, 과제 난이도의 문제인지, 혹은 주의 문제인지 확인하였으며, 주의 문제로 나타나 과제 실패 시 강화 스티커 회수하기로 하였음

활동 3. 이야기 이해 및 표현하기
각각의 그림 자료를 설명하기-배경과 시작사건, 시도, 결과 등의 이야기 문법 포함시키기
예) 이가 흔들거리는 아이, 아빠가 이를 빼려고 함, 무서워서 도망침, 그네에 맞아서 이가 빠짐 등
각각의 설명 후 순서 맞추기 및 상황 이해와 관련된 질문-반응으로 연결하여 연습함
이야기 문법은 아동이 구분 짓지 않고, 언어재활사가 모델링할 때 혹은 아동의 선 반응에서 빠진 것을 찾아서 질문이나 모델링으로 포함시킴. 구문 과제, 즉 이어진 혹은 안은 문장의 연습과 함께 진행할 수도 있음
하나의 활동에 반드시 하나의 목표가 들어갈 필요는 없으나, 아동의 능력을 고려하여 관련된 구문이나 어휘, 상황 이해 과제 등을 선택하여 통합적으로 받아들일 수 있게 할 때 더 쉽게 목표를 이루는 경우도 있음

활동 후 상담 시간에는 목표와 활동 내용, 그리고 아동의 반응이나 수행 정도 등에 대해 자료를 놓고 이야기하였습니다. 부모는 아동의 행동 중 보상이 없으면 대부분의 일을 시작하지 않는 것에 대한 고민과 치료실에서 학습지를 해 주었으면 좋겠다는 부탁을 하셨습니다. 그 외에도 아이를 다루기 힘든 부모님의 경우에는 언어재활사에게 많은 의지를 합니다. 강화나 보상에 대해서는 성취감 같은 정서적인 만족감으로 서서히 변화시키도록 하려 한다는 점을, 그리고 학습이나 학습지에 대해서는 이야기 지문 등을 사용할 수는 있으나 학습지 교육 자체, 학습지 모두 풀기가 목적이 될 수는 없다고 이야기하였습니다.

7. 사회적 의사소통장애

사회적 의사소통장애(Social Communication Disorder, SCD)는
자폐스펙트럼장애에 속하지는 않지만 사회의사소통이나 상호작용에 어려움이 있음

정신질환의 진단 및 통계 편람(Diagnostic and Statistical Manual of Mental Disorders: DSM-5)에서는 사회적 의사소통장애라는 새로운 진단명을 추가하였습니다. 사회적 의사소통장애(SCD)는 자폐스펙트럼장애(ASD)처럼 제한되고 반복적인 행동패턴이나 관심사를 보이지 않고(이은주, 오소정, 2019), 지능이 평균 혹은 그 이상이며 언어평가에서도 별다른 문제를 보이지 않지만 일반적으로 화용언어 영역의 문제로 인해 사회성에 어려움이 보이게 됩니다. 즉, 자폐 성향은 있으나 자폐스펙트럼장애의 진단 기준과 일치하지 않는 경우를 사회적 의사소통장애로 볼 수 있습니다.

현장에서는 화용언어 영역에서 보이는 문제를 아동의 기질이나 성격으로 생각하여 자라면서 괜찮아지겠지 하고 기다리다가 학령기가 되어 대화나 교우 관계 등의 문제로 뒤늦게 전문가를 찾아오기도 합니다. 따라서 적절한 시기를 놓치지 않고 사회적으로 제대로 언어를 사용할 수 있도록 중재가 필요합니다.

● 초기면담 시 확인할 사항 ●

▶ 언어 또는 비언어 의사소통의 결함: 사회적 목적에 맞게 의사소통하기의 어려움, 맥락 혹은 청자의 요구에 적절하게 의사소통을 변경하는 데 어려움, 대화와 이야기 규칙 따르기의 어려움, 모호한 의미를 가진 언어 이해의 어려움이 있음

▶ 신경학적인 결함: 자폐스펙트럼장애, 지적장애, 전반적발달장애, 기타 장애 유무 확인

▶ 기타 결함: 의사소통 외 사회참여, 사회적 관계, 학문적 성취, 작업 능력 중에서 하나 또는 그 이상의 기능적 결함 확인

1) 배경정보

- 이름: 김** / 성별: 남
- 생년월일: 2***년 **월 **일 / 생활연령: 6세 5개월
- 내원사유: 대화 시 엉뚱한 말을 하거나 융통성이 없음. 몇 달 뒤 초등학교에 입학하면 또래와의 대화에 문제가 있을 것 같아 **소아정신과에서 종합심리 평가 후 언어평가 권고받아 내원
- 평가력: 2***년 *월(만 6세 4개월) ** 소아정신과 종합심리검사 결과 사회적 의사소통장애 진단(K-WISC-Ⅲ, 전체 평균 지능 118: 언어성, 동작성 차이 없음)
- 치료력: 없음
- 언어발달: 언어발달이 조금 느렸음. 5세부터 대화 시 엉뚱한 대답을 많이 함
- 운동발달: 이상 없음
- 정서발달: 유치원에서 보고된 문제 없음. 주양육자 보고에 의하면 놀이터에서 또래들과 어울리고 싶어 하지만 끼지 못하는 것 같다고 함
- 인지발달: 읽기, 쓰기, 두 자릿수 덧셈 뺄셈 가능
- 바라는 점: 대화 문제가 해결되어서 초등학교 입학 후 친구들과 잘 어울렸으면 좋겠다.

> 진단명이기 때문에 장애라는 단어가 붙음. 우리가 일반적으로 알고 있는 장애와는 다름

> 지능평가 후 정상지능으로 언어성과 동작성의 차이가 없지만 화용언어의 문제가 있다면 사회적 의사소통장애로 진단됨(DSM-5에는 언급되어 있지 않지만 언어성에 비해 동작성이 떨어지면 비언어성학습장애로 구분됨)

2) 평가

사회적 의사소통 장애는 수용언어와 표현언어가 정상 범주이며 특정 영역
에서 높은 점수를 보이기도 합니다. 만약 이러한 내담자에게 공식평가의 점
수만으로 의사소통능력을 판단한다면 어떻게 될까요? 결국, 중재 대상에서
제외되어 치료의 중요 시기를 놓치게 될 것입니다.

따라서 대화 시 주고받기의 어려움은 없는지, 부적절 혹은 과도한 정보를
제공하는 것은 아닌지, 비언어 사용에 부적절하게 반응하는 것은 아닌지 확
인이 필요합니다. 또한 전제능력의 부족으로 눈에 보이지 않는 사실이나 확
실하게 언급되지 않은 것(예: 추론하기), 비문자적 또는 중의적 의미의 언어를
이해하는 데 어려움(예: 은유, 유머, 맥락에 따라 달라지는 다양한 의미)은 없는지
확인이 필요하겠습니다.

그러므로 공식검사에서 얻어진 점수만으로 내담자의 의사소통능력을 판단
해서는 안 되며, 평가 과정에서 파악된 실질적인 의사소통 능력과 그 기능상의
결과를 바탕으로 모든 정보를 통합한 후 의사소통 능력을 판단해야 합니다.

실시한 평가

공식평가

1) 취학전 아동의 수용언어 및 표현언어 발달 척도(PRES; 김영태, 성태제, 이윤경,
2003)
2) 수용 · 표현 어휘력 검사(REVT; 김영태, 홍경훈, 김경희, 장혜성, 이주연, 2009)
3) 구문의미이해력 검사(KOSECT; 배소영, 임선숙, 이지희, 장혜성, 2004)
4) 언어문제해결력 검사(TOPS; 배소영, 임선숙, 이지희, 2000)
5) 한국어 이야기 평가(KONA; 권유진, 진연선, 배소영, 2018)

비공식평가

화용기능(○○의 자료에서 발췌)

SCD 아동들은 보통 어휘지체나 나이에 비해 어려운 어휘를 사용함. 대상 아동의 어려운 어휘 사용(현학적 표현)은 오히려 또래와의 의사소통에 어려움을 주고 있는 것으로 확인됨	수용언어	전반적 수용언어 PRES 결과, 수용언어 언어발달연령 75개월(원점수 57점), 백분위 88%ile
		의미 REVT 결과, 수용어휘 등가연령 8세 0~5개월(원점수 80점), 백분위 90~100%ile (대화 시 나이에 비해 어려운 어휘를 주로 사용함)
		문법 구문의미이해력 검사 결과 원점수 41점(71%ile)

표현 언어	**전반적 표현언어** PRES 결과, 표현언어 언어발달연령 73개월(원점수 55점), 백분위 60%ile **의미** REVT 결과, 표현어휘 등가연령 7세 0~1개월(원점수 72점), 백분위 30~40%ile
심화 평가	**상위 언어** • 언어문제해결력 검사 결과, 총점 23점(71~74%ile). 원인이유 9점(62~72%ile), 해결추론 5점(28~32%ile), 단서추측 10점(97%ile) 　예) 　① 왜 망치가 필요하지 않을까? → 손으로 파면 되니까요. 　② 이런 일이 일어나지 않으려면 어떻게 해야 하지? → 모르는 친구인데? 　③ 친구의 책에 물감을 엎질러 묻혔다면 어떻게 해야 할까? → 화내죠. **담화** • KONA 결과, 이야기 구성과 결속 표지, 구문 및 문법형태소 모두 평균 • 대화 시 상대방의 질문을 이해하지 못하여 엉뚱한 대답을 하거나 평가자의 농담이나 유머에 아무런 반응이 없음. 새로운 주제에 관심을 갖거나 질문이 적어 대화가 길게 이어지지 못함. 말이 장황하지는 않았지만 배경정보가 없으면 내용을 이해하는 데 어려움이 있었음 　+요구(사물/행동, 주의집중), 대답, 설명(사물, 사건), 의례적 표현 　−요구(정보), 설명하기(감정, 생각), 발전적 표현(농담, 놀리기, 경고) 　① 대화 예: "선생님 입술 빨갛지? 앵두 같은 입술 같아? 바나나 같은 입술 같아?" → "사과 같아요." 　② 대화 예: (할머니 댁에 동생을 맡기고 왔다는 정보를 미리 듣고) "오늘 할머니 댁에 왜 갔다 왔어?" → "동생 할머니 집에 있는데……."

3) 목표설정

아동은 비유 언어를 이해하고 해결 추론과 관련된 질문 이해에 어려움이 있었습니다. 또한 대화 상황에서는 타인의 감정 및 생각을 이해하지 못하고 의도를 파악하지 못하여 엉뚱한 대답을 하거나 평가자의 농담과 유머에도 별다른 반응이 없었으며 질문이 거의 없고, 설명의 경우 말이 장황하지는 않으나 배경정보가 없으면 평가자가 내용을 이해하는 데 어려움이 있었습니다. 따라서 상위언어와 화용언어 향상을 위한 목표를 다음과 같이 설정하였습니다.

장기목표	단기목표
1. 상위언어 능력 향상	1-1. 비유언어(은유, 직유, 속담) 이해하기 1-2. 해결추론(왜, 어떻게, 어떤)과 관련된 질문 이해하기 1-3. 비언어(제스처, 눈짓, 몸짓, 표정) 이해하고 반응하기
2. 사회적 의사소통 기술 향상	2-1. 상황에 맞게 질문하기 2-2. 경험 및 다양한 생각 이야기하기 2-3. 타인의 감정/마음/의도 이해하고 대화하기

4) 회기 활동

학령기의 경우 유치원 생활과 다르게 다양한 사회적 환경들 안에서 상황 정보 없이 예측하기 어려운 일들이 많이 발생하므로 상호작용의 어려움이 커지게 됩니다. 따라서 실제 상황과 유사한 상황(일상생활, 유치원/학교, 지역사회)에서 다양한 경험을 할 수 있도록 회기 활동을 구성하고 간접적으로 경험하여 의사소통의 성공과 같은 긍정적 대화 경험을 많이 하도록 하는 것이 좋습니다.

어느 정도 회기가 안정화되면 실제로 또래와의 상호작용을 활발히 하고 개별 치료를 적용하기 위해서 그룹 치료를 진행하는 것이 좋지만 소규모 기관의 경우 그룹 구성이 쉽지 않다면 짝치료를 진행하는 것도 좋은 방법입니다.

목표 및 활동

초기 회기

> 매칭이나 그림 그리기 등의 활동을 통하여 은유와 직유 능력을 향상시킬 수 있음

1-1. 비유언어(직유) 이해하기: 카드 매칭

① 아동에게 '하마 같은 입'을 표현한 입을 크게 벌린 사진을 보여 주고 어떤 동물의 입과 비슷한 것 같은지 생각을 묻는다.
② 입이 크다고 생각되는 동물들에 대해 이야기를 나눈 후
③ 하마, 참새, 병아리 카드 중 입이 큰 동물을 고르도록 한다.
④ 하마 카드를 고르면 왜 하마를 선택하게 되었는지 묻고 '큰 입'과 관련된 대답이 나오면 크게 벌린 입은 '하마 같은 입'이라고 말한다.

2-1. 대화 시 질문하고 설명하기: 만화영화 제목 맞히기

① 요즘 또래에서 인기 있는 만화영화 다섯 가지를 미리 확인 후 만화영화 제목 맞히기를 위한 스무고개 형식의 질문을 하도록 안내

→ (아동) 로봇이 나오나요?

→ (아동) 악당과 싸우나요?

→ (아동) 남자 아이가 주인공인가요?

② 여러 가지 질문 과정에 아동이 답을 알 것 같으면 "정답" 하고 외친 후 제목을 말하기

③ 왜 **라고 생각하게 되었는지 질문을 하고 아동은 질문에 대답

→ (아동) 로봇들이 악당과 싸우고 주인공이 남자인 만화는 **이니까 **이라고 생각했어요.

> 세상사에 대한 지식을 늘리기 위하여 또래 놀이 및 관심사의 주제로 대화를 구성함(이 외, 유치원/학교, 지역사회와 관련 주제를 이용할 수 있음)

2-3. 다양한 감정 공감하면서 대화하기: 어린이날 선물 단락 듣기

오늘은 어린이날이에요. 엄마, 아빠가 형은 변신 로봇, 나는 변신 자동차를 선물로 사주셨어요. 그런데 형의 변신 로봇이 훨씬 크고 멋있는 것 같아요. 그래서 나는 "이거 말고 형의 변신 로봇이 갖고 싶어"라고 말하고 형의 로봇을 빼앗았어요. 그러자 엄마는 "민호가 평소에 갖고 싶어 하던 변신 자동차를 사 줬는데 형의 장난감이 마음에 든다고 형 것을 빼앗으면 엄마는 다음부터는 장난감을 사 주고 싶지 않을 것 같아"라고 말씀하셨어요. 가족들의 표정을 보니 표정들이 좋지 않아요. 그래서 민호는 미안한 표정으로 "형 로봇 돌려줄게"라고 말하고 변신 로봇을 돌려주었어요.

① 변신 자동차를 선물 받은 민호의 마음은 어때?

→ (아동) 안 좋아요. (언어재활사) 응. 선물이 마음에 들지 않아서 민호는 마음이 안 좋았어.

② 변신 로봇을 빼앗긴 형의 마음은 어떨까?

→ (아동) 기분 나빠요. (언어재활사) 맞아. 동생이 장난감을 빼앗아서 기분이 나쁠 것 같다.

③ 어린이날 선물을 사 준 엄마, 아빠의 마음은 어떨까?

→ (아동) 선물을 안 좋아해서 속상해요. (언어재활사) 선생님이 엄마여도 속상했을 것 같아.

④ ○○이라면 형의 장난감이 더 멋져 보여도 뭐라고 했을 것 같아?

→ (아동) 엄마, 다음에는 형처럼 멋진 변신 로봇 사 주세요. (언어재활사) 그렇게도 말할 수 있겠구나.

⑤ 그럼 가족들의 표정이 왜 안 좋았을까?

→ (아동) 동생이 자동차 싫다고 하고, 형 변신 로봇 뺏었으니까. (언어재활사) 어려운 거였는데 대답 잘했어.

⑥ 동생이 다시 변신 로봇을 돌려줘서 형의 마음이 어떨까?

→ (아동) 기분이 좋아요. 동생도 갖고 놀게 해 줄 것 같아요. (언어재활사) 오늘 너무 잘해서 선생님이 칭찬 스티커 한 장 줄게.

> 칭찬과 함께 아동이 적당히 보상받을 수 있는 강화제를 사용함

8. 읽기장애

지능에 문제가 없이 적적한 교육이나 학습을 받았지만
생활연령에서 요구되는 읽기 및 쓰기의 수행에 문제를 보임

읽기장애란 지능에 문제가 없이 적절한 교육이나 학습을 받았지만 생활연령에서 요구되는 읽기 및 쓰기 수행에 문제를 보이는 것을 말합니다. 학령기 아동 중에 읽기에 문제를 보이게 되면 유창하게 읽지 못하여 독서량이 줄어들게 되면서 어휘력과 이해력이 저하될 수 있으며, 더 나아가 학업의 문제 및 교우 관계에까지 영향을 미치게 됩니다. 읽기장애라는 용어는 난독증과 읽기학습장애라고도 불리는데 난독증은 신경생물학적인 원인에 초점을 맞춰 과거에 많이 쓰였던 용어이며 읽기학습장애는 교육에 초점을 맞춰 현재 주로 사용되는 용어입니다.

● 초기면담 시 확인할 사항 ●

▶ 언어 및 인지능력: 읽기장애는 단순히 글을 잘 못 읽는 것이 아님. 언어발달 및 인지능력에서 정상 범주에 들어 있는지 검사를 진행했다면 확인, 그렇지 않다면 검사를 권고/의뢰해야 함

▶ 한글 학습 시작 시기: 너무 이른 시기에 시작하거나 그 기간이 일반적이지 않을 경우도 있으므로 확인하는 것이 좋음

▶ 읽기 쓰기에 대한 부담감: 어느 정도의 부담감이나 거부를 보이는지 확인해야 함. 반대로 부담감이 없는 것도 상이한 부분임

▶ 다른 신경학적 혹은 기저 원인의 유무: 쓰고 읽기 위해 필요한 시각이나 운동 능력 외에도 청각이나 감각적 어려움은 없는지 확인할 필요가 있음. 또한 ADHD처럼 주의력이 낮은 경우 혹은 그에 준하는 정도로 활발한 경우도 참고 사항이 될 수 있음

▶ 행동이나 정서 문제: 학교 거부나 또래와 어울리는 데 어려움이 있는 경우, 혹은 너무 폭력적이거나 아이처럼 행동하는 경우도 있음. 이것이 읽기 문제로 인한

것인지 아닌지 확인이 어려운 경우는 평가에서 언어검사자의 의견이 필요함

1) 배경정보

- 이름: 주** / 성별: 남
- 생년월일: 2***년 **월 **일 / 생활연령: 9세 2개월(초등학교 4학년)
- 내원사유: 읽기 문제
- 평가력: *세 틱장애와 주의력 결핍이 의심이 되어 검사 실시. 검사 결과 정상
- 치료력: *세 자존감 문제와 틱장애를 이유로 약물치료, 심리치료 권고받음. 심리치료는 어머니가 거부, 약물은 아동이 거부하여 6개월가량 복용 후 중단
- 언어발달: 옹알이, 첫 낱말 정상 수준, 문장 발화 및 말수가 많아진 것은 36개월 정도
- 운동발달: 문제없음
- 정서발달: 읽기에 대한 트라우마로 학교나 학원 수업, 가족과의 갈등 등이 큰 상태
- 인지발달: 현재 더듬거리며 읽을 수 있는 정도
- 바라는 점: 읽기 문제 해결

2) 평가

언어평가 보고서
Langage & Speech Assessment Report

이름: 주**(M)
평가일: 20**년 **월 **일
생년월일: 20**년 **월 **일
연령: 만 9세 2개월(초등 4년)

배경정보

이 아동은 읽기 문제를 이유로 본 기관을 방문하였다. 어머니의 보고에 따르면 아동은 옹알이 및 첫 낱말과 같은 초기 언어발달은 비슷하였으나 문장 발화 및 말수가 많아진 것은 36개월 정도 …(중략)…

틱장애가 *학년 때 생겨 *학년 때 틱장애와 주의력결핍이 의심되어 검사를 했다고 한다. 검사 결과 정상 지능, ADHD는 아닌 것 …(중략)… 자존감 문제와 틱장애를 이유로 약물치료, 심리치료 권고받았다고 한다. 심리치료는 어머니가 거부하였으며, 약물은 아동이 거부하여 6개월가량 복용 후 중단하였고, …(중략)… 현재는 틱이 사라졌다고 한다. …(중략)…

한글 학습은 *세 때 처음 학습지 수업으로 시작하였으나 한글 배움이 느려 같은 단계를 1학

년이 되기 전까지 반복했다고 한다. 현재도 어머니가 소리 내어 책 읽기를 시키는데 더듬거리며 읽을 수 있는 정도이나 읽기에 대한 트라우마로 학교나 학원 수업, 가족과의 갈등이 큰 상태라고 한다.

검사 태도

입실에는 거부감이 없었으나 입실 후 착석과 과제 진행 전 투덜거리는 행동이 많았으며, 대부분의 과제를 빠른 속도로 진행하였다.

실시한 검사

1) 수용 · 표현 어휘력 검사(REVT; 김영태, 홍경훈, 김경희, 장혜성, 이주연, 2009)

2) 한국어 읽기 검사(KOLRA; 배소영, 김미배, 윤효진, 장승민, 2015)

언어 검사 결과

1) REVT

수용 및 표현 어휘력 등가연령 11세 수준, 또래의 **%ile로 정상발달하는 것으로 나타났다.

…(중략)…

2) 읽기 검사 결과

이 아동은 읽기 지수 1(해독+읽기이해)과 2(해독+읽기 유창성)에서 각각 표준점수 **점, **점을 보였으며, 읽기 지수 2의 학년지수는 *.1년으로 현 아동보다 2년가량 낮은 것으로 나타났다.

…(중략)…

읽기-언어지수 1(해독+읽기이해+듣기이해)과 읽기-언어지수 2(해독+읽기 이해+읽기 유창성+듣기 이해)에서는 각각 표준점수 **점, **점이며 학년지수는 *.1년으로 읽기 촉진 교육의 대상자로 나타났다.

읽기와 관련된 핵심 검사 네 가지 항목 중 문단글 읽기 유창성에서 가장 낮은 점수(백분위 **%ile)를 보였으며, 읽기 이해(**%ile), 듣기 이해(**%ile)의 3항목은 백분위수 50 이하로 또래 평균보다 낮은 것으로 나타났다.

…(중략)…

주제글 쓰기 항목에서 3어절 정도의 짧고 간결한 문장의 나열을 보였다. 문장 구조의 오류는 적었으나, 문장 간 관계-내용 및 맥락 측면에서는 '-하고 싶어요(시퍼요), -되고 싶어요(시퍼요)'의 4문장 나열만 있었다.

…(중략)…

> 읽기와 쓰기상 나타나는 특징은 기술해 놓기. 속독이나 난서의 경우는 천천히 읽기, 다시 써 보라고 기회를 주고 그 결과를 기술해 주는 것도 좋음

읽기 및 쓰기 태도에서 '나 읽는 거 잘 못하는데', '아, 이거 다 써야 돼요?', '이거 다 읽어야 돼요?'와 같이 자신감 없는 말, 그리고 빠른 속도로 읽거나 흘려 쓰기 등 산출을 회피하는 행동을 검사 시작부터 끝까지 보였다. 다만, 검사 중 …(중략)… 적극적으로

검사자에게 정보를 제공하지는 않거나 못하는 모습이었다(예: '나는 영화감독이 꿈인데', '꿈이에요').

> 미래에 관한 이야기가 구체적으로 나오면 확인할 필요 있음. 타 치료 권고해야 하는지, 아니면 읽기 문제와 관련이 있는지. 해당 아동은 책을 못 읽어서 영화를 많이 보다가 글자 없이도 할 수 있는 일 같아서 꿈꾼다고 하였음

결과 요약 및 결론

해당 아동은 초등 4년의 남아로 난독증을 주호소로 본 기관을 방문하여 평가 진행하였다. 그 결과 학년지수 *.1학년으로 읽기 촉진 교육 대상자로 나타났다. 가장 어려운 읽기 항목은 읽기 유창성이며 이해 관련 항목도 낮은 것으로 나타났다.

…(중략)…

그리고 읽기에서 나타난 특징 중 깨진 단어나 빠른 읽기, 음소나 음절의 연장 등에서 몇 차례는 말더듬의 핵심행동으로 볼 수 있어 관련된 심화 검사 및 감별진단이 필요할 것으로 생각된다.

> 보고와 검사 시 관찰한 것 중 주호소와 관련된 것은 기술 후 권고하는 것이 필요함

권고사항

• 읽기 향상 프로그램
• 이야기 산출/대화 등 상위 언어적 활동 프로그램
• 유창성 검사

일반적인 언어장애 아동과 달리 읽기장애로 분류되는 아동들은 학령기 즈음 혹은 그 이상 연령에서 내원하는데, 이미 학습지를 통해 오랫동안 한글 학습을 했거나 학교 교사에 의해 특수교육 대상자나 읽기장애 프로그램 참여자로 권고받은 경우입니다. 따라서 부모는 아이가 글을 못 읽고 못 쓰는 것을 정확하게 알고 있으나 왜 그렇게 오랫동안 학습지를 했는데도 글을 못 읽고 이해하지 못하는지, 앞으로 영영 글을 못 읽는 건지 답답해하고 불안해하는 경향이 강합니다. 언어재활사 입장에서는 방치한 것처럼 보일 정도로 '열심히 하면 배우겠지'라는 생각으로 시간을 끌고 내원하는 경우도 있고, 심지어 소아 우울이나 ADHD 의심으로 내원했는데 알고 보니 읽기 문제였다는 경우도 간혹 있습니다. 그러므로 초기 평가 및 검사 결과 상담 시 그런 부분의 언급은 할 필요가 없으며 도움이 되지 않습니다. 아동의 태도도 매우 소극적이거나 비협조적일 수 있어 강압적으로 하기보다 할 수 있는 만큼 하도록 지지해 주는 것이 필요합니다.

평가의 경우도 아동의 능력에 따라서는 단계에 따른 유의미 및 무의미 음절(단어) 평가가 필요하기도 합니다. 공식검사를 끝까지 진행하지 못하거나,

아동의 읽기나 쓰기 능력을 더 세밀하게 확인하고 싶을 경우에 그 목적에 따라 시행합니다.

앞서 제시한 사례의 평가결과 상담 시, 공식검사의 결과(수치와 의미)를 안내하고 아동의 제한점을 설명하였습니다. 읽기장애의 경우 불안감이 더 높거나 치료 기간이나 활동 내용, 결과 등에 대해 좀 더 구체적인 질문이나 답을 원하기도 하는데 해당 아동의 부모도 역시 '초등학교 졸업하기 전까지는 글을 줄줄 읽을 수 있을지', '집에서 하던 학습지와 공부방 다니는 것을 계속 할지', '내가 무엇을 해 주면 좋을지' 등을 물으셨습니다. 읽기장애 치료의 기간은 특정할 수 없으며 읽기 치료 과정에 맞추어 학습의 양을 조절하시기를 권고할 수 있습니다. 읽기 치료 과정에 필요한 가정학습 시 감시, 감독, 평가의 역할보다 도움, 조력, 지지의 역할 요청이 필요합니다.

3) 목표설정

해당 아동의 경우는 낱글자 읽기 가능, 받침 있는 글자 중 통글자로 인식하여 자동화 읽기(예: 있었습니다, 헬리콥터) 수준이었습니다. 그래서 바로 해독/음독 수준으로 넘어가서 받침 수준부터 시작하였습니다.

장기목표	단기목표
1. 문자 음독의 정확도를 높인다.	1-1. 음소 합성하여 유의미 단어의 받침(7종성) 읽기를 주어진 기회의 100% 정확하게 읽을 수 있다. 1-2. 받침 포함한 환경에서 무의미 음절 단어 읽기 및 쓰기를 100% 정확하게 할 수 있다. 1-3. 읽기 유창성 향상시킨다.
2. 우리말 문법 체계를 이해하여 음운변동 규칙을 향상시킨다.	2-1. 격음화, 경음화, 비음화, 유음화, 사이시옷 현상 등을 이해하여 주어진 기회의 100% 정확하게 읽을 수 있다. 2-2. 겹받침 종류와 발음 이해하여 주어진 기회의 100% 정확하게 읽을 수 있다.
3. 문장 및 짧은 글 이해의 속도와 정확도를 향상시킨다.	3-1. 문장의 의미적으로 틀린 부분을 찾아 수정할 수 있다. 3-2. 문장 읽고 이해하여 그림을 보고 이해하여 읽거나 쓸 수 있다. 3-3. 제공된 글을 읽고 사실적 정보를 파악하여 100% 정확하게 반응할 수 있다. 3-4. 제공된 글을 읽고 주관적 상태를 90% 이상 찾을 수 있다.

4) 회기 활동

〈초기〉

첫 회기는 시험적 시도(trial test/therapy)로 진행함. 음운 인식 수준을 다시 확인하고 반응 속도 향상을 위해 연습하였음

		20**년 **월 **일
회기	목표 및 활동	기타
**	1. 음운 인식 -음절 합성/분절(+) -음소 익히기: 글자에는 이름(기역)도 있고, 소리(k)도 있다는 것을 알리고 연습 예) 밥→ ㅂ/p/ 아/a/ ㅂ/p̚/ * 활동녹음시켜서 집에서 음소 연습하도록 함 -음소 합성/생략(+) 2. 1-1. 받침 읽기: 불파음 /p̚/, 1-2. 무의미 음절 읽고 쓰기 -유의미 단어에서 받침 ㅂ 연습 음절(초성+모음)과 받침으로 나누기, 받침 읽기 집중 -단어 중 받침 ㅂ 있는 것 찾기, 없는 것 찾기 = 소리 듣고(+) -무의미 1음절 합성 연습	

> 글을 읽기 위한 전략으로 음소 단위의 인식 연습. 낯선 글자의 경우 초성부터 순서대로 음소/음절 연결하면 읽기 가능함

> 재인된 단어의 경우 소리와 글자 상징을 연결하는 것이 의미 없는/낯선 글자와 소리를 연결하는 것보다 쉬움

〈진행〉

개별 음절 읽기가 도움 없이 가능해졌으나, 즉각적인 음운변동 규칙의 적용이 어려워 음절로 읽고 다시 음운변동 규칙 적용하여 읽는 일이 빈번함(예: 맛있는 → 맏.읻.는 마신는) 그래서 다음과 같은 활동을 목표에 넣고 따로 수업을 진행함

		20**년 **월 **일
회기	목표 및 활동	기타
**	2-1. 음운 변동: 연음화, 비음화 1) 연음화: 언어재활사가 불러 주는 말을 듣고 쓰기(+) 예) 놀.이.터, 안.에 받침이 다음 초성 자리로 넘어가는 것, 화살표 해 주고 읽기 연습 어절 단위로(조사 넣어서) 끊지 않고 연결해서 읽기 연습 2) 비음화: 언어재활사가 불러 주는 말을 듣고 쓰기(+) 예) 국.물, 식.물 종성 /ㄱ/으로 연습 시작 발음 측면에서 /ㄱ/와 같은 위치 /ŋ/ 확인한 뒤 바뀌는 것 연습 쓰기와 읽기 분리하여 연습 * 연음화, 비음화 단어 숙제: 읽기는 녹음	숙제 확인

> 연음화: '단어'처럼 종성 뒤에 모음이 올 때, 종성이 뒤에 비어 있는 초성으로 자리로 이동하여 발음되는 현상

> 비음화: '낱말'처럼 불파음 종성 ㅂ, ㄷ, ㄱ(겹받침 포함)이 ㄴ, ㅁ을 만나면 ㅇ, ㄴ, ㅁ으로 변하는 현상

> 2. 3-1. 문장 읽기: 의미적으로 틀린 부분 찾기
> −빈칸 채우기: 예) 강아지가 _____ 운다. (멍멍, 야옹, 음매)
> −틀린 것 찾기: 예) 마트에서 우유가 산다.
> 틀린 것 고치기: 보기 주고 시행

⟨초기면담 TIP! 타 전문가에게 의뢰되어 내원하였다면⟩

주양육자가 아닌 어린이집이나 유치원 선생님의 권유, 혹은 다른 영역의 전문가에 의해 의뢰되어 내원한 경우가 있는데 주양육자는 말이 늦게 트이긴 하였으나 현재는 별다른 어려움이 없고 전에 비해 많이 좋아졌다고 보고하는 등 아동의 현재 상태에 대해 매우 방어적인 태도를 취할 수 있습니다. 이렇게 주양육자가 협력적이지 않은 태도를 갖고 있을 때에는 의미 있는 면담이 이루어질 수 없습니다. 그러므로 짧은 면담시간 동안 주양육자와 긍정적인 치료적 관계를 형성하고 주양육자의 방어적인 태도가 변화하였을 때 조심스럽게 언어평가를 권유하여 언어평가결과를 바탕으로 추가적인 면담을 진행하는 것이 좋겠습니다.

⟨상담 TIP! 의학적 검사가 필요하다면⟩

아동언어발달장애를 치료하다 보면 거의 발화가 없거나 제한된 상호작용으로 진단검사가 필요한 사례가 있습니다. 언어재활을 해야 하는 것이 정해졌는데 굳이 진단검사를 받아야 할까라는 생각을 할 수도 있습니다. 하지만 진단검사를 통하여 부모가 아동을 객관적으로 파악하고 아동의 발달을 촉진할 수 있는 적극적인 통합적 치료가 병행된다면 단일 언어 중재보다 더 나은 긍정적 예후를 기대할 수 있습니다. 그렇지만 언어재활사가 주양육자에게 진단검사를 강요할 수는 없으며 진단검사에 대한 충분한 설명을 듣고 주양육자 스스로 검사를 하는 것이 맞겠다고 판단하여 검사를 선택할 수 있도록 하는 것이 도움이 됩니다. 따라서 "언어발달이 왜 늦는지 확인해 보기 위해 혹은 언어 외 전반적 발달을 확인해 보는 것이 좋겠다고 생각한다" 정도로 조심스럽게 권고하는 것이 바람직합니다.

<새내기 언어재활사, 이럴 땐 어떻게 할까!>

엄마와 분리가 안 될 때, 아이가 계속 울 때, 치료실에서 나가려고 할 때 등 일반적인 치료 상황에 협조하지 않을 때에는?

어떤 ASD 아동은 라포 형성 자체가 치료의 목표가 되기도 합니다.

언어재활사를 좋아하지 않더라도 치료실에서 잘 놀아 주기만 해도 좋으련만, 엄마와 안 떨어지려고 울고 발버둥을 치고, 밖에서 뭔가를 하지도 않으면서 나가려고 하고, 울기만 하는 아이들…… . 언어재활사의 마음을 바싹 타게 만드는 아이들이 많죠.

엄마와 분리가 안 되면 엄마와 함께 치료하는 환경으로 바꾸어 진행하시거나, 그게 부담스럽고 엄마가 싫어하면 아주 천천히 분리에 대한 교육을 해야 합니다. 아이가 애착 인형이나 집착하는 장난감이나 간식이 있으면 언어재활사와 놀 때만 사용하는 방법도 있습니다. 치료실 상황이 가능하면 치료실 밖으로 나갔다가 들어왔다가 하는 행동(언어재활사와 함께하는 것을 목표)부터 시작할 수도 있습니다. 그리고 언어재활사의 결정은 부모상담과 동의, 협조가 필요합니다. ASD 아동은 치료의 기간이 영구적이라고 해도 무리가 아닌, 긴 시간 동안 만들어 가는 과정이므로 서둘러 구조화할 필요가 없습니다.

제5장

조음·음운장애

처음 언어재활을 시작했을 때, 교수님께서 하신 말씀이 있습니다. 바로 '조음·음운장애 영역'이 언어재활의 꽃이라는 것입니다. 다른 영역들과는 달리 말에 대한 아주 전문적인 지식, 예를 들면 음운론이나 음성학에 관한 지식, 말 산출과 관련된 생리 해부와 관련된 지식, 우리말에 대한 전반적인 이해 등이 없으면 할 수 없는 영역인 데다가 종결의 빈도가 높아서 그런 이야기를 하신 것 같습니다.

그래서 실제로 조음·음운장애 아동이나 성인을 만나게 되면 부담도 큽니다. 워낙 넓은 기저 원인이 있고, 매우 단조로운 훈련의 반복을 체계적으로 계획해야 하며, 특히 청지각적 평가가 매우 중요해서 훈련된 언어재활사가 아닌 경우에는 언어재활사도 아이도 모두 힘든 경우가 많기 때문입니다.

이 장에서는 조음·음운장애 과목 시간에 학습한 그 많은 지식 중 실제 임상에서 내담자를 다룰 때 반드시 필요한 몇 가지 내용을 확인한 후, 기능적 조음·음운장애 사례와 기질적 조음·음운장애 사례를 함께 살펴보도록 하겠습니다.

● 자음/모음 체계 ●

자모음 체계에 대해 알아야 하는 것은 음소와 음절에 대한 이해의 시작이고, 특히 우리말 소리의 정확한 이해가 없다면 정상 조음과 비정상 조음에 대한 평가를 시행할 수 없기 때문입니다. 자모음의 체계라니, 너무 쉬운 것 아닌가 생각했지만 임상 현장에서 시작하는 선생님들의 경우 알고 있는 지식을 적절히 대입하지 못하거나 상담 시 알기 쉽게 설명하지 못하는 경우 혹은 정말 기억하지 못하는 경우가 있어 기술하게 되었습니다.

자음은 조음기관 중 어느 한곳에서 숨이 일단 완전히 막혔다가 나오거나, 그렇지 않더라도 통로를 아주 좁혀 조음기관들 사이의 마찰을 일으켜 나오는 소리, 즉 많은 방해를 받으면서 나오는 소리입니다.

〈표 5-1〉 **우리말의 자음 체계**

구분			위치				
			양순음	치경음	경구개음	연구개음	성문음
방법	무성음	파열음 평음	ㅂ p	ㄷ t		ㄱ k	
		파열음 경음	ㅃ p*	ㄸ t*		ㄲ k*	
		파열음 격음	ㅍ pʰ	ㅌ tʰ		ㅋ kʰ	
		마찰음 평음		ㅅ s, ʃ			ㅎ h
		마찰음 경음		ㅆ s*			
		파찰음 평음			ㅈ tɕ		
		파찰음 경음			ㅉ tɕ*		
		파찰음 격음			ㅊ tɕʰ		
	유성음	비음	ㅁ m	ㄴ n		ㅇ ŋ	
		유음		ㄹ l, ɾ			

여기에 각 음소의 성질, 그리고 7개의 종성, 그리고 IPA 기호도 숙지하고 있어야 합니다. 특히 IPA 기호는 우리말에 정확히 대입되지 않는 것이 많아서 몇 가지 음소에서는 연구자에 따라 다르게 사용하기도 합니다. 다만, 미세한 말소리를 구별하고 소리의 장단·고저·강약·억양 등의 초분절적 요소를 표기하기 위해 제시한 IPA 구별 부호는 평가 시 왜곡된 조음을 기술할 때 필요합니다.

다음은 모음 체계입니다. 모음은 발음할 때 성대를 진동시키고 나온 바람(숨)이 조음기관에 의하여 폐쇄·마찰 등의 방해를 받지 않고 나는 소리를 말합니다.

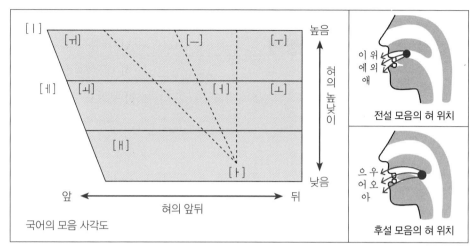

[그림 5-1] 우리말 모음 체계: 모음 사각도

모음의 경우도 단모음과 이중모음에 대한 이해, 기호의 숙지, 그리고 용어의 정확한 이해가 필요합니다. 모음이 중요한 이유는 조음기관의 운동성과의 관계뿐 아니라 자음정확도 향상을 위한 음절 자료 구성을 할 때에도 필요하기 때문입니다.

● 음소발달단계 ●

다음 그림은 연령별 음소발달단계를 표로 나타낸 것입니다. 연령에 따른 음소 발달과 출현 여부는 상담이나 평가 결정에 선별적인 정보가 되기도 합니다. 또한 어린 아동의 경우 음소발달단계에 따라 목표 음소를 정하게 되므로 다음 표에 대해 알고 있어야겠습니다.

〈표 5-2〉 음소발달 연령표

연령	완전 습득 연령	숙달 연령	관습적 연령	출현 연령
2;00~2;11	ㅍ, ㅁ, ㅇ	ㅂ, ㅃ, ㄴ, ㄷ, ㄸ, ㅌ, ㄱ, ㄲ, ㅋ, ㅎ	ㅈ, ㅉ, ㅊ	ㅅ, ㅆ
3;00~3;11	ㅂ, ㅃ, ㄸ, ㅌ	ㅈ, ㅉ, ㅊ, ㅆ	ㅅ	
4;00~4;11	ㄴ, ㄲ, ㄷ	ㅅ		
5;00~5;11	ㄱ, ㅋ, ㅈ, ㅉ	ㄹ		
6;00~6;11	ㅅ			

출처: 김영태, 1992.

1. 기능적 조음 · 음운장애

말소리를 만드는 데 필요한 기관들의 결함 없이,
말소리 습득이 늦거나 잘못된 방법으로 말을 하는 경우

● 초기면담 시 확인할 사항 ●

▶ 불명확한 발음에 대한 확실한 판별: 간혹 말더듬의 말소리를 웅얼거린다, 발음을 굴린다 등 조음 부정확처럼 이야기하는 경우가 있음

▶ 생활 연령과 실제 언어 환경에 대한 이해: 아무리 이론적 배경이나 습득, 숙달 연령 등에 대해 이야기하더라도 양육자의 요구나 아동의 스트레스가 있는 경우는 무리하지 않는 이상(예: 3세에 ㅅ 정조음은 무리겠지요?) 고려의 대상이 될 수 있음

▶ 언어능력 확인: 말이 늦어서 발음이 늦는 것인지 확인하는 것은 매우 중요함. 이는 치료의 시작을 무엇으로 하느냐 결정짓는 데에도 중요한 요소가 됨. 일반적으로는 언어발달의 지연, 즉 몰라서 말을 못하는 경우에는 언어발달의 향상을 우선 권고하기도 함

▶ 청력 확인: 신생아 검진을 통해 대부분 발견되지만 그 후 발생하는 경우도 있음. 특히 중이염과 같은 병은 유아에게 흔히 나타나면서 발음에 직접적인 영향을 줄 수 있으므로 반드시 물어보는 것이 좋음

▶ 부모의 발음: 간혹 부모님, 특히 주양육자의 발음이 나쁜 경우가 있음. 발음의 유전적 측면뿐 아니라 자연발생적 예후에도 영향을 주는 요소이며, 치료에 들어갔을 때 과제 상황에서 오히려 오조음을 익힐 수 있음

초기면담 후 평가 필요의 유무를 확인하고 평가 안내 및 예약을 하지만, 전화 예약 후 초기면담과 평가가 같은 날 이루어지는 경우도 많습니다. 그런 경우에도 평가 계획에 대한 설명과 시간, 부모 대기 등에 대해 간단히 안내하고 평가에 들어가야 합니다.

| 사례 1 | 단순 조음 · 음운장애 |

1) 배경정보

첫 번째 사례는 단순 조음 · 음운발달지체 아동으로 임상에서 가장 흔히 만날 수 있는 아동입니다. 사례면담부터 함께 나누어 보도록 하겠습니다.

년   월   일   검사자:

사 례 면 담 지

■이름(성별): ○○○(여)	■연락처: 010-○○○○-○○○○
■생년월일: 20○○. ○○. ○○(4;10)	■주소: ○○시 ○○○구
■소속기관: ○○유치원	■정보제공자: 엄마

■가족사항(관계, 나이, 직업)
부: ○○○, ○○세, 사업(세무 관련), 바빠서 자주 만나지 못함. 관계는 나쁘지 않은 것 같음
모: ○○○, ○○세, 초등 교사, 관계 좋음
* 여행 자주 다니고 책 많이 읽어 준다고 함

■내원사유
조음 문제 상담

■평가 및 치료력
1년 전(20**년) 발음 문제로 **병원 내원함. 의사가 좀 더 지켜보자고 해서 검사받지 않고 기다림
6개월 전 말이 잘 안 된다는 말을 해서 집 근처 사설 상담센터에서 검사 받음(발음 검사 안 함). 지능 평가(검사명 모름, 검사지 없음) 결과 언어성 지능 높고, 예술적 감성을 가졌다고 들었음. 양육코칭 5회 받았음.
다른 치료 권고받지 않음
학기 초 교사와 상담 때 발음 문제 언급했고, 교사도 동의했다고 함

■교육력
2세 때부터 영어 노래나 장난감 많이 들려주고 사 주었다고 함
방문교육(책, 미술)은 3세부터 했고, 학습지는 올해 시작했다고 함
영어는 방문 교사와 수업, 엄마와 공부 중이라고 함(내년에 영어 유치원 목표)

■병력(가족력)
없음

■출생배경	• 모 연령 **세 출산	
	• 특이사항(미숙아, 난산 등) 없음	
■신체 및 운동발달	• 뒤집기	정상
	• 서기	정상
	• 걷기	정상
	• 대소변 가리기	정상
	• 전반적인 발달 1) 또래와 비슷 (✓)	

공식검사나 규준검사가 아닌 경우가 많음(예: 지문으로 보는 성격검사 등) 주호소와 관계가 없거나 신뢰도가 의심되면 자세히 기술할 필요 없음

주호소를 확인하고 해당 평가를 하지 않은 이유를 확인하기. 해당 내담자는 당시 말이 안 나와서 소심해한다는 것을 이유로 성격지능검사를 권고받았고 검사 결과 예민한 기질이 있어 양육 코칭을 받았다고 함

출생지, 양육지, 외국 생활 경험 유무와 기간이나 그에 준하는 외국어 학습 시작 시기 및 기간 등을 확인하는 것이 좋음

전반적인 언어발달의 과정, 언어 사용, 알아듣는 정도 등에 대해 확인하기 발음 문제로 평가를 받는 경우 많은 보호자가 궁금해하는 것 중 하나가 '왜 언어발달 검사나 질문을 하느냐'임	■ 언어발달 ⓜ 보고 말을 빨리했고, 어릴 때는 또래보다 또박또박하게 말한 것 같다.	• 옹알이	• 시기 모르지만, 다른 아이들과 비슷
		• 첫 낱말	• 시기 돌 전에
			• 산출 낱말 엄마
		• 첫 문장	• 시기 1~2세 때
			• 산출 문장 아빠 가자
		• 현재 가장 긴 언어 이해 능력 일상생활 대부분 대화 가능	
		• 현재 가장 긴 언어 산출 능력 일상생활 대부분 대화 가능	
	■ 정서발달	• 눈맞춤	좋음
		• 엄마와의 분리	좋음
		• 아동의 성격	잘 모르겠음. 쾌활하고 뭐든 열심히 함
학령전기의 경우, 교육기관에서 또래와 교사와의 의사소통 정도, 자기 인식 유무, 글자 읽고 쓰기 정도 등 조음·음운과 관련된 사항 확인 그 외에 착석이나 활동 참여 정도, 다른 정서 행동적 특징 등은 없는지 확인	■ 또래관계	• 전반적인 관계	좋음
		• 좋아하는 장난감	인형, 책
		• 싫어하는 장난감	없음
		• 놀이형태	친구들과 같음
		• 놀이수준	친구들과 같음
		• 주된 놀이 상대	친구, 엄마

■ 기타 정보 및 요구사항

평가 및 치료와 관련하여 궁금한 사항이나 필요한 것에 대해 갑자기 물으면 필요한 것을 잊어버릴 수 있어서 초기면담 전(전화 상담 시) 미리 준비해 오라고 해도 됨

1. 유치원에서 친구들에게 "뭐라고?"라는 말을 많이 듣는 것 같다고 함. 부모 생각에는 발음이 많이 나쁘지는 않은데 아이들이 놀리려고 일부러 그러는 것 같다고 하심. 교사에게는 발음은 나쁘지만 잘 알아들을 수 있다고 들음
2. 어떤 단어는 유난히 안 되는데 요즘에는 그럴 때 아이가 글자로 써서 알려 주기도 한다고 함
3. 말더듬은 요즘에는 없음(막힘, 연장 시연하며 확인)
4. 청력 문제 없음
5. 목쉰소리 음성 문제 있음. 가족력 없고, 음성 오남용 보고 없음
   목소리 때문에 알아듣는 것에 문제는 없다고 함

1. 발음 교정이 되는지
2. 기간은 얼마나 되는지
3. 집에서는 어떻게 해 줘야 하는지

2) 평가

평가 시에는 조음을 어떻게 얼마나 분석할지도 계획해야 합니다. 정확도만 산출할지 명료도나 용인도까지 측정할지, 표본 수집은 어떻게 얼마나 할지(자발화나 검사 단어 등, 말 산출 시간이나 음절 수 등) 등입니다. 실제 임상에서는 시간의 제한이 크기 때문에 기능적 조음·음운 평가의 경우 주로 자음/모음정확도, 자극 반응도와 오류 패턴에 대한 기술 정도를 측정 및 분석합니다. 이 사례의 아동은 언어발달상 어려움이 없고, 조음 발달만 지연된 것으로 보고 및 관찰되어 다음과 같은 검사를 실시하기로 하였습니다.

– 조음: 아동용 발음평가(APAC), 조음기관 구조 기능 선별검사(SMST), 비공식검사(무의미 음절 검사)
– 언어: 수용·표현 어휘력 검사(REVT)
– 음성, 유창성, 청각: 평가 시 관찰

기질적 조음장애가 아니기 때문에 SMST의 경우 생략하기도 하는데, 조음기관의 운동성 및 기타 기능을 평가하는 것은 필요하므로 실시하기로 하였습니다. 무의미 음절 검사의 경우는 개별 음소 및 음절의 발달 수준 측정, 그리고 자극 반응도 측정을 위해 준비하였습니다.

말·언어평가보고서
Speech & Language Assessment Report

이름: 지**(F)
평가일: 20**년 **월 **일
생년월일: 20**년 **월 **일
연령: 만 4세 10개월(58개월)

배경정보

이 아동은 조음 문제 상담을 이유로 본 기관을 방문하여 말-언어평가를 시행하였다. 어머니의 보고에 따르면 출생 시 특이사항은 없고, 신체운동발달, 언어발달 모두 또래와 비슷한 정도였다고 한다. 그 외 정서발달과 또래관계의 어려움도 보고된 바 없다.

평가 및 치료력을 보면 …(중략)…

말더듬인데 조음문제로, 조음인데 말더듬으로 오는 경우도 많음. 양육자는 그 차이를 정확히 구분하지 못할 수 있음. 실제로 말을 더듬는 경우라면 발달기에 나타나는 말더듬인지, 아니면 일시적으로 나타났다가 없어진 것인지 검사 시, 상담 시 확인할 필요 있음

그 외 말과 관련된 특이사항으로, 1년 전 말을 더듬는 것 같았는데 2~3개월 후 괜찮아졌다고 한다.

가족력은 없으며, 발음과 관련된 병력도 보고된 바 없었다.

검사 태도

아동은 부모와 떨어져 입실, 검사자와의 검사 활동에 적극적으로 참여하였다. 놀이와 대화를 포함한 대부분의 활동에서도 적극적으로 임하였으나 발음 검사 중 자극 반응도 측정 시와 조음기관 기능 선별 몇 항목에서는 소극적으로 회피하기도 했다.

실시한 검사

– 아동용 발음평가(APAC)

– 조음기관 구조 기능 선별검사(SMST)

– 수용 · 표현 어휘력 검사(REVT)

– 비공식검사: 무의미 음절 검사

평가결과

1. 조음 · 음운발달 평가결과

아동의 전반적인 조음 · 음운 능력을 평가하기 위해 APAC를 실시한 결과, 자음정확도 **.*%, 백분위수 *%ile로 나타났다.

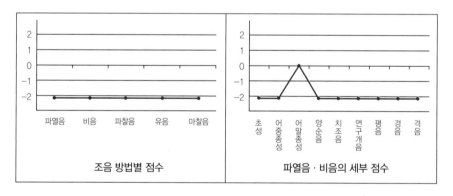

| 조음 방법별 점수 | 파열음 · 비음의 세부 점수 |

예를 들어 설명할 때, 보기 편하게 작성하는 것도 좋지만 형식을 일치시키는 것이 좋음

주된 오류 패턴은 파찰음과 마찰음의 치간음화(예: 모자 → 모tɕa, 시소 → 시s̪o)와 유음의 단순화(예: 고래 → 고jㅐ)로 나타났다. 그리고 전형적 어중 단순화(예: 양말 → 얌말), 비전형적 어중 단순화, 종성에서의 어중 단순화도 다수 산출되었다.

…(중략)…

검사 결과에서 아동의 마찰음도 -2SD 미만으로 나타나 또래보다 낮은 정확도를 보임. 과거 연구 결과를 인용하더라도 검사자가 기술할 때 결과 해석을 왜곡할 수 있는 문장은 피하는 것이 좋음

조음 방법별 표준점수에서 보면, 생활연령상 숙달에 도달하지 않아도 되는 마찰음을 제외하고는 또래보다 낮은 정조음을 보이며, 특히 파열음, 비음의 경우는 생활연령상 완전습득을 해야 하는 음소목록들이나 오조음이 두드러지는 것으로 나타났다.

…(중략)…

자극반응도 측정 및 음절 산출 정도를 알아보기 위해 무의미 음절 검사를 실시했다. 1음절 cv 단위에서는 유음을 제외하고는 정조음 혹은 명료도 향상이 보였으나, vcv에서는 모두 오조음 산출했다. 종성은 모두 정조음 나타났다.

> 공식검사 결과와 일치하는 부분, 차이 나는 부분도 함께 작성해 주면 좋음. 이는 치료할 때 자극의 단위를 결정하는 데 도움을 줄 수 있음

조음기관 구조 및 기능이 조음·음운에 영향을 주는지 알아보기 위해 SMST를 실시한 결과, 혀의 기능을 제외한 얼굴, 입술, 턱과 치아, 구개, 인두, 호흡에서는 어려움이 없는 것으로 측정하였다. 혀의 경우 혀 올림과 관련된 과제에서 어려움을 보였는데,

…(중략)…

놀이 및 대화 상황에서 아동은 전반적인 명료도는 '이해할 수 있는 정도'이나 몇 가지 단어에서는 의미나 맥락 단서가 필요한 경우(예: 신호등 → 시요중, 장화 → 자나)도 있었다.

> 본 검사에서는 명료도 측정을 명목 측정 방식으로 하였음. 검사도구 내에는 비율 측정 있음. 통계 작업의 압박이 있더라도 명료도 문제가 두드러지는 경우는 비율 측정하는 것이 좋음

2. 언어발달 평가결과

아동의 조음·음운 발달과 언어발달의 관계 유무를 알아보기 위해 수용·표현 어휘력 검사 REVT를 시행한 결과 수용어휘력 및 표현어휘 등가연령 *세 *개월~*개월, 또래의 90%ile 이상으로 나타났다.

연령상, 개인적인 경험을 바탕(예: 바다 → 하와이, 수영장 / 바느질하다·꿰매다 → 실 빼다)으로 산출하거나 객관적 서술로 표현하는 경우도 몇 차례 있었다.

3. 그 외 음성, 청각, 유창성 평가결과

음성상 약간의 harsh voice가 특징이었으나 임상적으로 유의한 수준, 혹은 발화에 영향을 줄 정도는 아닌 것으로 판단하였다. 그리고 듣기나 듣기로 인한 조음·음운, 공명의 특징이 없으며, 유창성 문제도 모의 보고처럼 검사 시간 내에서는 관찰되지 않았다.

> 음성의 경우는 생활 환경이나 습관, 조음기관의 운동 능력 등이 영향을 주므로 확인해야 하는 영역임

결과 요약 및 결론

이 아동은 4세 10개월의 여아로 조음 문제를 이유로 본 기관을 방문하여, 해당 검사를 실시한 결과 자음정확도 **.*%, 또래의 *%ile에 해당하여 '조음발달지체'로 나타났다.

…(중략)…

그리고 유음과 파찰음의 경우는 발달 연령에 속해 있으나 또래에 비해 낮은 조음 능력을 보이며, 특히 음절과 단어의 자극 반응도에서 차이를 보이는 점, 혀의 상하운동 능력에 제한이 있는 것과 종성에서의 어중 단순화 등은 발달상 낮은 단계에서 나타나는 오류로 볼 수 있다.

언어능력의 경우는 일상 대화 및 놀이, REVT에서 또래에 90%ile 이상으로 나타나 정상발달하는 것으로 보이며, 언어 능력이 조음·음운 발달에 영향을 주는 것은 없을 것으로 생각된다. 다만, 놀이/대화 시 단어의 미숙함이 드러난 점, 그리고 정밀 언어검사를 시행하지 않은 점이 있으므로 지속적인 관찰이 필요할 것으로 생각된다.

> REVT 자체가 정상발달을 나누는 기준이 될 수는 없음. 어휘력이 좋다고 하더라도 다른 언어 영역에서의 제한이 있을 수 있음

또한 청각이나 유창성에서는 특이할 만한 사항이 보고/관찰되지 않았으나 음성에서는 harsh voice가 관찰되었다. 청지각적으로 명료도에 영향을 줄 정도는 아니지만 오랜 기간 목쉰소리가 났다는 보호자의 보고가 있었으므로 의료기관에서의 검사 시행을 권고한다.

이러한 결과와 같이 연령에 비해 낮은 자음정확도, 특히 음절의 생략이나 종성의 오조음은 전반적인 명료도를 저해시키는 중요한 요소이므로 이를 포함하여 전반적인 자음의 정확도 개선을 위한 집중적이고 지속적인 말-언어재활/훈련이 필요하다. 또한 습득 및 확립한 음소를 활용할 수 있도록 부모교육 및 가정 활동에 대한 정보도 필요할 것으로 생각된다.

이 아동의 경우는 말더듬의 보고가 있었지만, 검사 시 관찰되지 않았고 검사자가 심도검사가 필요하다고 판단하지 않았습니다. 대신 어머니는 괜찮다고 생각한 음성 문제가 검사 권고 대상이 되었습니다. 이러한 경우 부모가 보고한 말-언어 문제의 경우 검사 시 확인하고 '~한 이유로' 관찰이나 상담, 평가가 필요하다는 권고도 하여야 합니다.

3) 목표설정

대부분 기능적 조음장애의 목표는 어디서든, 누구와, 어떤 상태에서 말을 하든 스스로 정확하게 하는 것입니다. 일반적으로는 6개월 혹은 1년 단위로 장기목표를 세우고 중간 평가를 시행합니다. 이 아동은 다음과 같은 장기목표와 단기목표를 설정하였습니다. 단기목표는 전통적인 방법으로 조음의 난이도에 따른 위계를 설정하여 진행하기로 하였습니다.

자극 반응도가 가장 좋거나, 환경상 가장 필요한 음소부터 진행해야 함
기능적 조음장애의 경우 목표 설정 시 완전 정조음으로 하기도 함

단기목표의 경우 장기목표마다 좀 더 세분화된 목표 기술이 필요함
예) 위치에 따라: 어중, 어말 등

장기목표	단기목표
1. 경구개 파찰음 /ㅈ, ㅉ, ㅊ/를 9/10 이상 자발적으로 정확하게 조음할 수 있다.	1) 무의미 음절 상황에서 10/10(100%) 정조음
	2) 단어, 구, 문장 모방 상황에서 10/10(100%) 정조음
2. 치경 유음 /ㄹ/를 9/10 이상 자발적으로 정확하게 조음할 수 있다.	3) 단어, 구, 문장 자발 산출 상황에서 9/10 (90% 이상) 정조음
3. 치경 마찰음 /ㅅ, ㅆ/를 9/10 이상 자발적으로 정확하게 조음할 수 있다.	4) 대화 상황에서 9/10(90% 이상) 정조음

4) 회기 활동

각각의 회기 내에는 세 가지 정도의 목표와 그 이상의 활동을 계획하고 아동을 만나는 것이 좋습니다. 언어재활사 중심이라면 활동의 도구나 내용, 목표 단어와 강화 계획까지 구체적으로 작성해 놓아야 하며, 아동 중심이나 절충법이라면 아동이 흥미를 가질 만한 도구나 장난감을 전면에 배치하거나 상황에 반드시 필요한 목표 어휘나 음소를 정해 놓고 중재해야 합니다.

이 사례의 아동은 장난감 놀이보다 보드게임을 하고 싶어 했고, 정조음에 크게 강화를 받는 아동이라 언어재활사 중심의 반복적인 음소/음절 훈련을 진행하였습니다.

〈초기〉

1) 위치 및 방법을 익히는 몇 회기 동안에는 정확도에 주의를 기울이는 것이 좋다. 연습의 횟수도 중요하고 활동이 재미있는 것도 중요하지만, 자신의 말소리가 부정확하다는 것을 아는 아동들은 정확한 소리를 산출하는 경험과 강화가 더 중요하므로 할 수 있다는 것에 초점을 두어 진행해 주는 것이 좋다.

회기	목표 및 활동	기타
		20**년 **월 **일
**	1. /ㅈ, ㅉ, ㅊ/ 무성 파찰음 _ 활동의 예 '강화 형태의 보드게임' /읃/ 조음 후에 /ㅊ/ 바람 빼기 연습. ㅊ, 치, 추 등 폐모음부터 개모음으로 진행 설압자로 바람 뺄 때 살짝 밀어 주어도 됨 바람이 길게 나오는 것을 손등에 느끼게 해 주기 의성어, 의태어 사용해서 산출 도울 수도 있음 '긁는 소리'처럼 파찰음을 형상화시켜서 알려 주는 것도 좋음 비슷한 소리가 나왔을 때 강화하면서 소리를 다듬어 가기 2. /ㄹ/ 혀 운동 및 위치 잡기 _ 활동의 예 '약 오르기, 약 올리기' 1) 설압자로 받쳐 준 뒤, 아동 스스로 앞니 뒤를 혀 끝으로 밀기 2) 메롱 놀이하기: 과장되면 과장될수록 좋음. 많이 내밀고, 입을 많이 벌리고, 혀를 많이 밀어 넣고, 숙달되면 빨리 약올리듯 하기 3) 무의미 음절 연습: vc cv 구조로 시작	숙제 원함 : 아직 모방 과제에서도 명료한 산출이 어려우므로 음절 수준에서 확립 후 제공하기로 함 권고사항 : 아동의 오조음을 지적하거나 수정 요구하지 않을 것

자음의 위치와 모음의 위치, 자극 반응도 고려 등이 필요함

혀의 전후방, 상하좌우 운동이 필요한 경우 적절한 위치나 방법 안내 후에는 반복적으로 할 수 있는 놀이나 의성/의태어를 알려 주어 운동 능력을 향상시키기

| 연습 초기에는 경구개 파찰음과 혼돈하는 경우가 많아 하나의 음소가 확립되어 숙달되기 전까지는 함께 중재하지 않는 것이 도움되기도 함
반대로 마찰소음이라는 유사점이 있어 더 쉽게 습득하기도 함
시험적 시도(trial test) 후 중재를 결정하기 바람 | 3. /ㅅ, ㅆ/ 무성 마찰음 _ 활동의 예 '뱀들의 숨바꼭질'
1) /ʃ/: /시/ 혹은 /쉬/ 소리로 마찰 소음 유도하기
2) /s̪/: 치아 사이로 혀를 내밀게 해서 바람 내뱉으며 마찰 소음 유도하기
　　빨대나 설압자로 위치 만들어 주어도 좋음
　　'뱀소리'처럼 마찰음을 형상화시켜 주어도 좋음
3) cv: v 길이는 짧게, 유무성 관계 없이 목표음을 길고 강하게 들려주고 내뱉게 해야 함 | |

〈중기〉

| 목표가 자음인지, 모음인지에 따라, 대상이 언어발달인지 조음지연인지에 따라 달라짐 왜곡된, 약한 자음 에너지를 청지각적으로 변별, 알려 주어야 하므로 강하게, 그리고 숙제 제공 시 부모에게도 안내-교육해야 함 |

2) 1음절 수준에서 자발적인 정조음이 완성될 즈음부터는 앞뒤에 다른 음절을 배치하여 다양한 조음환경을 만들어 주어야 한다. 이때에는 모음의 위치, 해당 자음의 종류 그리고 음절의 길이와 복잡성 등을 체계적으로 나누어 중재해야 하며, 이때에는 모니터링도 되고 모델링 없이 정조음이 가능해져 숙제를 주어도 아이들이 덜 피하는 경향이 있다. 조음의 횟수를 늘리거나 대상이나 상황에 따른 전이를 위해 가정 활동을 제공, 필요시 녹음하여 가지고 오게 하기도 한다.

| 무의미 음절의 경우, 매우 단조롭고 반복적이어서 같은 음절 구조를 반복하기보다 다양한 음절 구조의 환경을 경험하는 것이 효과적이고 덜 지겨움. 그중 특정 모음이나 환경에서 규칙적으로 오조음을 보이면 메모. 따로 연습함 |

		20**년 **월 **일
회기	목표 및 활동	기타
**	1. 장기목표 1. 단기목표 1), 2) 진행 : /ㅈ, ㅉ, ㅊ/ 무의미 2음절(어두, 어중 위치), 3음절, 유의미 cv 구조 1~2음절 : 7개의 단모음 음절 – 각 7번의 기회, 정오 반응으로 기재 1) v cv: 이치(+/−)…아치… / …우추… / 애 치애… / … 2) cv cv: 치치 … 추추… 차차… 3) v cv cv: 이치치… / 치이치…/ 아차차… / 차아차… 4) cv cv cv: … 추추추… 차차차… 2. 장기목표 2. 단기목표 2), 3) : /ㄹ/ 종성과 초성 모든 위치. 2음절 이상 유의미 단어, 2어 조합 : 각 목표어(10단어)에서 정오반응 기재 1) 복습: 자발 상황) 빨래(+/−), 이거 할래(+/−), 마트에 갈래(+/−) … 2) 조사 /을,를/: 모방) 이거를( ), 저거를( ), … / 자발) 이거를( ), 저거를( ), … 3) 어중 위치: 모방) 드 레스, 돌고 래, 해바 라기 … / 자발) 드 레스, 돌고 래, 해바 라기 … 4) 2어 조합: 종성 모방) 빨간 빨대 … 달콤한 딸기 … / 자발	가정 숙제 : 유의미 단어 그림 이름 말하기, 연결해서 말하기, 평소 대화 시 오조음 수정하기(1일 *회)

〈말기〉

3) 치료가 진행되면서 모방에 의한 과제 진행은 줄이고 자발 과제의 산출을 증가시켜야 한다. 또한 언어재활사 중심에서 시작했다면 아동 중심으로 치료의 접근법도 변화시켜 좀 더 자연스러운 환경과 발화를 이끌어 내 주는 것이 필요하다. 그리고 부모상담 시간에는 아동과 대화할 때 말소리의 변화가 어느 정도인지, 스스로 수정을 하는지 등을 점검하고 필요시 부모에게 강화나 교육을 하도록 해야 한다.

회기	목표 및 활동	기타
		20**년 **월 **일
**	1. 장기목표 1, 2, 3 단기목표 4) 자발적으로 목표 음소 정조음하기. 내담자가 모니터링하여 정오 판단하기 /ㅈ/, /ㄹ/, /ㅅ/ 문장 만들기: 목표 단어가 들어가는 문장 만들기 지우개, 축구공, 짜장면, 오렌지 … / 드라이어, 크리스마스, 줄넘기… / 소금, 서랍, 낚시(씨), 쓰레기 … 모델링: 지우개로 낙서를 지웠어요. 수수께끼: ○○은 무엇일까요? 목표 단어 사용하여 설명, 맞히기 조사 '~을/를, ~으로/로, ~에서/서' 일부러 정조음하기	집에서 소리 내어 책 읽기를 엄마와 한다고 함 → 읽은 뒤 이야기 나누기로 연습 　연습 전, 목표 말하고 시작하기

사례 2　언어발달지체를 동반한 조음·음운장애

1) 배경정보

이번 사례는 조음·음운발달지체와 언어발달지체가 동반된 아동입니다. 언어 능력과 조음·음운 능력 간의 유의미한 상관은 여러 연구를 통해 알려진 바 있습니다. 주호소가 언어문제인가, 조음문제인가에 따라 목표의 우선이 바뀌겠지만 일반적으로 언어발달지연의 정도가 큰 아동은 언어발달을 우선으로 하고 언어발달이 진행되면서 조음의 정확도나 명료도가 향상되는 경우도 많습니다. 다만, 조음·음운지체가 심해서 정확도와 명료도가 너무 떨어지는 경우는 언어발달장애를 가졌다 하더라도 조음 향상을 위한 목표를 우선하기도 합니다.

언어 문제가 동반된 경우 중 일부는 웅얼거리는 말, 즉 모음의 정확도도 떨어지고, 동시조음 시 음절의 분절이 되지 않고 자음 에너지가 적은, 혹은 잘못된 공명의 문제를 가졌습니다. 조음치료를 매우 열심히 해도 정확도나 명료도에 큰 변화가 없는 집단으로 이번 사례를 통해 알아보겠습니다.

년 월 일 검사자:

사례면담지

- 이름(성별): ○○○(남)
- 연락처: 010-○○○○-○○○○
- 생년월일: 20○○. ○○. ○○ (5;8)
- 주소: ○○시 ○○○구
- 소속기관: ○○유치원
- 정보제공자: 엄마

- 가족사항(관계, 나이, 직업)

…(생략)…

- 내원사유

발음 부정확: 웅얼거리는 말

> 언어재활의 경험이 있는 경우, 치료의 시작 시기, 치료 이유, 진전 정도, 추가/변경의 이유 등을 확인하기

- 평가 및 치료력

언어발달 느려서 2년 동안 주 2, 3회 언어재활 받음(○○ 병원, ○○언어치료실)

치료실 가는 것 좋아했는데, 발음 문제가 해결되지 않아 치료실 변경하려고 함

- 교육력

한글 학습지, ○○○공부방, …

- 병력(가족력)

없음

■ 출생배경	• 모 연령 **세 출산	
	• 특이사항(미숙아, 난산 등) 없음	
■ 신체 및 운동발달	• 뒤집기	비슷
	• 서기	비슷
	• 걷기	비슷
	• 대소변 가리기	4세 때, 아이가 원할 때 시작-금방 끝났음
	• 전반적인 발달 1) 또래와 비슷함 (✓)	
■ 언어발달	• 옹알이	• 시기 비슷함
	• 첫 낱말	• 시기 1세 지나서
		• 산출 낱말 아빠
	• 첫 문장	• 시기 3세 정도에 / 치료받고 나서
		• 산출 문장 엄마, 이거 해 줘
	• 현재 가장 긴 언어 이해 능력 일상생활 대부분 대화 가능	
	• 현재 가장 긴 언어 산출 능력 일상생활 대부분 대화 가능, 길이는 짧음 발음이 나빠서 짧고 빠르게 말하는 것 같음	

■ 기타 정보 및 요구사항

1. 언어발달 상담

   - 첫 낱말 후에 말수도 적고 웅얼거리는 말이 계속되어 언어평가 받음

   - 종결 시기에는 이야기 만들기까지 진행했다고 함

   - 발음은 처음보다 나아졌지만 아직 침 많이 튀고, 작은 목소리로 웅얼거리는 말이 계속됨

   - 가족들도 아이의 말을 잘 이해하지 못함

   - 모른다고 하면 하나씩 끊어서 말하기(언어재활 시간에 배움)도 함-그때는 좀 더 알아들음

2. 청력 문제 없음. 중이염도 앓은 적 없음

3. 치과에 설소대 물어봤는데 괜찮다고 했음

4. 글쓰기는 낱글자, 통글자 가능

5. 책 읽어 주면 참견하면서 말했는데 알아듣지 못해서 반응을 못해 줌. 요즘은 그냥 듣기만 함. 자기 발음이

   나쁜 것은 알고 있음

언어재활의 경험이 있는 경우는 질문하지 않아도 보호자가 필요한 정보를 먼저, 자세히 말하기도 하지만 평가서나 보고서를 가지고 내원한 경우가 아니라면 배경 정보와 발달 정보 외에 치료에 대한 정보도 보호자를 통해 얻어야 합니다. 초기면담 때 아동과 간단한 상호작용을 하면서 수용과 표현, 상호작용의 정도 등을 확인하여 평가 계획을 하도록 합니다.

2) 평가

언어발달지체를 동반한 경우에는 언어발달검사를 시행하는 것이 좋습니다. 면담 시에 확인하여 PRES처럼 전반적인 척도를 확인할 수도 있고, 어휘나 문장 이해, 전반적인 언어능력 등 심도 검사가 필요할 수도 있습니다.

이 사례의 아동은 언어발달지체로 언어재활을 받았고 종결 평가를 시행하지 않았다고 보고하여 심도 검사를 진행하기로 하였습니다. 보호자는 아이가 낯가림이 심하고 말명료도가 낮아 표현언어 검사가 안 될 것 같다고 걱정하셔서 2회기 이상에 걸쳐 검사를 진행하기로 하였습니다.

- 언어: 수용 · 표현 어휘력 검사(REVT), 취학전 아동의 수용언어 및 표현언어 발달 척도(PRES), 구문 이해력 검사, 비공식검사(대화 기능 평가)
- 조음: 아동용 발음평가(APAC), 조음기관 구조 기능 선별검사(SMST), 비공식검

사(무의미 음절 검사)

−음성, 유창성, 청각: 평가 시 관찰

말 · 언 어 평 가 보 고 서
Speech & Language Assessment Report

이름: 허**(M)

평가일: 20**년 **월 **일

생년월일: 20**년 **월 **일

연령: 만 5세 8개월

배경정보

…(생략)…

검사 태도

아동은 어머니의 안내에 따라 스스로 입실하여 착석 가능하였다. 검사자가 준비한 검사도구를 보고 '아~ 나 이거 아는데'라고 관심을 보여 바로 진행하는 데 어려움이 없었다.

실시한 검사

− 취학전 아동의 수용언어 및 표현언어 발달 척도(PRES)

− 수용 · 표현 어휘력 검사(REVT)

− 비공식검사: 대화 기능 평가

− 아동용 발음평가(APAC)

− 조음기관 구조 기능 선별검사(SMST)

− 비공식검사: 무의미 음절 검사

평가결과

> 이 장에서는 조음 중심으로 진행하므로 결과의 수치만 나열하였으나, 실제 평가 보고서에서는 자세히 기술하여야 함

1. 언어발달 평가결과

1) 수용언어

REVT 검사 결과, 수용어휘 등가연령 *세 *개월, 백분위수 <**%ile, 약간의 수용어휘 발달지체로 나타났다. …(중략)…

PRES 검사 결과, 수용언어 등가연령 *세 *개월, 백분위수 **%ile로 또래에 비해 약 1년 정도 지연된 것으로 나타났다. …(중략)…

2) 표현언어

REVT 검사 결과, 표현어휘 등가연령 *세 *개월, 백분위수 <**%ile, 약간의 표현어휘 발달지체로 나타났다. …(중략)…

PRES 검사 결과, 표현언어 등가연령 *세 *개월, 백분위수 **%ile로 또래에 비해 2년 이상 지연된 것으로 나타났다. …(중략)…

3) 의사소통 및 대화 능력

···(생략)···

2. 조음·음운발달 평가결과

아동의 전반적인 조음·음운 능력을 평가하기 위해 APAC를 실시한 결과, 자음정확
도 **.*%, 백분위수 *%ile로 나타났다.

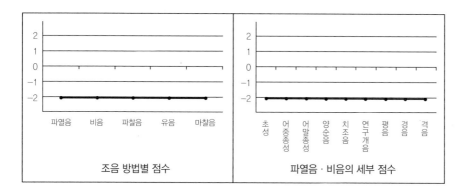

가장 두드러진 오류 형태는 '생략'과 '왜곡'이었다. 자음은 생략과 왜곡이 종성 및 초
성 모든 위치에서 나타났으며, 모음은 모든 단위에서 왜곡이 나타났다. 양순음을 제외
한 대부분의 자음이 산출되지 않고 ···(중략)···

조음 방법별 표준점수에서 보면, 모든 영역에서 −2SD 미만으로 나타났다. ···(중략)···

자극반응도 측정을 위해 무의미 음절, 단어 수준에서 평가한 경우 1음절 무의미 음
절에서도 낮은 반응도를 보였다. ···(후략)···

매우 낮은 정도의 정확도와 명료도의 경우는 평가의 결과와 함께 치료 진
행 방향에 대해 더 자세히 안내하고 상담하는 것이 필요합니다. 부모님들도
대략의 결과는 예상하고 있기 때문에 개선이 될지, 얼마나 개선이 될지, 기간
은 얼마나 걸릴지 같은 문제가 더 중요합니다. 이때에는 일반적인 기능적 조
음장애의 예후를 예로 들 수 없으므로 현실적인 목표와 진행과정을 안내하고
꾸준한 재활의 필요성을 안내해야 합니다.

3) 목표설정

> 모음이 기능적 조음치료의 목표가 되는 경우는 흔하지 않음 아동의 불명료한 발음이 모음 발달의 문제인지 음운이나 운동성의 문제인지 점검하고 목표를 수정해야 할지 점검해 보아야 함

1. 단모음과 이중모음을 100% 자발적으로 정확하게 조음할 수 있다.
   1) 단모음 단어 1~2음절 수준에서 100% 모방할 수 있다.
   2) 이중모음 단어 1~2음절 수준에서 100% 모방할 수 있다.
   3) 단모음과 이중모음 단어 수준에서 100% 자발적으로 산출할 수 있다.
   4) 단모음과 이중모음 문장 수준에서 100% 자발적으로 산출할 수 있다.

2. 치경음 종성 /ㄴ, ㄷ/을 80% 자발적으로 정확하게 조음할 수 있다.
   1) /ㄴ/ 단어 내 어중 위치에서 80% 자발적으로 정확하게 조음할 수 있다.
   2) /ㄷ/ 단어 내 어중 위치에서 80% 자발적으로 정확하게 조음할 수 있다.

3. 파찰음 /ㅈ, ㅉ, ㅊ/를 80% 자발적으로 정확하게 조음할 수 있다.
   1) 1음절 조음 시 90% 이상 자발적으로 정확하게 산출할 수 있다.
   2) 2음절 이상 조음 시 80% 자발적으로 정확하게 산출할 수 있다.
   3) 단어 조합 수준에서 80% 자발적으로 정확하게 산출할 수 있다.

4. 유음 /ㄹ/를 80% 자발적으로 정확하게 조음할 수 있다.
   1) 종성 /ㄹ/을 1음절, 2음절 수준에서 자발적으로 80% 산출할 수 있다.
   2) /ㄹ/을 2음절(종성 연결), 1음절 수준에서 자발적으로 80% 산출할 수 있다.

5. 조음 기제의 움직임의 범위와 운동 능력을 향상시킨다.
   1) 혀의 좌우, 전후, 상하 움직임을 향상시키고 유지할 수 있다.
   2) 입술 움직임과 폐쇄 힘을 증가, 유지 시간을 늘린다.
   3) 조음 시 하악의 움직임의 범위를 증가시킨다.

치료의 목표가 너무 많다면 해당 기간 안에 가능한 목표로 수정해야 합니다. 명료도가 낮은 경우는 다양한 자음의 습득도 필요하지만 조음기관의 운동 능력 향상을 위한 과제도 반드시 필요하기 때문입니다.

4) 회기 활동

이 사례의 아동은 언어재활사와 장난감 놀이를 하고 싶어서 내원하는 경우로 목표 음절이나 단어의 반복을 통해 조음 중재를 진행하는 것으로 계획하였습니다.

자연스러운 상황에서 반복적으로 동일한 음절을 연습하기 위해서는 자극 반응도가 높으면서 의사소통 빈도가 높은 소리를 찾는 것이 중요합니다. 그리고 자발적으로 모니터링하기 어려운 집단이므로 언어재활사는 산출 시마다 정오 평가를 해 주어야 합니다. 이때 발화 의미 측면에서 놀이의 성공으로 강화를 줄 수도 있고 전통적인 방법으로 수정-재산출을 할 수도 있습니다.

회기	목표 및 활동	기타
		20**년 **월 **일
**	장기목표 1. 1-2, 1-3 이중모음 장기목표 3. 3-1 종성 ㄴ 언어재활사 소리를 모방하기. 차례에 맞춰 자발적으로 산출하기 정/오 반응으로 체크. 강화는 활동(발화)의 진행과 중지로 제공 -'야', '안 돼', '여기' 목표 -전쟁 놀이 상황) 목표어 알려 주고 모방 3회 진행(+) -주고받는 놀이 상황에서 발화-행동-진행/멈춤 순서로 활동함 예) (막고) 안ㄴ대 (+) (언어재활사 인형 멈춤), (pointing) 이여어기~! (+) (언어재활사 인형 자리 이동) 1. 장기목표 2. 2-1 혀의 운동 2. 장기목표 4. 4-1 유음 종성 언어재활사 소리를 모방하기. 차례에 맞춰 자발적으로 산출하기 정/오 반응으로 체크. 강화는 활동(발화)의 진행과 중지로 제공 -혀 상하 운동, 빨리, 할래 목표 -터닝*카드 놀이 상황) 모방 연습 후 진행(+) 예) 내가 '하알~~ 래' … '빠알~~리' ○○해. 준비 '추울~~발'	아이들이 좋아하는 장난감을 가져오는 경우도 있고, 준비를 요구하는 경우도 있음. 싸움이나 주고받는 놀이 활동은 빠르게, 그 전 목표은 천천히 정확하게 하는 것으로 활동을 준비함

2. 기질적 조음 · 음운장애

말소리를 만드는 혀, 입술, 턱, 치아, 입천장 등과 같은 구조의 결함이나
신경계, 뇌의 문제 등으로 인해 발음에 어려움을 보이는 경우

● 초기면담 시 확인할 사항 ●

▶ 기질적 원인에 대한 정확한 정보: 다운증후군이나 설소대 단축증, 구순구개열
  등 기저 원인에 대한 정확한 진단명, 언제 어떤 수술을 했는지 혹은 예정인지,
  약물이나 다른 치료는 얼마나 어떻게 하고 있는지 등의 정보가 필요함

▶ 지적능력과 언어능력 확인: 모든 기질적 조음 · 음운장애가 지적-언어적 결함
  을 가진 것은 아님. 그러나 치료 과정에서 내담자의 지적-언어적 능력은 매우
  중요한 요소임

▶ 읽기 쓰기 능력: 소리의 확인이나 변별, 전이 등에서만이 아니라, 학령기에 가
  까울수록 글의 읽기 쓰기 등은 부족한 발음을 보충하는 모드가 될 수 있음

▶ 말명료도: 친숙한 사람들은, 그리고 낯선 사람들은 아동의 말을 얼마나 알아듣
  는지 확인해야 함. 친숙한 대상 중 가족의 경우에는 의사소통을 어떻게 하고
  있는지도 알아보아야 함. 아동의 말이나 행동을 과잉 해석해 줄 수도 있고, 모
  방 상황을 반복적으로 만들 수도 있으며 의사소통의 실패 경험을 누적시킬 수
  도 있음

▶ 언어재활의 효과: 재활로 인해 말 문제가 어느 정도 개선이 되길 바라는지 질
  문해 봄. 기질적 원인의 중증도에 따라 달성 가능한 목표나 현실적인 목표가
  필요한데, 막연한 기대나 희망은 치료의 과정을 괴롭게 만들 수 있으며, 오히
  려 치료 과정 시 목표나 활동에 참여도가 낮아질 수 있음

사례 1   점막하 구순구개열로 인한 조음 · 음운장애

1) 배경정보

　다음 사례는 기질적 조음 · 음운장애 중 점막하 구순구개열에 의한 아동 사례입니다. 구순구개열의 경우 파열의 위치나 정도에 따라 조음수준이 달라지게 되는데, 주로 조음치료의 대상이 되는 경우는 구개의 파열이나 점막하, 연인두 폐쇄부전 등입니다. 치료에서는 보상 조음을 확인하고 수정하는 것, 특히 공명의 문제를 감소시키는 것이 필요합니다. 간혹 점막하 구개열의 경우 청력의 문제로 오인하거나 매우 나쁜 수준의 조음장애로 인식하는 경우가 있습니다. 그러므로 언어재활사는 초기 면담 시 아동의 소리를 듣고 판별할 수 있어야 합니다.

년   월   일   검사자:

사 례 면 담 지

■ 이름(성별): ○○○(남)	■ 연락처: 010-○○○○-○○○○
■ 생년월일: 20○○. ○○. ○○ (5;7)	■ 주소: ○○시 ○○○구
■ 소속기관: ○○유치원	■ 정보제공자: 엄마

■ 가족사항(관계, 나이, 직업)

부: 000, 직장인, 잘 놀아 줌

모: 00, 프리랜서(삽화가), 보통

형: 000, 유치원생, 아이가 형을 잘 따름

■ 내원사유

발음 부정확 및 언어발달지연

■ 평가 및 치료력

1. 말이 늦어 3세 때 00병원에서 발달검사 받음 – 발달 느리다고 언어재활 권고받음

2. 00에 있는 치료실에서 주 3회 언어재활 받음

3. 놀이치료도 3개월 받았음 (종결사유?) 언어재활사 권유로 했는데, 아이는 좋아했음. 그런데 왜 해야 하는지, 무엇을 하는지 몰라서, 의미 없어서 그만둠

■ 병력(가족력)

한글 학습지, ○○○공부방, …

■ 병력(가족력)

아버지 쪽) 사촌 형이 청각장애-보청기 착용

중이염 자주 앓음

아이도 소리를 못 듣나 싶어서 발달 검사 때 청력 검사도 모두 했는데 정상이라고 나왔음

■ 출생배경	• 모 연령	
	• 특이사항(미숙아, 난산 등)	
■ 신체 및 운동발달	• 뒤집기	정상
	• 서기	정상
	• 걷기	정상
	• 대소변 가리기	조금 늦음
	• 전반적인 발달 1) 또래와 비슷 (✓)	
■ 언어발달	• 옹알이	• 시기 비슷함
	• 첫 낱말	• 시기 비슷함
		• 산출 낱말 엄마
	• 첫 문장	• 시기 40개월
		• 산출 문장 물 주세요
	• 현재 가장 긴 언어 이해 능력 눈치로 선생님 말 알아듣는 것 같음	
	• 현재 가장 긴 언어 산출 능력 주로 손짓이나 응응거리는 말로 함 어릴 때부터 말을 거의 하지 않음	
■ 정서발달	• 눈맞춤	좋음
	• 엄마와의 분리	좋음
	• 아동의 성격	산만한 것 같음
■ 또래관계	• 전반적인 관계	잘 모르겠음. 어린이집에서는 잘 지낸다고 함
	• 좋아하는 장난감	특별히 없음
	• 싫어하는 장난감	없음
	• 놀이형태	이것저것 함
	• 놀이수준	형이 놀아 주는 것 함께하는 정도
	• 주된 놀이 상대	혼자, 형, 아빠

■ 기타 정보 및 요구사항

1. 처음에는 잘 못 느꼈는데 2세 이후부터는 모든 발달이 좀 느린 것 같다고 생각하였음(형과 비교해서)

2. 요즘 좀 산만해짐

3. 언어재활 받으면서 좋아진 것은 잘 모르겠음. 눈치 계속 보는 것 같고, 말은 계속 못 알아듣음

4. 학습이 느림. 글자는 작년부터 가르쳤는데 아직 통글자 읽기, 이름 쓰기도 안 됨

5. 가족들도 아이의 말을 정확하게 이해하지는 못함. 사람들 많은 곳에서는 말을 잘 하지 않고 더 응응거림

6. 기대 효과: 알아듣게 말 좀 잘했으면 좋겠다. 다른 애들한테 놀림받지 않고 잘 어울릴 수 있는 정도

초기면담 후 아동 관찰 시 최대한 자연스러운 말이 나올 수 있도록 합니다. 음성의 크기나 말 정확도, 명료도는 부모에게 확인하여 평상시와 차이가 있는지 알아보고, 언어적 난이도를 다르게 하여 수용이나 표현언어의 정도, 의사소통 정도를 확인합니다. 감각 문제는 없는지 알아보고, 평상시, 발화 시 조음기관의 형태와 움직임을 관찰하며, 놀이 수준도 확인할 필요가 있습니다. 이것은 부모 면담 시 정보를 확인하는 측면과 함께 평가 계획에도 중요한 부분입니다.

2) 평가

기질적 조음장애의 경우 평가 시 가장 적극적으로 검사해야 할 것이 조음기관의 구조와 기능(운동), 그리고 특히 음질 문제입니다. 평가를 계획할 때 아동의 기질적 특성에 맞춰 좀 더 세분화된 검사가 필요할 경우 따로 준비해서 시행하도록 합니다. 조음의 왜곡이 심하고 복잡한 오류를 보일 가능성이 높으므로 음성학 기호를 동반해 작성하는 것이 정확합니다. 다만, 그러기 위해 정확한 청지각적 판단이 필요하고, 음성기호와 부호도 익혀 두어야 합니다.

언 어 평 가 보 고 서
Language & Speech Assessment Report

이름: 박**(M)
평가일: 20**년 **월 **일
생년월일: 20**년 **월 **일
연령: 만 5세 7개월(67개월)

배경정보

이 아동은 5세 7개월의 남아로 점막하 구개열/연인두 폐쇄부전 수술 후 재방문하였다(박** 아동은 본 기관에서 20**년 **월부터 주 *회 언어재활을 받던 중 점막하 구개열 의심되어 검사 의뢰하였고 **대학병원에서 수술 후 다시 언어재활을 위해 방문함). 어머니의 보고에 따르면 전반적인 운동발달은 또래와 비슷하였다고 한다. 언어발달 측면에서는 옹알이와 첫 낱말은 형이랑 비슷했던 것 같고, …(후략)…

> 구개열의 음성-조음은 일반 조음장애의 것과는 질적으로 다름. 다만, 청각장애의 경우는 구분하기 어려울 수 있음. 실제로 해당 아동도 청력문제가 의심된다고 검사를 받기도 하였고, 기존의 치료실과 병원에서도 일반 조음치료만 하였다고 함. 언어재활사의 훈련된 귀가 필요한 영역임

검사 태도

검사자의 지시에 따라 검사 진행에 어려움이 없었다. 다만, 검사 시간이 30분 가량 지나자 검사 상황에서 무작위 반응이 나타났고, 검사자의 언급에 주의를 기울이나 금세 무작위 반응을 보이는 등 주의 유지 및 자기 조절에 어려움을 보이기도 했다.

실시한 검사

- 아동용 발음평가(APAC)
- 조음기관 구조 기능 선별검사(SMST) / 무의미 음절 평가
- 수용·표현 어휘력 검사(REVT)

조음·음운 평가결과

1. APAC 결과는 다음과 같다.

자음정확도 14.0% 백분위수 < 1%ile				
조음방법별		파열음·비음 세부		
	표준점수			표준점수
파열음	< -2.0	자음위치	초성	< -2.0
비음	< -2.0		어중종성	< -2.0
			어말종성	< -2.0
파찰음	< -2.0	조음장소	양순음	< -2.0
유음	< -2.0		치조음	< -2.0
마찰음	< -2.0		연구개음	< -2.0

예를 들어 설명할 때, 왜곡의 경우에는 IPA로 기술해야 함. 다만, 정확하지 않은 기호의 사용은 평가서의 신뢰도를 떨어뜨릴 수 있으므로 정확하게 듣는 귀와 함께 정확한 기호도 숙지하고 있어야 함

구순구개열이라고 해서 모두 과대비성만 있는 것은 아님

소속된 기관에 따라 기기 평가를 진행하기도 함. 외부 기관에서 의뢰받거나 기기 평가 결과가 없을 때에는 결과지 제출을 요구하거나 반드시 의뢰해야 함

검사상 특이사항에 대한 기술이 필요. 신경학적 문제인지 기능적 문제인지 확인하고 기술하는 것이 좋으며, 기능적 문제가 아닌 경우는 의료기관으로 의뢰해야 함

이 결과와 같이, 낱말 수준 자음정확도 14%로 백분위수 1%ile 미만에 속하며, 또래의 -2SD 미만으로 나타났다.

아동의 주된 오류 패턴은 왜곡, 생략 등이 나타났다. 왜곡의 경우 성문파열음과 같은 후방음화(우산 → ukʰaⁿ)뿐 아니라 마찰음의 구개음화나 치간음화(시소 → ɦiɕo) 등이 나타났다. 생략은 초성 및 종성 모두 나타났다(예: 포도 → ɦoõ, 빗 → bĩ). 대부분의 조음에서 비누출이 동반되었으며, 양순음이나 치경음 조음 위치에서도 성문 파열음 소리가 나타나기도 했다.

…(중략)…

공명의 경우 1) 청지각적 평가에서 단모음, 이중모음 모두에서 과대비성 관찰되었으나, 개모음에서는 자극 반응도 높은 편이었고, /이/, /우/, /으/ 고모음에서 특히 과대비성 두드러져 첫 자극의 반응에서는 모음이 지각되지 않기도 하였다. 2) 기기적 평가는 해당 병원에서 시행하였을 것으로 보이나 검사 보고서를 받지 못해 결과를 듣지 못한 상태이다.

…(중략)

조음기관선별검사에서 평상시 혀 길이 긴 편, 혀 끝을 우측으로 구부려 하악에 위치해 놓는 것이 관찰되었는데(수술 전에도 마찬가지) 조음을 할 때에도 우측 쏠림 현상은 있다. 비누출의 경우 모음 산출 시 불규칙적인 김서림(비누출)이 있었고, /우, 이/

모음에서 과다 공명 청지각적으로 관찰되었다. AMRs, SMR은 비누출 없이 가능했으나 느린 속도, 불규칙적인 음질 변화(공명)가 특징이었다.

무의미 음절을 통해 자-모음의 정조음 정도를 평가한 결과, 어두-어중 초성과 단모음의 경우 정조음(조절하여 산출) 높았으며 1음절 이중모음 및 종성의 경우에도 자극 반응도가 중간 이상으로 나타났다. 다만, 단어 평가 시 음절과 단어 자극 반응도는 조절 산출을 위해 과도한 근육 및 하악의 움직임, 긴장 등을 보였으나 정조음은 중간 이하로 나타났다. 대화 등을 통해 자발화 시 말 용인도를 알아보면, 억양이나 운율, 강세 등에서 자연스러운 산출은 증가하였음이 보고, 관찰되었으나 비누출과 과대비성, 오조음으로 인해 검사자는 아동의 말 용인도가 전체의 50% 미만으로 보이며 모의 보고에 따르면 전체의 60~70% 정도는 가능하다고 한다.

> 무의미 음절 검사/자극반응도를 봐야 하는 이유는 공명, 운동성, 자가 수정 등 실질적인 조음·음운 능력을 확인할 수 있기 때문임

> 명료도, 용인도, 정확도 등 조음 능력을 파악하기 위한 다양한 척도가 있음. 청각이나 구개열의 경우 말 용인도 검사를 하는데, 검사자가 해당 평가에 대한 정확한 이해가 있어야 함. 어떤 평정 척도를 사용하는지, 척도가 의미하는 바가 무엇인지 기술해야 함

언어평가결과

1. REVT 결과는 다음과 같다.

	등가연령 / 백분위수	발달정도
수용어휘	3세 6~11개월 / <10%ile	수용어휘력 발달지연
표현어휘	2세 6~11개월 / <10%ile	표현어휘력 발달지연

> 해당 아동은 언어발달지연을 가진 아동으로 치료 경험이 있음. 주된 평가의 목적이 조음이었으므로 언어평가가 간략하게 들어갔을 수 있음. 원래의, 혹은 초기 평가라면 언어심도 검사가 필요함

이 결과와 같이 수용 및 표현어휘력 모두 또래에 비해 2년 이상 지연되어 어휘능력 발달지체로 나타났다. 다만, 수용어휘 평가 시 검사 진행과 함께 무작위 선택 및 오반응 나타내기 등이 발견되었고 수정 요청하였으나 서둘러 검사를 끝마치려는 행동을 보여 실제 어휘 능력과는 다소 차이를 보일 가능성도 있겠다.

검사자와의 간단한 대화를 통해 알아본 언어 능력에서 특이할 만한 점은 없었으나 1) 외부 자극에 수용적인 반응이 많음(예: 질문에 '네' 반응), 2) 짧고 간단한 표현이 많음(요구에 의해 긴 문장-이야기의 산출도 보임)이었다.

결과 요약 및 결론

이 아동은 5세 7개월의 남아로 점막하 구개열 및 연인두 폐쇄부전 수술 후 언어평가를 하였으며 그 결과 자음정확도 14%로 또래의 1%ile 미만으로 나타나 '조음·음운발달장애'로 볼 수 있다.

대부분의 자음 …(중략)…

언어발달의 경우도 어휘력이 또래에 비해 2년 이상 지연된 상태로 어휘능력 발달지체로 보인다. …(중략)…

재활 권고사항으로는 수술 후 과대비성 감소와 보상조음 감소를 위한 언어재활이 진행되어야겠으며, 언어발달지연이 의심되므로 심도 검사와 함께 종합심리검사도 권고한다.

해당 아동의 경우는 수술 전보다 공명 문제가 자음 산출의 정확도가 매우 높아져 보호자의 만족도가 상당히 높은 경우였습니다. 수술 전과 비교하여 상담을 하는 것이 좋고, 전반적인 재활 계획에 대해 달라진 점을 안내하고 재활의 참여를 독려하는 것이 중요합니다. 수술 전이라면 아동의 조음 정도와 특성, 운동 능력, 그리고 자극 반응의 정도 등 객관적인 정보와 함께 특성을 설명하고 가능한 목표를 안내해 단계에 따른 중재가 체계적으로 들어갈 필요가 있음을 안내합니다. 특히 정도에 따라서는 재활의 효과 측면에서 느리거나 눈에 띄는 두드러진 변화가 없을 수 있음을 알리는 것도 필요합니다.

3) 목표설정

구개열 아동의 경우 과대비성의 감소, 그리고 보상조음의 소거 등이 중요합니다. 다음의 목표는 전반적으로 과대비성을 감소시키기 위해 직접 훈련, 그리고 무비성 음소를 통한 간접 훈련으로 계획한 것입니다.

장 · 단기 치료 계획

모든 조음 · 음운장애의 목표가 95% 이상일 수는 없음. 특히 기질적인 제한을 가진 경우는 현실적인 목표설정과 재활을 통한 향상의 기대를 양육자에게 정확히 안내해야 함	**장기목표 1** — 1. 과대비성 감소시키기
	단기목표 — 1-1. 입술/연인두 폐쇄 향상시키기 / 1-2. 불기 훈련으로 구강 산출 늘리기 / 1-3. 음성 산출로 전이하여 문장에서 명료도 50% 이상 향상시키기
연습 목록의 경우 기존 연구에서 사용하는 것을 참조해도 좋으나, 내담자의 언어/인지/조음상의 특성을 반영하여 언어재활사가 구성해야 하겠음. 그리고 목록은 치료 전 큰 틀을 만들어 놓아야 진행 과정에 어려움이 없음	**장기목표 2** — 2. 파열음 자발적으로 60% 이상 정조음하기
	단기목표 — 2-1. 무의미 음절에서 80% 자발적으로 정조음하기 / 2-2. 단어 수준에서 70% 이상 자발적으로 정조음하기 / 2-3. 문장 수준에서 60% 이상 자발적으로 정조음하기
조음 정도에 따라 '어두, 어중에 한해' 위치를 제한할 수도 있음	**장기목표 3** — 3. 마찰음 자발적으로 70% 이상 정조음하기
	단기목표 — 3-1. 무의미 음절에서 80% 자발적으로 정조음하기 / 3-2. 단어 수준에서 70% 이상 자발적으로 정조음하기 / 3-3. 문장 수준에서 60% 이상 자발적으로 정조음하기

4) 회기 활동

기질적 조음장애 치료에서 반드시 기억해야 할 것은 1) self-monitoring, 그리고 2) 정상적인 조음 발달 단계임

그리고 구개열이나 설소대 단축증 등 기타 의료적 처치가 필요한 영역에서는 언어재활을 진행하고서도 조음·음운발달과 관련된 전반적인 진전이 없다면 의료진과 상의하거나 의뢰하는 것이 필요함

공명 문제를 가진 경우, '불기 연습'을 많이 시키는데 불기 연습으로 연인두 폐쇄 기능이 향상되거나, 그로 인해 조음기관의 운동능력이 향상되고 그것이 발화로 연결되는 직접적이고 유의미한 증거는 없음. 그러므로 불기 훈련 자체가 목적이 되어서는 안 되며, 공명 문제가 지속되면 의료적 처치를 받는 것이 필요함

회기	목표 및 활동	기타
	20**년 **월 **일	

**	1. 불기 연습
	  1) 코 막고 공 달리기(불어서), 코 안 막고 공 달리기(불어서)
	  2) 입술 모으기, 오래 불기(불어서 그림 그리기), 세게 불기(촛불 켜기 장난감)
	
	2. 최소변별짝 1음절, 2음절 저모음 → 고모음
	  1) 버 / 더 / 거 vs. 서 → 비 / 디 / 기 vs. 시
	  2) 모방 후 '같다/다르다/모르겠다' 몸으로 표현하기, O/X 카드 들기
	  3) 코 막고 말하기, 코 떼고 말하기 후 비교하기-녹음하기
	  4) 손으로 코 짚으면 비음(+), 입 짚으면 비음(−) 조절해서 말하기
	3. VPC 치료용 무의미 단어 연습
	  1) VC, VCV, CV, VCCV	

비누출이 심한 아동의 경우 비강과 구강을 분리, 모니터링을 위해 불기를 사용. 불기의 효율이 떨어지는 경우(예: 입술 모으기 어려움)도 있으므로 정도를 확인 후 활동 내용을 정해야 함

고모음에서 일반아동보다 구개열 아동이 비음도가 높다는 연구가 있음. 연습 목록을 계획할 때 비음도 정도를 확인하고 목록 작성할 것

언어재활사와 충분히 연습을 하더라도 변별이 어려운 경우도 있고 과제를 이해하지 못하는 경우도 있음. 혹은 다르다고 하기 싫어서 모른다고 하기도 함. 모른다는 계속 사용하기보다 초기에만 쓰는 것이 좋음

파열음 연습의 회기를 예로 들어 보겠음. 구개음이나 압력자음에서 나타나는 조음 오류는 공명 문제를 포함하여 보상조음까지 다양한 오류 형태를 보임. 연습 단어는 비음을 최대한 줄일 수 있는 자모음 환경을 만들어야 하고, 자연스러운 말의 산출도 고려해야 함

		20**년 **월 **일
회기	목표 및 활동	기타
**	1. 파열음 조음 연습 –압력 감지 및 산출 연습: 양순파열음 연습. 시각적 피드백(코 아래 거울이나 nasometor 사용)과 물리적(코를 막음), 청각적(공명 차이에 따른 소리변별) 피드백 활용함 구강으로 바람을 많이 나오게/느끼도록 개모음과 연결하여 연습할 수도 있고, (비음도를 고려하기 위해) 여러 가지 자음을 사용하고 모음의 종류를 통제할 수도 있음 – 단어 연습 처음에는 첫음절을 더 강하게, 크게 소리내기. 모음의 길이를 늘여 비음치를 높이지 않도록 주의하기 1음절 cv 구조: 파, 코, 소, 배 … cvc 구조: 닭, 탑, 떡, 갓, 꽃, 집, 책, 짝, 혹 2음절 이상: 파도, 피해, 아파, 도둑, 토끼, 코끼리 등 이 단어들은 자음만 통제를 하였지 모음의 통제는 하지 않은 것임. '구개열 발화(cleft palate speech)'라는 말이 있을 정도로 전반적인 말의 정확도와 명료도, 그리고 자연스러움이 정상에서 벗어나 있음. 다음절, 단어 수준부터 중요한 점은 동시조음을 고려해야 한다는 것임. 동시조음을 하면 과다비성이 다시 크게 들릴 수 있음. 그것을 보상하기 위해 '스타카토' 식으로 말하는 경우도 있으니 주의해서 중재해야 함 –문장 연습 단어를 간단하게 조합: 파하고 파도, 토끼하고 코끼리 등 의미를 지닌 문장으로 조합: 파도 피해, 토끼가 아파, 코끼리가 틀렸어 등 구조화된 문장 사용하여 연습: 빨리 ___ 입어, 또 ___ 타 등 글자를 이용할 때에는 목표 음절을 시각적으로 부각시키거나 강조하면서 읽고 말하기 할 수 있고, 그림 이용할 때에는 물리적 촉진이나 제스처 사용으로 목표 음소 표현하면서 조음할 수 있음	

아동에게 소리의 변화나 압력 감지 등이 와닿지 않으면 소용이 없음. 그래서 여러 가지 피드백을 사용하고 그림이나 신체 움직임을 사용하기도 함

기기나 프로그램이 있다면 객관적인 정보를 시각적으로 즉각 전달하는 것이 가장 효과가 좋음

초성과 종성이 비음이 낱말을 제외한 cvc 구조의 음절 단어임

치료기관에 내원하는 것만으로는 조음 문제 개선이 어렵기 때문에 거의 대부분 과제가 주어집니다. 과제는 당일 진행한 활동책을 만들어 무의미의 경우는 글자로 적어서, 유의미의 경우는 글과 그림을 사용하여 제공할 수 있습니다. 그리고 반드시 어떻게 진행하야 하는지(여기에는 활동의 시간이나 횟수, 정오반응에 대한 재시도나 강화 등도 포함) 시범을 보이고, 아동의 소리도 들려

주어 목표로 하는 수준(소리)을 정확히 알려 주는 것이 좋습니다.

다른 예로 연인두 폐쇄부전(Velopharyngeal insufficiency, VPI)이나 비강 공명이 과도하게 산출되는 경우, 조음의 위치가 뒤로 간 경우 등에서 음성치료의 'Focus' 기법을 가져와서 중재하기도 합니다.

'어'와 '에' 중간 소리, 즉 중설 모음이 가장 자연스러운 모음의 위치라고 하는데요. VPI를 포함한 구개열 아동 중 상당수는 이런 소리의 위치가 뒤로 간 경우가 많습니다. 그래서 들었을 때 '막힌 소리'처럼 들려요. 이렇게 뒤쪽에 위치한 소리를 수정하기 위해서는 전설 모음과 전설 자음을 연결한 무의미 음절을 반복하는 것이 좋습니다.

예) 전설 자음 [ㅍ] + 전설 모음 [이] = 피

처음에는 위치를 더 앞쪽으로 당겨서 과장된 [이] 소리부터 시작하여 위치를 이동시키면서 원래의 정확한 위치로 옮겨 주면 위치 변화에 대해 좀 더 명확해합니다. 공명도 콧소리가 나는 위치를 찾아보고 구강 자음으로 소리의 위치를 옮겨 줍니다.

예) '(콧소리 모델링)' 소리가 어디에서 나? → 미간이나 코에서 난다는 것을 알려 줌. 그리고 손을 코에서 입으로 옮기면서 소리의 변화를 들려줌

구강 자음을 산출하기 전 소리의 위치를 확인시킵니다.

예) 소리가 어디에서 나지? → '입'이요. → 입으로 바람 소리가 나오게 할 거야.
방금 소리가 어디에서 났지? → '코'요. → 그래, 코에서(콧소리 모델링) 입으로(정상 산출) 바꿔서 소리 내 보자.

이것도 마찬가지로 무의미에서 유의미 음절 수를 통제하여 진행합니다.

모든 활동에서 소리의 변별과 확인은 매우 중요합니다. 사실 내담자들이 자신의 소리를 들을 때 콧소리가 많이 난다는 것을 알까요? 처음에는 모릅니다. 수술로 구조가 갖추어지더라도 근육을 소리에 사용하지 않으면 공명 문제는 해결되지 않기 때문입니다. 그래서 무의미와 유의미 단어 활동에서는 조음 위치와 방법, 명료성뿐만 아니라 소리에 대한 변별과 확인을 넘칠 만큼 해 주는 것이 좋습니다. 그래서 치료실 밖에서 자연스럽게 모니터링할 수 있도록 합니다.

<초기면담 팁! 설소대 단축증>

조음장애로 초기면담이 진행될 경우 설소대 단축증에 대한 문의나 문제가 관찰될 수 있습니다. 관찰 시 설소대 단축증으로 특정 자음 산출에 영향을 주고 있다면 조음치료에 앞서 의학적 조치가 필요할 수 있습니다. 이러한 경우 보호자에게 시각적으로 혀의 기능상의 문제로 자음 산출에 영향이 있음을 안내하고, 의학적 조치가 필요한지 정확한 확인을 위해 타기관(병원)에 의뢰해야 합니다.

<활동 팁!>

글자를 이용하기

특히 생략이 많은 대상자의 경우는 시각적인 피드백을 주는 것이 좋습니다.

글을 아는 아이들에게는 아직 해야 할 소리가 남아 있다는 것을 글로 알려 줄 수 있으며, 글을 모르는 아이들의 경우에는 자모음 산출 시 각각 동그라미처럼 그리면서 소리를 개수나 위치를 알려 줄 수 있습니다.

그런데 조심할 것은, 음절을 하나씩 하나씩 말하는 경우로, 또박또박 읽기나 말하기가 한 음절씩 말하는 것은 아니라는 것을 아이와 부모에게 반드시 알려 주어야 합니다.

제6장

유창성장애

임상에서 초보 언어재활사들이 어려움을 호소하는 치료 영역 중 하나가 유창성 장애가 아닐까 싶습니다. 말더듬이 하나의 요인에 의해 발생하는 것이 아니고 복합적으로 나타나며 종결 후에도 재발 가능성이 높기 때문이죠.

그리고 부모! 실제로 말더듬 내담자를 만나다 보니 치료의 시작과 지속에서 가장 중요한 것이 부모 변인이 아닌가 싶습니다.

이번 장에서는 말더듬에 대한 정의와 치료 방법, 사례를 통한 치료의 과정에 대해 살펴보도록 하겠습니다.

● 말더듬 정의 및 핵심행동과 이차행동 ●

유창성장애의 중요한 유형으로 복합적으로 나타나는 말더듬은 Van Riper와 Emerick(1996)에 따르면 '음이나 음절, 또는 조음 포즈 등의 반복이나 연장, 회피행동이나 투쟁행동 등으로 구어의 흐름이 비정상적으로 방해를 받아서 유창성이 깨지는 것'이라고 정의하였습니다.

이러한 말더듬과 관련된 특성으로는, 첫 번째 핵심행동과 두 번째 이차행동인 부수행동이 있습니다. 말더듬에서 외형적으로 나타나는 말소리의 붕괴 현상인 핵심

행동은 반복, 연장, 막힘으로 자발적으로 조절할 수 없습니다. 반복은 개별 말소리, 음절, 단어, 구 등의 여러 번 되풀이하고, 연장은 한 번의 호기에 하나의 말소리가 계속되며, 막힘은 말하는 동안 호기와 발성이 정지되고 조음기관 및 후두의 근육들이 멈추게 됩니다. 일반적으로 말더듬은 반복으로 시작하고 증상이 심해지면 연장, 그리고 더욱 심해지면 막힘이 나타납니다.

말더듬이 점차 심해지면서 핵심행동과 더불어 나타나는 이차행동인 부수행동은 주변의 부정적인 반응과 이로 인한 공포의 결과로 생기며 시간이 지남에 따라 발달합니다. 이러한 부수행동은 탈출행동과 회피행동으로 나뉘는데 탈출행동은 핵심행동이 시작되면 여기에서 빠져나오려고 하는 시도로 말더듬 순간 동안 발생하며, 회피행동은 경험을 통하여 공포의 대상이 되는 말소리, 낱말, 상황들을 예견하고 피함으로 말더듬을 최소화하려는 행동으로 나타나게 됩니다.

● 말더듬 치료 ●

아동 말더듬 치료 경우는 일반적으로 '치료 대상자의 말 행동'의 변화를 통해 유창성을 향상시키느냐, '가정 및 양육 환경의 변화'를 통해 유창성을 향상시키느냐에 따라 직접치료와 간접치료로 나눌 수 있습니다. 다만, 간접치료나 직접치료로 구분하기보다 유창성의 증진을 목표로 하는 통합적인 치료로 구성해야 합니다. 성인의 경우는 유창성 완성법이나 말더듬 수정법 등과 같은 직접적인 말더듬의 행동을 다루는 치료가 대상자에 따라 적절하게 통합되어 사용됩니다.

● 부모교육 ●

많은 부모가 아동의 말더듬에 부정적으로 반응하기도 하는데 부모의 부정적 반응은 아동에게 말더듬을 인식하게 하고 말더듬을 더 심해지게 합니다. 따라서 부모의 태도와 인식 변화를 치료 과정에 포함해야 하며 실제 치료의 중요 목표가 됩니다. 이와 같은 목표는 직접치료에서도 다루지만 상호작용 행동과 양육-정서-환경 측면의 변화를 통해 유창성의 향상을 꾀하는 간접치료에서 더욱 중요한 축으로 다루게 됩니다.

● 초기면담 시 확인할 사항 ●

　보통은 파라다이스-유창성 검사2(P-FA2, 심현섭 외, 2010) 내의 면담지를 사용합니다. 그렇지 못한 경우라면 전반적인 언어발달, 그리고 말더듬의 시기부터 말더듬의 형태와 정도, 그 변화, 말더듬이 일어나는 환경, 부수행동을 비롯한 2차 행동에 대해 부모와 면밀히 상담해야 하고 다음은 반드시 확인해야 합니다.

▶ 처음 말을 더듬은 시기/말더듬을 발견한 시기: 말더듬이 언제 어떻게 시작하였으며 그 이후 얼마나 말더듬을 지속했고 그동안 어떤 환경이나 자극에 노출되었는지 확인이 필요함

▶ 초기 말더듬의 형태와 정도, 정도의 변화: 말더듬의 형태나 정도를 이야기할 때에는 핵심행동에 대해 먼저 간단히 안내를 하고(예: "어어어어엄마처럼 소리가 다른 소리로 넘어가지 않고 여러 번 반복되는 현상을 반복이라고 해요") 들어가야 함. "처음에는 많이 더듬었는데 (아직도 더듬긴 하지만) 지금은 많이 줄었어요"라고 한다면 언어재활사는 '말더듬이 줄어들고 있구나'라고 생각할 것이 아니라, 정말 해당 아동의 말더듬 횟수(정도, 양)가 감소했는지, 반복에서 막힘으로 진전되었는지를 확인해야 함

▶ 자신의 말더듬을 인식하고 있는지, 회피나 탈출 행동은 없는지: 아주 어린 아동의 경우도 엄마가 자꾸 지적하거나 스스로 말을 하는 데 불편함을 느껴 자신의 말이 이상하다는 생각을 할 수 있음. 이 부분은 실제로 치료 과정에 들어갈 때 중요한 부분으로 초기 언어발달 과정의 어린 아동이라도 말더듬을 인식하고 부정적인 태도를 가질 수 있으며 약한 정도의 말더듬이라도 회피나 탈출행동과 같은 부수행동이 나타나기도 함. 이런 경우 치료의 접근법이나 회기 진행의 속도 등에 차이를 두어야 하고 심할 경우에는 심리치료를 권고해야 할 수도 있으므로 확인이 필요함

1. 간접치료

간접치료는 아동과 가족 간의 대화의 상호작용 패턴을 파악하면서부터 시작되고, 환경 개선을 목표로 대부분 말더듬이 막 시작된 경우 시행합니다. 보통 5, 6회기로 이루어지며 치료는 부모교육을 통해 진행되기 때문에 부모의 협조가 치료 성공의 중요 변인이 됩니다. 해당 사례는 치료 담당자가 기존의 여러 가지 간접치료 프로그램을 통합하여 구성하여 실시한 것으로 다음의 사례를 통하여 간접치료에 대해 알아보도록 하겠습니다.

1) 배경정보

만 4세 8개월의 남아로 5주 전 대화 상황 시 갑자기 발견된 말더듬으로 내원하였습니다. 말더듬이 보였다 사라졌다 하여 대수롭지 않게 생각하였는데 최근 지속적으로 말더듬는 모습을 보인다고 합니다. 친구들하고 놀면서 이야기를 하거나 엄마에게 요청을 할 때 첫음절 반복과 "어어어"의 삽입어가 나타나며, 현재 아동은 말더듬을 인식하지 못하나 엄마가 "천천히 말해 봐" 혹은 "어어어 소리 내지 마"라고 언급한다고 합니다.

아동은 말이 많고 활발한 성격으로 신체발달력과 가계력의 문제는 없는 것으로 보고되었습니다.

2) 평가

평가결과(파라다이스-유창성 검사2)

	영역	ND 점수	AD 점수	총점수	백분위점수	말더듬 정도
필수과제	① 문장그림	0	0	0		
	② 말하기그림	0	0.**	0.**		
	③ 그림책	0.**	**.**	**.**		
	필수과제점수 (①+②+③)	0.**	**.**	**.**	11~20	약함
선택과제	④ 낱말그림	0	**.**	**.**	1~40	약함
	⑤ 따라말하기	0	0	0	1~20	약함
부수행동 정도		0			1~70	약함

3) 목표설정

아동의 연령이 어리며 발달력과 가계력에 문제가 없고 현재 본인의 말더듬을 인식하지 못하기 때문에 '일상생활에서 유창하게 말하기'를 목표로 '6주간의 간접치료'를 진행하기로 하였습니다. 그리고 언어재활사를 통한 상호작용이 필요하다고 판단될 경우 언제든지 직접치료로 전환될 수 있음을 안내하였습니다.

다음은 유창성의 증진을 목표로 하는 통합적인 치료로도 구성될 수 있습니다.

4) 회기 활동

회기	목표	내용
1회기	아동과 가족 간의 상호작용 패턴 파악	아동과 가족 간의 상호작용을 약 10~15분 정도 관찰하고 상호작용의 패턴(빠른 말속도, 쉼 없이 진행되는 대화, 아동의 말에 끼어들거나 방해하는 것, 많은 양의 개방형 질문, 과다한 비평 또는 교정, 아동의 말을 들을 때 부적절한 혹은 비일관적인 태도, 아동의 수준보다 높은 어휘나 구문 사용)을 파악한 후 비유창성이 발생될 수 있는 문제들을 확인한다.
2회기	말더듬 환경 개선을 위한 시범	언어재활사는 부모의 걱정과 불안을 감소시키고, 동영상이나 직접 상호작용의 모델의 시범을 통하여 부모가 직접 해 보는 시간을 가짐으로써 쉽게 접근하고 좋은 의사소통 상대자가 될 수 있도록 안내한다.
3회기	말더듬 환경의 변화 피드백	녹음이나 녹화 자료의 검토를 통하여 변화가 잘 이루어진 부분에 대해서는 긍정적 강화를 제공하고, 변화가 잘 이루어지지 않은 부분에 대해서는 원인 파악과 함께 구체적인 대안을 제시한다.
4회기		
5회기	가족의 정서와 태도 확인	아동이 유창해졌을 경우 가족의 변화가 말더듬의 핵심 요소인 것과 함께 앞으로도 지속적인 노력으로 유창성이 유지될 수 있음을 안내한다. 만약 말더듬이 발생하더라도 가족 노력의 실패로 발생했다는 부정적 정서가 생기지 않도록 주의해야 하며, 이에 알맞은 정서적 지지가 필요하다.
6회기	상호작용 점검 및 효율적인 유지 방법 안내	아동과 가족 간의 상호작용의 패턴을 점검하고 가족과 아동에게 일어난 긍정적 변화들을 살핀다. 지속적으로 가정에서 도와줄 수 있는 방법[느린구어 속도, 아동의 말에 경청, 쉼(휴지), 말에 대한 긍정적 반응, 질문 줄이기]을 확인 후 앞으로 지속적으로 유창성이 유지될 수 있도록 안내한다.

2. 직접치료

직접치료는 Guitar의 유창성 향상처럼 말 환경 개선과 대상자의 유창성 형성을 목표로 치료 계획을 수립합니다. 쉬운 시작-가벼운 접촉-부드러운 시작-첫음절 연장하여 말하기-가볍게 반복하기-느린구어 속도-유연한 속도-고유수용감각-쉼 · 적절한 구절 나누기-취소, 빠져나오기, 예비책을 말하며 순차적으로 적용하되 두 개 이상 적용 혹은 동시에 두 개 이상 적용 가능합니다. 그리고 적절한 평가를 통해 발화 시작 여부에 따라 기법이 적용되고 난이도에 따라 치료단계를 위계화하여 유창성을 경험하도록 합니다. 치료실에서 유창성을 확립한 후 많은 사람과 다양한 장면에서 유창하게 말할 수 있도록 전이 단계를 거치고 마지막으로 일상생활에서 유창하게 말하는 유지 및 일반화 단계를 목표로 치료를 진행합니다.

사례

아동 유창성장애
(1) 약함 정도의 말더듬
(2) 중간 정도의 말더듬
(3) 심함 정도의 말더듬
(4) 지적 문제를 동반한 중간 정도의 말더듬

사례 1 　약함 정도의 말더듬

1) 배경정보

중학교 2학년의 여학생으로 말더듬으로 *세 때 언어재활 1년 후 유창성 목표 완성하여 종결하였다가 다시 발생하여 내원한 사례입니다.
일반적인 말더듬 초기면담과 달리 종결 후 재내원인 경우에는 말더듬의 시작과 과정도 필요하지만 종결시점부터 다시 시작하게 된 시점까지의 정보가 더 중요합니다. 해당 아동의 경우는 특별한 사건은 없었고, 말을 다시 더듬으면서 걱정이 되어 내원하였다고 합니다.
공식적인 검사는 유창성 검사를, 비공식적으로는 대화를 통해 산출된 발화에서 비유창을 분석하기로 하였습니다.

2) 평가

대상자의 연령이나 치료력과 관련해 평가 시 고려해야 할 사항은 말더듬이 주는 일상생활에서의 문제 유무와 표면적인 말더듬 행동입니다. 검사 내에 있는 대화 항목에서 진행하여도 되고 의사소통태도 평가를 진행하면서 다루어도 됩니다.

평가결과(파라다이스-유창성 검사2)

	영역	ND 점수	AD 점수	총점수	백분위점수	말더듬 정도
필수과제	읽기	0.**	0.**	*.**		
	말하기그림	0	*.*	*.*		
	대화	*.**	*.**	*.**		
	합계			**.**	41~50	중간
선택과제	낱말그림	*.**	0	*.**	31~40	약함
	따라말하기	*.*	0	*.*	31~40	약함
부수행동 정도		0			–	–
의사소통태도 평가점수		**			11~20	약함

결과 상담 시 말더듬의 정도와 특성, 그리고 행동 요소에 대해 이야기하였으며, 부모는 다시 유창하게 말을 할 수 있을지, 그리고 유창성 획득과 재발이 계속 반복할지 궁금해하였습니다. 말더듬은 생애 전 주기에서 언제든 다시 발생할 수 있는 것이며, 과거와 달리 조절 유창성을 목표로 치료 외 상황이나 종결 후에도 조절해야 합니다. 이것은 약함 정도의 말더듬도 예외는 아니며, 특히 연령이 높거나 치료의 경험이 있는 경우에는 더 필요합니다.

청소년기 혹은 치료의 경험이 있는 대상자에게는 말더듬의 형태나 빈도, 특성이나 부수행동 같은 특징만으로 말더듬 정도를 충분히 평가하는 것은 위험합니다. 임상적인 판단을 내리려면 표면적으로 보이는 말더듬의 행동과 내면에 감추어졌거나 왜곡시켜 드러내는 내적 상태를 살펴야 하는데, 만약 의심이 되거나 충분히 어려움이 감지된다면 관련 전문가에게 의뢰가 필요할 수도 있습니다.

3) 목표설정

"얼른 고치고 싶은데 스스로 조절하는 건 자꾸 잊어버리고, 말은 계속 더 듬으니 그만할래요" 혹은 "혼자서 할 수 있을 것 같아요"처럼 청소년은 치료에 대한 열의는 매우 높은데도 불구하고 지속이 어려운 경우가 많습니다. 그리고 특정 상황이나 대상에 대한 두려움으로 말을 더 더듬거나 조절이 어렵기도 합니다. 이 사례의 내담자 역시 같은 대상과 말을 하더라도 집에서 말을 할 때 더 더듬고, 특히 부모님과 말을 할 때에는 더 긴장된다는 보고 및 관찰이 있었습니다. 그래서 해당 언어재활사는 스스로 점검할 수 있는 과제를 통해 말더듬을 조절하는 것과 특정 대상이나 상황에 대한 둔감화를 다루는 것을 목표로 하였습니다.

장기목표	단기목표
1. 스스로 자신의 말 행동을 조절하여 유창하게 말할 수 있다.	1-1. 호흡, 발성, 조음 단계를 거치면서 부드러운 유창한 발화를 시작, 유지할 수 있다. 1-2. 단어 및 단어 조합 수준에서 유창한 발화를 시작하고 유지할 수 있다. 1-3. 문장 단위에서 유창한 발화를 유지할 수 있다. 1-4. 대화 및 자발화 수준에서 유창한 발화를 유지할 수 있다.
2. 상황과 대상 공포를 줄이고 태도를 변화시킬 수 있다.	2-1. 특정 대상과 대화에서 말더듬 문제를 관찰하고 통제할 수 있다. 2-2. 특정 상황에서의 말더듬을 분석하고, 내적 태도를 변화시킬 수 있다.

'유창성 완성법: 유창한 발화를 하는 새로운 방법을 배우게 한다'의 중재 전략을 선택함

'말더듬 수정법: 내담자의 행동뿐 아니라 태도까지 통제'할 수 있는 전략을 목표에 포함함. 해당 사례는 대상과 장소에 대한 공포를 가지고 있어 '둔감화' 단계를 따로 목표로 다루기로 함

4) 회기 활동

치료 초반

유창성장애-말더듬에 대한 배경지식을 교수하고, 자신의 말더듬을 보다 정확하게 바라볼 수 있도록 함. '조절'의 의미를 다시 정하고, 치료실 외 장소에서 어떻게 점검할 것인지 의논 후 약속함

목표 및 활동	**2-1. 어머니와 대화 녹음** : 평소보다 덜 더듬었다. 하나도 더듬지 않은 것 같다고 이야기함-낮은 빈도 : 녹음한다고 하니 엄마가 말을 거의 하지 않았고, 본인도 긴장되어서 말을 천천히 생각하면서 하게 되어 그런 것 같다고 함 : 녹음 전사-母: "말 잘하네. 이렇게만 하면 엄마는 참 좋겠다." : 엄마와 말할 때 긴장되는 이유 생각해 보기-'엄마는 내가 말을 할 때 똑바로 쳐다보고 있다', '말을 할 때마다 고치거나 확인한다(말더듬이든, 말 내용이든)' 등 : '엄마는 그렇게 말할 수 있고, 내가 말을 안 더듬어야 한다'고 생각함 → 말을 더듬을 수도 있다. 　정상적 비유창성에 대해 이야기하며, 연습함 **1-1. 1-2. 발성 및 단어 수준에서 유창성 조절하여 산출하기** : 하품-한숨 기법, 허밍하기 등을 사용하여 성대를 이완하여 산출하기를 연습함 : 무성음-유성음, 자음과 결합, 자모음 결합, 단어 수준으로 넓힘 : 첫음절의 악센트를 쪼개어 동시조음 시 깨진 단어 산출되지 않도록 유도

목표 및 활동	**2-1. 어머니와 전화 통화** : 사전에 ○○ 내용으로 치료 시간에 전화를 할 것이라는 메시지를 전달 : 언어재활사와 미리 연습(편안하게, 속도 및 단어, 말 태도, 말더듬 포함해서) 후 진행 : 통화 도중에 "이거 과제잖아. 내가 더듬어도 일단 내가 말하는 것 좀 들어 봐." : 통화 후 다시 들으면서 비유창, 내용, 상태 분석함 **1-2. 1-3. 단어 조합 및 문장 수준에서 유창성 향상 조절 유지하기** : 생성 이름 대기, 단어 퀴즈 활동으로 유창성 조절하기 : 첫음절의 부드러운 시작과 연결은 일부러 조절하기-판단 포함 : 처음-운반구, 문장 형식에 맞춰 산출하기 : 나중-자유 산출, 문장 수 관계없이

치료 중반

치료실 밖에서 부드러운 시작을 사용하여 말하기, 그리고 모니터링지 작성하기를 통해 전이 활동을 진행하였음. 내담자가 말더듬에 직면하는 과제를 하겠다고 먼저 이야기하는 경우 많음. 언어재활사는 일부러 힘들게 하지 않아도 된다는 것을 항상 이야기해 주고 지지해 주었음

목표 및 활동	**2-1. 엄마와 대화 모니터링하기** : 학업 상담 후 대화-정상적 비유창성 및 비정상적 비유창성 횟수 및 형태 체크 : 유창성 조절하여 말하기 사용하여 말한 후 비유창성 체크 : '말하기는 편해졌는데, 엄마가 말 평가를 안 해서 그런 건지, 엄마 앞에서 더 듬는 게 부담이 없어져서 그런 건지 잘 모르겠다'고 함 　→ 언어재활사와 이야기할 때와 비교해 보기 **1-4. 자유 발화, 대화 수준에서 연습하기** 1) 30초 말하기, 1분 말하기 과제: 미리 준비하고 말하기 & 즉석에서 말하기 2) 특정한 단어, 특정한 위치에서 유창함 조절하기 연습

> 부모님의 태도가 변했음. 다만, 종결 후 내담자의 말 행동 조절이 어렵듯 부모도 마찬가지임. 내담자의 발화 태도 통제를 위해 연습

사례 2 　 중간 정도의 말더듬

1) 배경정보

만 7세 5개월의 초등학교 2학년에 재학 중인 남아는 말더듬을 주소로 내원하였고 신체발달과 언어발달의 문제는 없었다고 합니다.

만 4세 봄 무렵 첫음절 반복이 갑자기 나타난 것을 엄마가 발견하였고, 만 5세부터 가정에서 천천히 말하라는 지적과 함께 천천히 책 읽기를 하였다고 합니다. 현재 주된 말더듬 양상으로 대화 시 첫음절마다 반복이 나타나고 있으며, 본인 스스로 말더듬을 인식하고 있는 것으로 보고되었습니다.

유전력으로 아동의 아버지께서 어렸을 적부터 현재까지 말을 더듬으며 대화 도중 말을 더듬을 것 같으면 대화를 멈추고 상황을 피하신다고 합니다.

> 초기면담 시 유전력 확인은 매우 중요. 유전력이 비유창성의 원인 중 하나일 수 있음을 안내함

2) 평가

평가결과(파라다이스-유창성 검사2)

	총점수	백분위점수	말더듬 정도
필수과제점수 (읽기, 말하기그림, 대화)	**.*	41~50	중간
선택과제(낱말그림)	*.*	1~40	약함
선택과제(따라말하기)	*.*	11~20	약함
부수행동 정도	*	51~60	중간
의사소통태도 평가점수	**	61~70	중간

평가 시 아동은 말을 할 때마다 위축된 듯한 표정과 목소리로 평가자가 아닌 주로 다른 곳에 시선을 둔 채로 평가에 임하였으며, 의사소통태도 평가 중 '우리 부모님은 내가 말을 잘한대요'의 항목에서 "집에서 아빠가 말을 더듬을 때마다 화를 내서 무서워요"라는 보고가 있었습니다.

3) 목표설정

평가결과에 따라 자발 유창성과 부모의 부정적인 태도와 인식 변화를 위한 목표를 다음과 같이 설정하였습니다.

장기목표	단기목표
1. 일상생활에서 100% 유창하게 말할 수 있다.	1-1. 낱말 수준에서 100% 유창하게 말할 수 있다. 1-2. 문장 수준에서 100% 유창하게 말할 수 있다. 1-3. 대화 수준에서 100% 유창하게 말할 수 있다.
2. 가족이 아동의 말더듬을 이해하고 환경을 개선하여 유창성을 향상시킬 수 있다.	2-1. 가정에서 말더듬 유발 요인을 찾을 수 있다. 2-2. 가정에서 말더듬 유발 요인을 감소시키고 유창성을 증진할 수 있다. 2-3. 가정에서 말더듬 유발 요인을 통제하고 유창성을 유지할 수 있다.

가족의 도움 없이는 일반화가 어렵고 유창성이 확립되더라도 재발의 위험도 높기 때문에 가족의 역할이 매우 중요함

4) 회기 활동

치료 초기

발화 시 부드러운 시작을 위하여 쉬운 시작, 가벼운 접촉을 진행함. 단어 수준으로 부드러운 시작과 첫음절을 연장하여 말하기를 하였고, 가정에서는 말더듬 유발 요인을 확인하는 것을 중요 목표로 함

목표	장기목표 1, 단기목표 1-1 장기목표 2, 단기목표 2-1
활동	1-1-1) 쉬운시작: 아~ 발성 가볍게 숨을 내쉬고 점차 일상적인 대화에 소리 크기에 도달하도록 함 1-1-2) 가벼운 접촉: 조음기관의 긴장을 줄이고 이완된 상태에서 조음 양순 파열음으로 시작하는 음소나 단어를 말하여 휴지가 많이 날리지 않도록 시각적 단서를 제공하기 예) 과일 범주로 정한 후 휴지를 입 앞에 대고 첫음절을 부드럽게 산출한 후 전체 단어 산출 모델링 → "포~~~ 포도", "바~~~ 바나나" 산출 1-1-3) 부드러운 시작: 쉬운 시작과 가벼운 접촉을 결합 말하는 동안 혀와 입술을 부드럽게 움직이기 예) 동물 이름 범주를 정해 놓고 아동과 수수께끼 놀이를 한 후 아동이 답을 알면 부드러운 시작으로 답을 산출하도록 모델링 1-1-4) 부드러운 시작+첫음절 연장: 단어(카드 뒤집기) 언어재활사와 두 가지 같은 그림 맞추기. 같은 그림을 많이 맞추는 사람이 이기는 게임 예) 본인의 순서에 각 한 장씩 뒤집어서 나오는 카드의 이름을 말할 때 만약 나비 카드가 나온다면 "나~~비"라고 부드럽게 시작하고 첫음절을 연장하기

치료 초기 가정에서의 말더듬 유발 요인을 찾고 확인하고자 유창성 관찰일지를 제공하여 가정에서 작성하도록 하였고, 관찰일지에 기재된 말더듬을 일으키거나 증폭시키는 상황을 녹음이나 녹화를 해 올 것을 요청하였습니다.

그 결과, 동생과 놀면서 싸우는 등의 갈등 상황과 이때 주양육자의 빠른 말속도와 강한 훈육 태도가 가정에서의 주된 말더듬 유발 요인인 것으로 확인되어 다음과 같이 피드백하였습니다.

① 동생과 갈등 상황 시 혼내는 것이 아닌 중재 방법을 안내, ② 부모의 말 속도는 차분하고 부드러우며 느린 속도(모델링으로 충분히 안내)를 유지하고, ③ 형제가 각 상황을 말할 수 있도록 차례를 기다려 주고 갈등 상황에 대해 듣는 시간을 갖도록 함, ④ 비유창성이 나타나면 다른 피드백은 하지 않고 중간에 음~ , 어~(모델링으로 충분히 안내)를 넣어 말을 끌어 주면서 이야기를 듣고, ⑤ 이야기를 모두 듣고 나서는 부모 중재를 통하여 갈등 해결에 도움을 줄 수 있도록 안내함

치료 중기

단어에서 문장으로 발화길이를 위계화함. 모든 음절 시작 시 반복이 주로 나타났기 때문에 느린구어 속도로 문장 수준에서 발화하고, 회기 중반 반복이 관찰되어 첫음절 연장하기+느린구어 속도를 함께 진행. 가정에서는 말더듬 유발 요인을 감소시키고 유창성을 증진하는 것이 중요 목표였음

> 치료 중반 문장수준으로 발화 길이가 위계화되고(발화 길이를 늘린다) 유창성이 어느 정도 향상되면서 부정적인 감정을 별도로 다루지 않았지만 자연스럽게 소거됨

> 반복이 주로 나타나는 경우: 첫음절 연장하여 말하기, 가볍게 반복하기, 느린구어 속도, 유연한 속도 치료기법을 적용할 수 있음

목표	장기목표 1, 단기목표 1-2 장기목표 2, 단기목표 2-1
활동	1-2-1) 느린구어 속도: 단어(그림카드를 뒤집기) 예) '주전자' 그림이 나오면 "주전자로 물을 끓여요"라고 느린구어 속도로 문장을 산출 → 이때 언어재활사는 느린구어 속도를 지속적으로 유지하였고 아동 역시 잘 따라 줌 1-2-2) 느린구어 속도: 문장(카드 설명) 예) 그림카드를 보고 느린구어 속도로 설명하기 → 문장 수준 느린 말속도 유지 잘하고 있음 1-2-3) 느린구어 속도: 이야기(스크랩북) 예) 종이와 가위, 풀, 좋아하는 캐릭터를 준비한 후 스크랩북을 만들어 책에 대해 느린구어 속도로 이야기하기 → 이야기 수준에서 느린구어 속도 잘 나타났으나 가정에서는 반복이 갑자기 나타났다고 보고됨 1-2-4) 첫음절 연장+느린구어 속도: 문장(sequence) 예) 세 컷의 sequence를 첫음절을 연장하며 느린 속도로 설명하기 → 가정에서 반복이 관찰되고 있다는 보고로 첫음절 연장기법을 느린구어 속도와 함께 진행함 1-2-5) 첫음절 연장+느린구어 속도: 이야기(만화) 예) 좋아하는 만화의 내용을 첫음절 연장하여 말하기 → 한동안 비유창성 관찰되지 않음

> 1-2-6) 느린구어 속도: 대답하기(좋아하는 운동)
> 예) 아동이 좋아하는 운동에 대해 사전 조사 후 질문을 하면 아동이 느린구어
> 속도로 대답하기 → 말더듬이 나타날 것 같으면 스스로 첫음절을 연장하기도 함

치료 중기 유창성 관찰일지 확인 결과 가정에서의 부모의 강압적인 훈육 태도는 충분히 들어주고 공감해 주는 방향으로 변화하는 등의 비유창성 유발 요인이 감소하였고, 부모-아동의 대화와 동생과의 갈등 상황에서 느린구어 속도를 유지하고 있음을 확인할 수 있었습니다.

치료 후 상담시간에는 사전동의하에 녹화된 치료 영상을 보고 아동의 진전 상황을 함께 확인하였으며, 가정에서도 유창성을 유지할 수 있도록 안내하였 습니다.

치료 후기(치료 시작 6~9개월 사이)

치료 위계화를 통하여 대상 전이와 일반화를 목표로 함

목표	장기목표 1, 단기목표 1-3 장기목표 2, 단기목표 2-3
활동	1-3-1) 느린구어 속도: 대화(하루 일과) 예) 하루 일과나 일상에 대해 느린 속도로 대화할 수 있다. → 유창성 확립됨 1-3-2) 전이: 대상 다른 언어재활사-엄마-동생의 순서로 보드게임을 진행. 대상당 적게는 1회 기에서 많게는 3회기 함께 수업을 진행하였다. → 대상자 중 동생과 함께 게임을 하 다 지게 되자 흥분하면서 말의 속도가 빨라짐. 이때 언어재활사가 느린구어 속도로 보드게임에 참여하자 아동은 바로 속도 조절함 1-3-3) 전이: 장소 햄버거 가게에 가서 주문하기와 문구점에 가서 직원에게 물건의 위치 물어보 기 활동을 진행함 → 전이 확립

치료 후반에는 주 2회 진행되던 회기가 조정될 수 있음. 해당 아동은 치료 시작 8개월부터 주 1회 진행함

치료실에서 유창성을 확립하고 전이 단계를 거쳐 마지막으로 일상생활에서 유창하게 말하는 유지 및 일반화 단계를 목표로 치료를 진행해야 하지만 현실적으로 치료실과 언어재활사 외 이러한 위계화는 어렵기 때문에 짝치료나 그룹치료를 통하여 일반화할 수도 있음

치료실 안이 아닌 치료실 대기실에서 장소와 대상을 동시에 위계화함

유창성이 확립되었더라도 유창성 유지점검을 위하여 충분한 시간을 갖고 종결을 해야 함

치료 후기 아동의 유창성을 직접치료와 더불어 가정에서의 노력으로 모두 가 함께 이루어 낸 성과임을 확인하였습니다. 가정에서 효율적인 유창성 유 지 방법에 대해 충분히 알고 있음을 다시 한번 확인 후 치료 시작 9개월 이후 부터는 일반화를 위하여 2주일에 1회, 1개월에 1회와 같이 치료 회기를 조정 하여 진행하였습니다.

〈참고〉 가정 유창성 관찰일지

이름			정보제공자	

아동의 비유창성 상황을 기록하도록 합니다. 다음 정보를 기록하여 주시고 기록지는 아동에게 노출되지 않도록 주의합니다.

날짜	상황	비유창성의 형태	아동반응	가족반응

> 가정 유창성 관찰일지를 제공하여 가정에서의 비유창성 상황이나 형태를 파악할 수 있도록 진행하였음. 이를 통하여 부모의 책임감도 높아지고, 가정에서의 비유창성 문제 파악과 유창성 확립 과정이 파악될 수 있음

사례 3 심함 정도의 말더듬

1) 배경정보

만 4세의 남아로 말더듬 및 언어발달지연이 의심되어 내원한 사례로 운동발달, 옹알이와 첫 낱말은 또래와 비슷하였으나 문장 산출(단어 조합)은 만 3세 정도에 나타났으며, 그때부터 말을 더듬었다고 합니다. (부와 모의 의견이 달랐는데, 부는 언어발달이 느려서 말수가 적었던 것 같다고 하셨고, 모는 단어 표현도 적었고 말을 잘하지 않았던 것이 그때도 말하기가 어려워(막힘) 그랬던 것 같다고 하심 → 의견은 메모, 검사 시 언어발달 관련된 측면 심도 검사 진행 계획)

말더듬은 시작부터 반복과 연장, 막힘이 모두 나타났고, 현재는 '얼굴 찡그림, 눈 치켜뜨기' 등과 같은 부수행동도 다수 나타나며, 말이 이상하다는 말은 어린이집에서 듣고 자주 한다고 합니다. 가족력과 말더듬이 감소했던 적 없으며, 점차 심해지고 있다고 합니다.

정서발달 및 또래 관계에서, 어린이집 적응은 잘하는 것 같다고 하였습니다. 그러나 다른 반 아이들과 교사들도 낯설어하고, 낯선 사람을 보면 행동을 멈추고 부모 뒤로 숨거나 운다고 합니다. (적응을 잘한다고 한 것은 울지 않고 부모와 떨어져 어린이집에 들어간 것, 교사로부터 큰 사고나 문제를 들은 적이 없다는 것이 이유였음. 그런데 그 이후에 보고한 말들은 적응을 잘한 것처럼 보이기 때문에 교사나 친구와는 상호작용을 어떻게 하는지, 친구들이 말더듬을 가지고 어떤 반응을 보이는지 등 좀 더 구체적으로 물어보아야 함) 부모는 아이가 지적 결함이 있는 것이 아닌지 걱정하고 있으며, (종합병원에 평가 예약한 상태. 여러 자료를 검색하였지만 말을 더듬는 것이나 또래보다 말수가 적고 언어발달이 느렸던 것이 지능과 관련된 것 같고, 말더듬는 사람이 좀 부족한 사람이라는 선입견도 버릴 수가 없다고 하심) 말더듬이 언어재활로 없어질 수 있는지 궁금해하셨습니다. 면담 결과에 따라 '언어발달 검사와 유창성 검사, 부모-아동 상호작용 태도 평가'를 계획하고 언어발달 및 유창성 검사 항목과 측정 가능한 영역, 상호작용 평가의 형태와 그 이유를 안내해 드렸습니다.

2) 평가

1. 유창성 평가결과(파라다이스-유창성 검사2)

	영역	ND 점수	AD 점수	총점	백분위점수	말더듬 정도
필수과제	문장그림	0.**	**.**	**.**		
	말하기그림	0	**.**	**.**		
	그림책	*.**	**.**	**.**		
	합계	*.**		***.**	81~90	심함
선택과제	낱말그림	0	**.**	**.**	81~90	심함
	따라말하기	0	**.**	**.**	81~90	심함
부수행동 정도		*.*				-

2. 언어발달 평가결과

(1) REVT 결과 수용어휘력 등가연령 *세 6개월~8개월 수준, 40~50%ile(정상발달), 표현어휘력 등가연령 *세 6개월 미만, 10~20%ile(약간 지체 수준)로 나타났다. 표현어휘력의 경우 자신의 경험이나 생각을 말하기도 했고(예: 할아버지 → 안 계심), 비유창으로 인해 소리가 안 나오는 경우도 있었는데, 그때에는 다시 표현하기

보다 '고개 젓기, 손으로 × 표시하기'로 산출을 거부하였다.

(2) PRES 결과 수용언어 등가연령 *세 *개월 수준, 58%ile, 표현언어 등가연령 *세 *개월 수준, 18%ile로 나타났다. 표현언어 검사 시 화장실 가고 싶다는 말을 자주 했으며, 행동으로 표현하기도 다수 나타났다.

(3) 의사소통 기능 및 자발화 분석

아동은 대부분의 표현언어 상황에서 간접표현이 두드러지는 것이 특성이었다(예: 사물 요구하기 → '○○이는 자동차가 하고 싶은데', '○○이는 이거 좋아하는데', 거부하기 → '이-거는 엄마가 하면 아-안 된다고 했는데' 등). 자발화 산출을 분석하여 표현언어 능력을 살펴본 결과, 1) 어휘다양도는 0.**으로 나타났으며, 명사-형용사/동사, 조사 중심의 낱말 표현이 있었고, 2) 의미관계는 3낱말 의미관계가 가장 많았으며, 3) 평균발화(구문)길이는 4.**으로 또래보다 다소 짧고 간단한 표현언어를 산출하고 있었다.

3. 부모 아동 상호작용 평가

1) 부모: 놀이는 부와 함께 검사를 진행하였다(아동이 원함). 부는 놀이를 주도적으로 이끌고, 질문과 대답 상황을 여러 차례 만들었다. 말속도는 빠르지 않았으나 문장 간 쉼이나 반응의 시간을 충분히 주지 않고 모델링을 하는 경우도 있었다. 모와는 대화를 관찰하였는데 모는 "아빠랑 ○○하고 놀았어? 재밌었겠네"로 시작하여 아이의 말을 끝까지 듣고 반응하였다. 다만, 반응하기가 계속 이어지자 아동이 불편함을 드러냈는데 모가 알아차리지 못하였다.

2) 아동: 아동은 말을 하지 않거나 의성어/의태어 등 간단한 표현을 동반한 놀이를 원했다. 놀이의 형태도 단순하고 반복적인 놀이를 원했으나 적극적으로 표현하지 않고 부의 행동을 수용하였다. 질문을 못 들은 척하기도 하고, 지시에 '아-아아, 아이고 모르겠네'처럼 회피하는 모습도 다수 관찰되었다.

* 검사 도중 화장실을 다녀온 횟수가 *회, 상호작용 평가 시 갑자기 배가 아프다고 울거나, 구역질 행동을 하였음

평가결과 분석 중 특히 표현언어의 경우는 결과만으로 아동의 능력을 추정하기에 어려움이 있습니다. 해당 아동의 경우는 언어 표현에 대한 부담이 높았고, 검사 상황에 이해하는 데에도 많은 시간이 필요했기 때문에 실제 능력과의 차이를 의심할 수 있습니다. 그리고 결과 해석 시, 이 부분을 부모에게 전달하여 실제 아동의 능력과 산출의 정도가 같지 않을 수 있음을 안내해야 하며, 말더듬 및 그와 관련된 정서-행동적 문제가 지속적으로 말에 영향을

의사소통 의도와 기능은 있으나 자발적으로 적절하게 사용하지 못하는 경우는 많음. 해당 아동도 요구나 거부하기 기능은 있으나 실사용이 거의 이루어지지 않는 것을 확인하였고 이는 말더듬과 관계없었음. 가정과 교육기관에서도 외부 자극(예: '달라고 해야지', '뭐라고 해야 돼?' 등)이 필요하다는 보고받음

말더듬의 경우는 공식검사만으로 확인하지 못하는 경우가 많음. 상황이나 대상에 따라 말더듬의 정도가 다르거나 스스로 통제하기도 함. 그래서 반드시 익숙한 사람과의 상호작용 시 말 수준과 행동을 평가해야 함

아이들, 특히 말더듬 아이들은 불안이나 스트레스에 대한 행동화를 보이기도 함. 해당 아동은 '싫다, 그만하고 싶다'는 말을 하지 못하고 '아프다, 쉬하고 싶다' 등으로 상황을 피했음. 모는 상담 시, 아이의 행동을 보았을 때 부모가 알아서 과제를 멈춰 주기를 바란 것 같다고 하셨음

준다면 아동의 언어발달지체가 굳어지고 격차도 점차 커질 수 있음을 안내하였습니다.

유창성 검사의 결과 상담 시, 아동의 주된 비유창 형태와 빈도 등에 대해 이야기하는데 이것이 정상적인 비유창인지, 비정상적인 비유창 형태인지를 말합니다. 해당 아동의 경우는 심도의 말더듬 행동을 보였으므로 정상/비정상 비유창 형태인지보다, 어떤 핵심행동이 어느 정도 나타났고, 어떠한 상황이나 과제에서 더 혹은 덜 나타나는지 이야기하는 것이 필요하였습니다. 그리고 부모와의 상호작용 시 드러나는 말더듬 행동과 의사소통 기술들에 대해서도 분석하였는데 이 과정은 가정 내 아동의 말더듬 행동을 감소시키기 위한 환경 구성을 위해 반드시 필요합니다.

해당 아동은 검사 결과 상담 후, 간접치료를 시작으로 하는 말더듬 치료를 계획하였습니다. 선행 연구에서 말에 대해 부정적인 인식을 갖거나 말더듬이 심한 경우는 직접치료가 더 효과적이라는 결과가 있습니다. 그러나 해당 아동의 경우는 부모교육 및 가정 환경의 개선이 필요했고, 아동의 말에 대한 부담감과 느린 적응 문제가 있어서 말을 직접 다루는 것으로 시작하지 않기로 하였습니다. 그리고 아동심리치료 전문가와 상담을 통해 아동의 문제를 확인하고 중재할 것을 권고하였습니다.

3) 목표설정

해당 아동은 미숙한 놀이 형태와 의사소통 기술, 또래보다 낮은 표현언어 능력, 그리고 심한 정도의 말더듬을 보였습니다. 의사소통 태도 부분은 아동심리전문가와 상의하였으며, 직접적인 목표로 다루지 않고 각 회기에 반영하였습니다.

장기목표	단기목표
1. 부모는 아동의 말더듬을 감소시킬 수 있는 언어 환경을 구성한다.	1-1. 아동 중심의 활동을 수용하고 말 산출을 강요하지 않는다. 1-2. 부모는 질문의 빈도를 줄이고, 형태를 바꾼다. 1-3. 부모는 아이에게 행동이나 말에 반응할 시간을 주고, 반응에 긍정적인 강화를 제공한다.

2. 아동은 언어재활사와의 놀이 상황에서 가볍고 부드러운 소리로 유창하게 말을 시작할 수 있다.	2-1. 아동은 성대 수준, 턱과 입술의 움직임에서 95% 이상 가벼운 접촉/부드러운 시작을 사용하여 움직임과 소리를 산출할 수 있다.	호흡, 허밍, 목울림 소리, 흥얼거리기 등의 방법을 사용하여 연습 가능함
	2-2. 아동은 단어 수준에서 90% 이상 자발적으로 가볍고 부드러운 움직임을 통해 유창한 소리를 산출할 수 있다.	말더듬 치료의 궁극적인 목표는 '일상생활에서 자발적인 유창성 획득'이지만, 해당 아동의 경우는 말더듬 정도가 심하고 시작에서의 어려움이 두드러졌으므로, 발동 및 발성 수준의 유창함을 목표로 접근하였음
	2-3. 아동은 단어 조합 수준에서 90% 이상 자발적으로 가볍고 부드러운 움직임을 통해 유창한 소리를 산출할 수 있다.	
3. 의사소통 기술 및 표현언어를 향상시킬 수 있다.	3-1. 놀이 상황에서 다양한 요구하기 표현을 자발적으로 할 수 있다.	단어 조합 이후의 목표는 이 장에 작성하지 않음
	3-2. 놀이 상황에서 거부 및 부정의 표현을 자발적으로 할 수 있다.	
	3-3. 아동은 질문하기 및 반응하기 기능을 통해 대화를 유지할 수 있다.	

4) 회기 활동

치료 초반

아동의 요구를 반영, 말소리보다 행동이나 움직임을 중심으로 하는 활동으로 구성하였고, 부모교육의 경우 치료실 내에서 함께 활동-피드백, 가정 활동지 작성-피드백으로 구성함. 비디오 촬영하여 상담 시 활용함

> 언어재활사도 부모도 매우 부담스러운 활동이므로 부모교육 내내 진행하지는 않았음(처음, 2~3회기 후, 종결시점)

목표	장기목표 2. 단기목표 2-1, 2-2 장기목표 3. 단기목표 3-1
활동	1. 자동차 경주 놀이 2-1, 3-1 　1) 자동차 밀면서 목울림 소리로 의성어/의태어 산출(천천히-약하게, 빨리-세게) 　필요한 자동차 고른 뒤, 요구하기(유창하지 않아도 '줘/주세요, 해 줘/해 주세요') 　부드러운 소리 산출에서 개방형 모음으로 산출 　예) 으-우-아~, 으-우-어~ 　차가 부딪히면 '어!' 짧게, 막는 소리, 다시 움직이면 밀면서 목울림 소리 내기 2. 괴물 잡기 2-2, 3-1 　경찰차가 괴물을 잡는 놀이(술래잡기처럼) 　유창성 목표 '여기(✓y-ʌ 기)', '이거(✓i-i 거)', 행동 요구하기 표현 요청

> 발화 시작 전 한 번 쉬기 호흡-그음, 언어적 계획이 조절되지 않은 상태에서 급하게 시작하는 것을 바꾸기 위해 사용함

목표	장기목표 1. 부모 변인 통제
활동	치료 후반 20분은 부모와 함께 회기를 진행함. 부모와 아동 상호작용은 비디오 촬영 아동에게 선생님과 한 놀이를 엄마 아빠와 같이해도 되고, 네가 원하는 놀이를 해도 된 다고 미리 알림 부모에게는 활동의 목표-가정 활동 확인도 포함-안내하고, 상담 시 촬영한 것을 함께 보며 피드백을 주기로 함 예) 부: 질문은 감소하였으나, 명료화 확인하는 행동(예: "응?")이 증가함 　　모: 아동의 말이나 행동에 반응이 없음(예: "어~…….", "그랬구나…….") 　　　→ 뭐라고 말해야 할지 모르겠다: 아이의 행동이나 말을 그대로 읽어 주기, 엄마의 　　　　　기분이나 상태 그대로 표현하기 요청

치료 중반

언어재활사와 놀이 활동 및 상호작용에서 요구 및 거부의 행동을 자발적으로 산출할 수 있게 됨
표현언어의 양적/질적 증가가 있으나, 말더듬 행동의 형태나 빈도는 안정화되지 않았음
주된 말더듬 행동이 막힘에서 연장, 반복으로 핵심행동의 변화는 보임
가정 내 활동지, 부모 참여 수업은 진행하지 않으나 부모의 말-행동의 유지는 확인함

목표	장기목표 2. 단기목표 2-2, 2-3 장기목표 3. 단기목표 3-3
활동	1. 마을 꾸미기 　지역사회 꾸미기 활동으로 장소와 사물, 역할 등 배치하고 말하기 　예) m(진동)마-아 트(가벼운 접촉, 부드러운 연결), 마트에…… 　여기 유치원, 호수 공원에 오리 등 　자극은 모델링-아동의 산출-강화(예: 멋진 소리야), 수정(예: 으응, 마-아트) 2. 드라이브 　예) 차 막혀요, 지하 주차장, 안녕하세요 등 2어 조합, 자동화 구어 연습 　언어재활사가 차를 움직이면서 음절의 운율, 악센트 위치, 모음의 길이 등을 시각화 　해 줌 　모든 기회 ×-아동의 산출을 적극적으로 지지함 3. 보드게임 　주사위 자동차 경주 게임 　유창성 목표: ○○색(단어), 여기 가(단어 조합), 어디로 가요?(단어 조합, 문장) 　말 놓는 위치 찾을 때에는 질문하기와 반응하기: 질문하기 과제였으나 회기가 진행 　될수록 문장 단계로 확장/확대시키는 과제로 변함

아동에 따라서는 활동 후 부모 상담 시 퇴실을 거부하거나 혹은 상담을 하지 말라고 떼를 쓰는 경우도 있습니다. 이런 경우에는 상황에 따라 아이를 달랠 수도 있고, 상담과 치료 순서를 바꾸거나 전화 상담 등으로 상담 형태를 바꿀 수도 있습니다. 불가피한 경우가 아니라면, 비유창 아동의 특성상 아이와 함께 입실하여 상담하는 것은 피하는 것이 좋습니다.

활동 내용 상담 시에는 활동 목표와 활동 내용, 아동의 말 행동, 특이사항 등과 함께, 비유창의 정도나 특성, 직접 치료 자극에 대한 반응 등도 포함되어야 합니다. 그리고 가정 내 활동이나 특이사항, 말 행동의 변화, 그리고 교육기관에서의 특이사항이나 불편한 점, 변화된 사항 등도 확인합니다.

아이의 비유창이 늘 안정되어 가면 좋겠지만, 부모의 자극과 관계없이 비유창이 증폭되기도 하고 유창성이 향상되기도 합니다. 그리고 부모는 일정하고 안정적인 자극과 지지적인 환경을 만들어 주어야 하지만 쉽지 않기 때문에 언어재활사와 이런 부분에서 원활한 의사소통이 이루어져야 합니다. 언어재활사는 단계에 맞는 적절한 과제를 주는 동시에 어려움을 공감하고 부모의 노력을 인정하면서 지지해 주어야 합니다. 또한 아이의 말더듬은 부모의 탓이 아니며, 부모는 유창성을 만들어 가는 과정의 조력자임을 알려 주셔야 합니다.

치료 후반

1년 이상 주 1~2회 언어재활 진행하였음. 그 결과 아동 스스로 말을 조절하는 것, 생각하지 않고 자연스럽게 유창한 말을 하는 것이 유의하게 증가하고, 비유창 산출도 양육자 보고에 의하면 1일 2~3회 한 번 정도 더듬는 정도로 감소함. 가정과 치료실에서는 **주 동안 유창성에 큰 변화가 없이 안정된 산출을 보였음. 그래서 개별치료 1회, 짝치료 1회로 변경함

짝치료의 목표는 담당 언어재활사에서 새로운 언어재활사, 낯선 친구로 대상 전이/일반화, 그리고 동적인 활동을 포함시켜 스트레스 상황에서도 유창성을 유지하도록 하기 위한 것임

개별치료는 아동 중심의 활동으로 진행하고, 목표는 이야기 산출, 대화 수준에서 유창성 유지로 확장/확대시킴. 또한 짝치료를 진행하면서 어떤 이유에서든 비유창이 발생할 수 있으므로 아동의 유창성 유지 정도를 모니터링

> 짝치료는 언어재활사 1인과 내담자 2인의 활동
> 짝 정하기는 주호소, 목표, 연령, 대상, 장애 영역, 기질, 환경 등 고려해야 할 요소가 많음
> 해당 아동은 새로운 언어재활사 1인과 연령과 성별을 일치시킨 조음발달지연 아동과 짝을 지어 진행함

개별 치료 목표	이야기 산출 시 자발적으로 90% 유창성 유지하기 대화 및 놀이 상황에서 자발적으로 90% 유창성 유지하기

활동	1. 짝 놀이 이야기해 주기 : 언어재활사와 한 주 동안 이야기하면서 짝 놀이에 대해 이야기 : 무엇을 했는지, 어땠는지, 그리고 말은 어떻게 하였는지 학령전기의 아동이므로 자신이 어떤 형태로, 얼마나 더듬었는지 정확하게 이야기하지는 못함. 그러나 선생님이랑 있을 때처럼 말했다, 혹은 조~금 말이 잘 안 나왔다 정도로 자신의 말을 표현할 수 있음. 선생님도 없는데 매끄럽게 말한 것을 인정하고 칭찬해 줌 : 기분이 아주 좋을 때, 게임에서 져서 화날 때 어떻게 말하면 좋을지 연습해 봄 2. 요리하기 : 피자, 샐러드, 케이크 등 파티 요리 만들기 활동 : 무엇을 만들지, 어떻게 할지 등에 대해 언어재활사의 질문에 대답, 틀린 상황에서 수정 등으로 진행 아동은 유창성이 향상되면서 놀이도 변화함. 비슷하거나 같은 놀이만 반복하고(불안, 안정성 추구) 놀이 상대자에게 자신의 의견을 말하지 못하다가, 말더듬 빈도가 줄어들면서 의견 내세우기가 증가하고 상상-이야기 꾸미기, 역할 배정하기 등 놀이가 복잡(말을 할 기회도 증가)해짐 : 비유창이 나오면 스스로 수정하기도 하고, 언어재활사에 의해 수정하기도 함 : 말속도는 조절시키지 않으나 보통 속도 유지, 발화 시작 전 숨 고르기 행동도 가끔 사용-유창성 유지의 노력에 대해 칭찬함
짝치료 목표	언어재활사 및 짝친구와의 상호작용에서 80% 이상 유창성을 유지할 수 있다.

활동	* 소개, 첫 회기는 언어재활사가 입실하여 함께 진행함
	  짝을 지어서 짝 찾기, 트위스터 등의 활동을 함께함
	  2회 수업부터는 언어재활사 1인으로 진행함
	
	1. 몸으로 말하기
	: 퀴즈-소리 내지 않고 활동 힌트만으로 맞히기
	: 언어재활사와 아동 1, 2가 번갈아 가며 문제 내고 경쟁적으로 맞힘
	소리를 지르거나 종을 먼저 쳤다고 화를 내는 등 감정 변화가 큰 상황이 많았으나 언어재활사의 촉진 없이 유창성은 유지했다고 함. 다만, 언어재활사를 부를 때 단어 반복(예: 선생님, 선생님, 선생님~!)은 빈번했는데, 이것은 정상적인 비유창성으로 보여 중재하지 않았다고 함
	
	2. ○○○○○○ 만들기
	: 유행하는 게임 캐릭터 이용하여 맵 만들기 함
	: 게임 소개, 캐릭터, 아이템 등 말하기 포함

치료의 후반기에는 치료실과 가정 외의 장소, 익숙한 사람들 외의 대상과도 유창하게 말하는 것을 포함합니다. 전이나 일반화가 자연스럽게 일어나는 경우도 많지만, 보통은 유사한 상황을 만들거나 혹은 부모로부터 보고를 받아 판단합니다.

해당 아동은 초기에 말더듬이 심한 수준이었고, 높은 불안함도 가진 아동이라 유창성이 처음 기대한 것보다 향상된 수준으로 안정화되어도 부모님이 걱정을 하였습니다. 치료실과 집에서는 거의 안 더듬지만, 태권도 학원에서 운동을 할 때나 캠프를 갈 때, 친척 형을 만나면 더듬는 말이 꽤 들리는데 이럴 때에는 어떻게 해야 할지와 같은 것들입니다. 직접 현장으로 나가서 관찰하고 중재를 하면 좋겠지만 우리의 임상 현실에서는 거의 불가능한 일입니다. 그래서 그 대안으로 또래와 짝치료 **회기를 제안했고 부모가 동의하여 진행하게 되었습니다.

부모상담은 짝치료와 개별치료 각각의 언어재활사와 진행토록 하고, 짝치료 목표 수립과 회기 계획은 언어재활사 2인이 협의하여 진행, 치료 후 회의하고 각각의 치료에 반영하였습니다.

사례 4   지적장애를 동반한 중간 정도의 말더듬

1) 배경정보

1. 지적장애 3급에 해당하는 5세 남아
검사를 통해 지적장애에 해당하는 검사 결과를 얻었으나 장애 등록을 하지 않는 경우가 많음. 장애 등록은 최대한으로 늦추거나 바우처나 특수교육 등을 위해 반드시 필요한 경우에 하려고 하는 편임. K-WPPSI, K-WISC와 같이 공식적인 검사를 통해 결과를 받은 경우는 검사 결과지를 참조하여 필요한 정보를 얻고, 그렇지 않은 경우는 언어재활사가 섣부른 판단을 하지 않기를 바람

2. 말더듬은 1년 전 인지치료사가 언급하였고, 그 전에도 반복은 있었다고 함. 아동은 자신이 말을 더듬는 것을 모르며, 불편함을 느끼지 않는 것 같다고 함
부모 혹은 아동 스스로도 잘 모르는 경우가 있음. 평가에 들어가면 아동의 행동(표정, 눈빛, 시선, 말투, 제스처, 감정선 등)부터 말 표현까지 모두 체크. 누군가에게 들어서 내뱉는 것도 있고, 농담처럼 넘기려는 경우도 있고, 자신이 가진 문제나 불편함을 언어재활사에게 드러내는 경우도 있음
성격이 쾌활하며 일상생활 대화나 교육기관에서의 학습 등에 어려움이 없어 두려고 했으나 말더듬이 점차 심해져서 치료받고자 함

3. 현재 심리 그룹치료 중이며, 다른 치료는 모두 종결하였음. 가족력 없고, 병력도 없음

말더듬 형태나 빈도, 초기와 현재의 차이, 말을 더듬을 때 어떻게 하였는지 등에 대해 질문하고 정보를 얻음. 그리고 현재 학습이나 자조기술, 의사소통 정도, 문제 행동의 유무 등 지적장애의 특성에 대해서도 면담 시 이야기 나눔

지적장애를 동반한 경우는 일반 아동에 비해 말더듬 행동을 수정하는 것이 어렵기 때문에 그 점도 충분히 전달할 필요가 있음. 대부분이 모니터링이 어렵고, 동기 부여도 힘듦. 과제 진행에 제약이 있기도 하며 주의도 산만한 편. 때에 따라서 아동의 말더듬 문제가 언어 능력의 결함으로 인해 발생할 수도 있고, 신경학적 말더듬일 수도 있으므로 이에 대해서 상담 때 배경정보를 충분히 얻어 평가나 평가 준비에 반영해야 함

6개월~1년 내의 평가서를 가지고 오는 경우라면 검사 시 이를 반영하여 검사가 중복되지 않도록 해야 하고 지적장애가 의심되는 경우라면 언어심화 검사와 함께 종합심리검사나 발달검사를 의뢰하는 것이 좋음. 종합심리검사의 경우 아동의 전반적인 발달을 체크할 뿐 아니라 부모의 심리 검사도 이루어지기 때문임

2) 평가

해당 아동은 종합심리평가 결과서와 언어재활 종결 평가서, 그리고 심리치료는 치료 진행 보고서를 가지고 내원하였습니다. 그래서 평가를 계획할 때, 1) 유창성은 공식평가 및 언어재활사와의 상호작용 상황에서 비유창 정도를 측정, 2) 언어는 공식평가 중 어휘력 평가만 진행하기로 하였습니다. 이런 상황은 사실 드물며 보통은 그냥 오시거나 한 가지 정도만 가져옵니다. 그러면 PRES나 문제해결력검사, LSSC, KONA 등의 평가를 추가로 진행하여 치료 시 언어적 과제의 난이도를 어느 정도로 조절해야 할지 파악하면 됩니다.

1. 유창성평가결과(파라다이스-유창성 검사2)

	영역	ND 점수	AD 점수	총점수	백분위점수	말더듬 정도
필수과제	문장그림	*.**	*.**	*.**		
	말하기그림	*.**	*.*	**.*		
	그림책	*.**	*.**	**.**		
	합계			**.**	51~60	중간

선택과제	낱말그림	*.**	0	*.**	41~50	약함
	따라말하기	*.*	0	*.*	41~50	약함
부수행동 정도						

2. 언어평가

* 또래보다 어휘력 1년 이상 지연

　검사 보고서에 나타난 언어발달 정도는 상호작용 활동에서 확인해야 함

　평가 후 결과 분석에 대한 상담을 진행하는데 핵심 행동과 그 빈도, 발생의 위치 등에 대해 이야기하고 가정이나 그 외 장소/대상과의 비유창과 차이가 있는지 확인합니다(예: "집에서는 좀 어떤가요?").

　그리고 도드라진 특징이나 추가 정보가 필요한 행동 등은 검사 후 확인하고 검사 보고서를 작성할 때 혹은 치료를 계획할 때 참조하도록 합니다. 해당 사례의 경우라면 '입과 머리를 때리는 행동'이 되겠지요? 평소에 이런 행동이나 말을 하기도 하는지, 그러하다면 보호자는 어떻게 반응하는지, 아니면 누군가 아이에게 유사한 언급을 한 적이 있는 등이 필요합니다. 이것은 말더듬에 대한 반응, 말더듬 이후의 행동에 대한 반응, 자신의 말 문제에 대한 인식에 대한 정보가 됩니다.

　아이가 평소보다 말을 적게 더듬기도 합니다. 평가 상황이라는 특수성도 있고 상황이나 대상에 대한 낯설음일 수도 있으며 혹은 스스로 말이나 말더듬을 조절하기도 하지요. 물론 말더듬이 더 증폭되는 반대의 경우도 있습니다. 상담 시에는 '평가는 이런 것을 염두에 두고 가장 대표적인 말더듬 행동이나 빈도, 형태 등을 찾는 것이고 치료의 과정에서 이런 행동(더 많이, 더 적게 등)은 언제든 다시 나타날 수 있다'는 것을 안내합니다.

3) 목표설정

　해당 아동은 유창성 향상을 위한 목표와 함께 어휘와 구문의 확장을 위한 목표도 포함하였습니다. 유창성이 향상되더라도 언어적인 제한이 있으면 정상적-비정상적 비유창은 지속될 수밖에 없을 뿐만 아니라 활동을 계획할 때에도 제약이 있기 때문입니다.

장기목표	단기목표
1. 자발화 산출 상황에서 80% 이상 유창하게 표현할 수 있다.	1-1. 단어 수준에서 유창성 향상 1-2. 단어 조합, 문장 수준에서 유창성 향상 1-3. 대화 수준에서 유창성 향상
2. 어휘의 이해 및 표현 능력을 향상시킨다.	언어 목표의 단기목표는 일반적인 언어 목표와 같아 생략함
3. 의문사 질문을 포함한, 구문의 이해 및 표현 능력을 향상시킨다.	

회기에 들어가게 되면 다시 세부 목표가 생기게 됨(모방, 모델링, 질문에 반응하기, 혼자 산출하기 등 단계를 쪼개어, 각 단계가 안정된 산출을 보이면 넘어가는 등)

4) 회기 활동

치료 초반
언어재활사와의 친밀감 형성, 그리고 치료에 대한 이해 등을 위해 규칙이 있는 놀이 중심으로 진행함. 다만, 놀이를 아동 중심으로 진행하지 않고 언어재활사 중심, 아동 선택 놀이는 보상으로 제공함. 언어 목표는 최대한 단순하고 간단하게 하여 언어-인지적 부담감이 비유창에 영향을 주지 않도록 함. 자기의 말에 대해 귀를 기울일 수 있는 활동도 넣음

치료에 익숙한 아동이라 언어재활사 중심의 과제에 불만을 표현하지 않았음. 아동에 따라서 간단한 과제를 반복하는 말더듬 과제를 해야 하는 경우 (그렇지 않더라도) 불가능할 수 있음. 그럴 때에는 목표 어휘나 말 행동을 정해 놓고 활동은 아동이 선택하게 해도 됨. 다만, 언어재활사가 아동의 선택에 따라 능숙하게 목표에 따른 어휘나 행동을 구성할 수 있어야 함

목표	단어 모방 과제에서 4/5 이상 유창한 말 성공하기 색 이름, 숫자 이해 및 표현하기
활동	1. 동물 농장 게임 　숫자(1~5), (1~10) 이름 유창하게 말하기 　: 언어재활사 손 동작 보면서 소리 연장하기, 부드럽게 다음 음절로 이동시키기 2. 자동차 놀이 　: 색 이름(빨, 파, 초, 노, 주, 흰색) 유창하게 말하기 　: 양쪽에서 출발, 가운데에서 만나기-언어재활사 말, 행동 모방하기 　: 호흡(들숨, 날숨) 후 부드럽게 음절 연장, 이동시키기 3. 보물찾기 　: 언어재활사의 말 듣고 보물찾기 판에서 찾기-아동의 말 듣고 언어재활사가 찾기 　: 시간은 1~10, 보물은 '○○색 ○개', 규칙적, 불규칙적으로 명료화 확인

연장이 소리를 길게 내는 것(아 →)이 아니라. 리듬이나 운율을 살려서 산출(아⌣)하는 것임. 성대 긴장 및 음성 강도 조절 포함

실행만 하는 경우가 많아서. '무엇을' 해야 하는지 확인함. 그리고 자기가 무엇을 말했는지 잊고 언어재활사의 반응에 무조건 긍정했기 때문에 필요하였음

목표	1. 모델링 없이 단어 말하기 과제에서 4/5 이상 유창하게 말하기 2. 도구/연장 이해 및 표현하기
활동	1. 퀴즈 맞히기 : 언어재활사의 힌트 듣고 (망치, 칼, 가위 등) 도구 및 연장 그림에서 찾기 : 말하기 규칙은 '숨 쉬고(언어재활사가 시각적 촉진을 줄 수 있음), 첫소리 유창하게 　단어 완성하기'임 : 아동의 행동 힌트 보고 언어재활사가 맞히기 2. 공룡 나라 만들기 : 언어재활사에게 공룡 이름 가르쳐 주기(전 회기에서 아동이 원한 활동임. 준비해 옴) : 배경판에 공룡, 나무, 화산 등 붙이기 : 말하기 규칙 지키기 스타카토 식으로 하나씩 끊어서 말하기(예: 'ㅂ브⏝, 라⏝, 키⏝, 오⏝, 사⏝, 우르스), 흥분해서 비유창하게 말하기 등 말하기 규칙이 거의 이루어지지 않음. 이 경우에는 말하기 규칙을 이용하지 않더라도 유창한 말에 강화 제공하여 활동의 주제와 목표에서 벗어나지 않도록 하였음

치료 중반

'새로운 말 방법'을 물으면 어떻게 말을 해야 하는지 행동을 동반하여 전달할 수 있음. 다만, 활동 외에는 사용하지 못하고, 자신의 말더듬을 찾거나 수정하지 못함. 가정에서 엄마와 학습지, 글자 공부할 때 유창한 말 사용의 보고가 향상됨. 그래서 모방이나 모델링 자극은 줄이고, 언어-인지적 부담이 있는 과제와 유창성 과제의 길이를 늘림. 또한 아동 중심의 활동의 비율도 조절하기 시작함

목표	1. 단어 조합 산출 시 자발적으로 4/5 이상 유창하게 말하기 2. 문장 수준에서 4/5 유창하게 말하기(모델링, 자발 산출) 3. 일상생활 관련, 범주어에 따른 어휘 산출하기 4. 조건 연결어미 사용하여 문장 만들기
활동	1. 어린이집에서 먹은 것, 한 일 찾기 : 활동 목표 알리고 시작함. 예) "선생님한테 말할 때 새로운 말 써서 이야기해 줘." : 식판에 음식 넣고 'A랑 B랑…' 미리 어머니를 통해 정보를 얻어서 시행함. 회상하기와 그림을 보고 말하는 것이기 때문에 발화의 속도가 느렸으나 몇 차례 진행 후에는 속도 빨라짐. 말속도 줄이기가 목표는 아니지만 빠르면 조절이 어렵기 때문에 촉진 제공함 2. 딱지 따기, 퀴즈 맞히기 : 일상생활에서 사용하는 물건, 음식 2개씩 말하기 : '~을 ~하면, ~' 문장 사용하여 설명, 퀴즈 내기-맞히기 예) 많이 더우면, 이거 해서 아이 시원해. 해당 아동은 말하는 것, 특히 아는 것이나 해 본 것에 대해 이야기하는 것을 매우 좋아하는 아동이었음. 말의 양이나 속도를 조절하는 것이 매우 힘들었음. 그래서 회상이나 객관적인 서술, 정보 전달과 관련된 활동을 많이 구성했음. 그리고 시각적인 단서를 주어 언어-인지적 촉진뿐 아니라 주제 유지 등도 도움

제7장

신경언어장애

일반적으로 신경언어장애 환자들은 사설 치료실이나 복지관, 개인 병원에서는 만나기 힘든 사례 중 하나입니다. 이유는 일단 대상자가 대부분 성인이며, 상급병원에서 의료적 처치를 받은 후 재활 평가와 치료가 들어가기 때문입니다. 그러나 퇴원 후에도 생활의 불편함을 느껴 지속적인 언어재활을 원하는 경우가 많아, 보통 재활병원에 입원을 하거나 외래로 치료를 받는 경우가 많은데 요즘은 사설 기관을 방문하는 사례들도 늘어나고 있는 추세입니다.

다양한 언어재활 욕구를 가진 환자들을 감별 진단하기 위해서 우리는 [그림 7-1]과 같은 말 산출을 위한 단계와 각 단계의 손상으로 오는 장애에 대한 이해가 필요합니다.

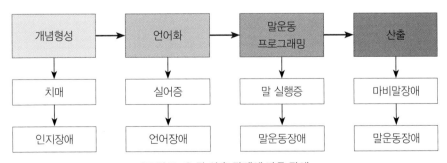

[그림 7-1] 말 산출 단계에 따른 장애

이 장에서는 네 가지 단계 중 언어재활 임상에서 가장 두드러진 두 유형인 신경언어장애군의 실어증과 말운동장애군의 마비말장애, 그리고 말 실행증에 대해서 다루어 보도록 하겠습니다.

1. 실어증

후천적 뇌손상, 즉 중추신경계 문제로 인한
말하기, 듣기, 쓰기, 읽기 네 가지 언어 영역 모두에서의
언어 수행 효율성이 감소한 언어장애군

유창 실어증은 베르니케 영역인 상측두회의 후방(posterior superior temporal gyrus)의 손상으로 발생합니다. 힘들이지 않은 발성을 보이며 조음 능력이 좋고, 발화량은 많으며, 문법성을 유지하고 말속도는 보통이며 억양이나 강세도 유지합니다.

비유창 실어증은 브로카 영역인 전두엽 아래의 후방(posterior inferior frontal lobe) 손상으로 발생하고 힘들인 발성을 보이며 나쁜 조음 능력, 적은 발화량, 그리고 문법성 결여, 느린 말속도와 억양이나 강세의 감소 등이 있습니다.

실어증 분류는 크게 보스턴 학파와 미네소타 학파의 분류로 나뉘는데 보스턴 학파의 분류법이 좀 더 널리 사용되고 있습니다. 보스턴 학파 분류의 경우는 크게 네 가지 영역, 즉 유창성, 청각적 이해, 따라 말하기, 이름대기로 나누어 유창 실어증-

	비유창 실어증(non-fluent aphasia)				유창 실어증(fluent aphasia)			
	Broca's	transcortical motor	mixed transcortical	global	Wernicke's	transcortical sensory	conduction	anomic
유창성	-	-	-	-	+	+	+	+
청각적 이해	+	+	-	-	-	-	+	+
따라 말하기	-	+	+	-	-	+	-	+
이름대기	-	-	-	-	-	-	+	-

비유창 실어증 여덟 가지로 분류합니다. 그리고 이는 때에 따라 치료 시 직접적인 목표로 사용되기도 합니다.

● 초기면담 시 확인할 사항 ●

▶ 정보제공자: 평가서나 진단서를 첨부하지 않는 경우 누구와 함께 오는지가 중요함. 활동 보조인이나 요양사, 가족 등 정보제공자에 따라 달라질 수 있으므로 평가자가 수집에 주의해야 함
▶ 의학적 정보: 발병 시기, 경과, 병력 수집, 처치 및 약물, 동반 장애 및 질병, 재활 종류 및 과정, 환자 스스로의 장애 자각 정도 등을 확인해야 함. 특히 발병의 경우 2차, 3차 발병인 경우 각각의 상황에 대해서도 기록해 두어야 함
▶ 환자의 개인 정보: 학력 및 직업, 평소 말수나 독서량, 성격 등을 발병 전후로 나누어 확인하는 것이 좋음. 병력 중 언어 및 음성 문제의 유무도 확인해서 감별 진단 평가를 해야 함

1) 배경정보

이름(성별): 이○○(남)
생년월일(연령): 19**. **. **.(87세)
진단명: Rt. hemiplegia d/t Lt. MCA infarction
학력: 초졸
손잡이: 오른손잡이
내원 경위: 20**년 *월 경기 소재의 **종합병원에서 진단 및 처치 후 재활치료를 위해 **재활병원에 내원, 언어재활을 위해 평가 의뢰

2) 평가

제1부 평가 편에서 신경언어장애의 경우 어떠한 검사를 시행해야 하고, 어떤 항목을 점검해야 하는지 언급했습니다. 실습의 경우에는 표준화, 비표준화된 검사 항목을 모두 사용하여 분석하지만 실제 임상 현장에서는 여러 언어장애군의 평가와

마찬가지로 치료 시간이나 스케줄, 보유한 검사도구, 혹은 의료기관의 분류에 따라
다르게 진행됨을 참고하기 바랍니다.

평가는 한국판 웨스턴 실어증 검사(Korean version-Western Aphasia Battery, 이하
K-WAB)를 진행하였고 결과는 다음과 같습니다.

언어평가결과지(성인)

**재활병원 언어치료실

등록번호:　　　　　환자성명: 이**　　M/87세

Diagnosis	Rt. hemiplegia d/t Lt. MCA infarction	언어장애의 종류	broca's aphasia
Occupation		검사일시	20**. **. **.
Handedness	오른손잡이	Education	초졸
기타 정보	Onset 20**. **. **		
검사 시 태도	적극적인 자세로 검사에 임함		
검사 항목	K-WAB		
검사 결과	AQ: **.*		
스스로 말하기 *.0/20점	언어재활사의 인사에 '네'라고 답할 수 있었고, 다시 인사하자 '안녕하세요' 산출함. 전반적으로 발화를 시작하기 전에 머뭇거림이 심하고, 낱말 찾기 어려움으로 정확한 낱말 표현을 찾지 못해 답답해하는 경향 나타남		
알아듣기 **.0/200점	예/아니요 질문항목에서는 **/60점으로 본인 신상정보를 묻는 질문에서는 정반응이 나타났으나, 일반적인 사실과 판단이 요구되는 문항에서 부분적으로 오반응이 나타남 청각적 낱말인지 검사에서는 **/60점으로 형태, 색깔, 자음+모음, 숫자, 가구, 손가락 및 신체 부위, 좌우 구별에 부분적으로 정반응이 나타남 명령 이행에서는 **/80점으로 '눈을 감으세요', '의자를 가리키세요' 등의 1step 지시 따르기는 가능한 수준이고, 도치 구문과 3어절 이상의 지시에서는 모두 오반응		
따라말하기 **.0/100점	따라말하기는 2어절 이상 구문에서부터 오반응. 어절 생략 착어 산출, 머뭇거림이 나타남		
이름대기 **.0/100점	물건이름대기는 **/60점으로 음소적/의미적 힌트 후에도 부분 정반응 착어 산출, 보속현상 통제단어연상: 0/20점으로 현저히 저하 문장완성에서 */10점, 음소착어 산출 문장 응답에서는 */10점, 머뭇거림이 심하고 낱말 산출의 어려움이 많음		

평가요약 및 권고사항	87세의 남환은 Paradise K-WAB 평가결과 실어증지수(AQ) **.*으로 평가되었으며 aphasia severity는 severe이고 type은 broca's aphasia로 분류됩니다. 　스스로 말하기는 낱말 찾기의 어려움으로 머뭇거림이 심하게 나타나고, 발화 시작이 어려운 상태입니다. 그로 인해, 유창성에 많은 영향을 주고 있습니다. 언어이해력은 친숙한 이름, 사는 곳, 가족 등 친숙한 질문 이해는 가능했으나 문장 내 세부적인 조사 이해에서 어려움이 나타나고, 형태, 색깔, 글자 분별과 숫자 분별, 신체 부위 및 좌우 구분에 부분적으로 어려움이 나타납니다. 문법 구조 사용이 두드러지는 명령 이행은 1step 지시사항(예: 눈을 감으세요, 의자를 가리키세요 등)은 이해가 가능하지만, 도치 구문과 2step 이상의 명령 이해에서는 오류가 나타났습니다. 따라 말하기는 현저히 저하된 상태로 단단어 따라 말하기는 가능하나, 그 이상은 어려운 상태입니다. 머뭇거림이 심하게 나타나고, 보속 현상도 나타납니다. 이름대기도 저하된 상태로 음소 단서를 주어도 정반응은 미약하고 대부분의 경우 산출하는 데 어려움이 있습니다. 따라서 본 환자는 일상생활에서의 의사소통에 매우 어려움이 있을 것으로 사료되며 언어재활이 필요하겠습니다.

(본 평가서의 양식은 해당 기관에서 사용하는 양식으로 각자가 소속된 기관의 양식을 이용하면 됩니다.)

　해당 사례는 우측편마비(Rt. hemiplegia) 환자이며 고령, 낮은 교육년수로 인해 실어증 지수 AQ만 측정하였습니다. 검사 결과 Broca 타입의 심도의 실어증을 가진 것으로 평가되었고 이를 바탕으로 장단기목표와 치료 회기를 구성합니다. 이 검사에서 추가 검사하는 경우 1) 브로카 실어증 환자의 경우 말 실행증을 동반하고 있는 경우가 많으므로 말 실행증 평가도 진행하는 것이 좀 더 정확한 환자 상태를 파악하는 데 도움이 됩니다. 2) 보스톤 이름대기검사(Boston Naming Test, 이하 K-BNT)는 치매환자를 대상으로 하는 경우가 많으므로, 이 환자의 경우 실어증 검사 항목 중 이름대기 검사만으로도 충분하다고 봅니다.

　평가 후 환자 상태 보고 및 보호자 교육이 중요하며 언어재활사가 직접 대면 상담 및 전화 상담으로 진행합니다. 언어재활을 시작하게 되면 최소 한 번 이상은 보호자와 함께 치료실에 입실하여 참여하시는 것을 권하는데 환자가 갖고 있는 잠재력이나 언어 수준을 보다 객관적으로 직접 관찰할 수 있고 환자의 반응에 따라서 피드백을 제대로 주고 있는지 확인할 수도 있기 때문입니다.

3) 목표설정

해당 환자는 Broca 타입의 실어증으로 언어 이해력에 비해 표현력 저하가 현저히 나타나 스스로 자신의 의사표현을 하는 것이 어려운 상태입니다. 구어 산출에 비해 구두 언어 이해력은 유지되는 편이지만 기능어가 많이 포함되어 있거나 문법적으로 복잡한 문장에서는 이해력이 비교적 저하되어 있습니다. 또한 따라말하기 장애가 있으며, 사물 이름대기에도 많은 어려움이 있습니다. 따라서 일상생활에서의 고빈도 단어 표현력 향상을 주된 목표로 구성하였고, 발화 산출 시에는 발화의 시작 및 음절의 길이, 구어 모방 능력을 향상시키기 위해 멜로디 억양 치료(Melodic Intonation Therapy, 이하 MIT) 기법을 사용하기로 하였습니다. 그리고 청각적 이해력 향상을 위한 과제도 진행하기로 했습니다.

해당 환자의 경우 검사에서 보이듯 말 실행증도 함께 가지고 있었습니다. 많은 실어증 중에서 Broca 타입의 실어증의 경우 대개 말 실행증을 동반합니다. 경도의 말 실행증의 경우는 자발적인 회복을 보이지만, 치료 회기 내에서 다루어야 하는 경우가 더 많습니다(말 실행증에 대한 활동은 해당 부분에서 다루도록 하겠습니다).

이름대기 과제는 대면 이름대기와 생성 이름대기 두 가지로 대표됨. 단기목표 1과 2는 각각의 과제로 보임

장기목표 1. 이름대기 능력을 향상시킨다.
단기목표
1-1. 일상생활 고빈도 어휘를 80% 이상 자발적으로 말할 수 있다.
1-2. 상위 범주어에 포함되는 어휘를 1분 동안 5개 이상 산출할 수 있다.
1-3. 언어재활사가 제시한 어휘에 대해 문장 완성하기를 80% 할 수 있다.

일반적으로는 명사-동사의 짝(예: 신발을 신다)이나 속담이나 관용구 등을 사용함. 이때에는 환자의 교육력을 확인해야 함

장기목표 2. 구어 유창성을 향상시킨다.
단기목표
2-1. 다음절 어휘를 80% 이상 따라 말할 수 있다.
2-2. 2어 조합 수준의 문장을 따라 말할 수 있다(MIT 기법 이용).
2-3. 2어 조합 수준의 문장을 유창하게 말할 수 있다(MIT 기법 이용).

멜로디 억양 치료(Melodic Intonation Therapy, MIT)란 1903년 Albert, Sparks, Helm에 의해 소개된 실어증 치료 기법임. 잔존 능력이 비교적 남아 있는 우반구를 최대한 이용하여 실어증 환자의 언어회복에 초점을 두도록 고안되었음

장기목표 3. 청각적 이해력을 향상시킨다.
단기목표
3-1. 2-3어 조합으로 이루어진 문장을 듣고 80% 이상 그림에서 찾을 수 있다.
3-2. 예/아니요 질문을 듣고 이해하여 80% 이상 대답할 수 있다.
3-3. 의문사 질문을 듣고 이해하여 80% 이상(4/5) 그림에서 찾을 수 있다.
3-4. 의문사 질문을 듣고 이해하여 60% 이상(3/5) 답할 수 있다.

4) 회기 활동

환자의 가족 및 요양보호사에게 협조를 구해 필요한 어휘 수집하였음. 마비로 인해 손의 사용이 어렵고(우측마비로 인해 오른손 사용이 어려운 상태로 왼손으로 글자 베껴 쓰기 및 사물 가리키기 수행) 주의력이 낮으나 말을 하고자 하는 의욕이 매우 높은 상태로 말소리 산출을 하지 않는 과제에서는 참여도가 낮은 것이 특징임

목표	1-1. 고빈도 어휘의 산출 2-1. 다음절 어휘의 따라 말하기
활동	1. 노래 부르기 평소에 좋아하는 '단장의 미아리 고개' 노래를 과제로 가사 읽기나 멜로디 흥얼거리기 등 시행 → 반주에 맞추어 언어재활사가 허밍으로 시작하고, 환자가 박자에 맞게 손을 두드리도록 하는데 가사는 보여 주지 않음 → 언어재활사와 함께 가사를 보면서 노래를 하는데 이때 환자가 가사 음절 수대로 책상을 두드리도록 함 → 환자 혼자서 가사의 음절 수대로 책상을 두드리면서 노래를 하도록 하고, 착어 또는 고착현상이 나타나면 음소단서를 제시하거나 두드리기 단서를 줌 → 언어재활사와 환자가 한 소절씩 주고받으면서 노래를 하는데 언어재활사가 선창 후 따라 부르도록 함 → 점차적으로 멜로디를 없애고 박자만 두드리면서 언어재활사와 환자가 함께 가사를 읽음 → 언어재활사가 먼저 읽고 환자가 즉각적으로 따라 하도록 함 → 따라 말하기를 성공하였을 때, 언어재활사는 환자에게 "뭐라고 말씀하셨어요?"라고 질문하고, 가사에서의 목표어휘를 그림카드를 제시하여 이름대기를 실시함 2. 대면 이름대기 과제–농작물 발병 전 직업이 농부, 평소 많은 양의 농작물 관리를 해 매우 익숙한 어휘들이라고 보고 환자에게 그림을 보여 준 뒤 구어로 표현하도록 함 음소 및 음절 모방을 통해 단어 시작 및 다음절 산출을 유도함 → 멜로디 자극 제공. 박자를 맞추면서 환자의 참여를 유도함
목표	3-2. 예/아니요 질문에 반응하기
활동	시각적 자료 제시한 상태에서 진행 초기에는 예(○)와 아니요(×) 판을 만들어 진행하다가, 행동, 발화로 옮김 시각적 자료는 기초 인지, 장소와 사물 등에 관한 것부터 시작 질문만 듣고 진행 시 답을 하지 못할 경우 글이나 그림 자료 제시함

> 시작이 어려워 노래 부르기 활동을 포함시킬 수 있음. 비유창실어증의 경우 반복 능력의 향상도 꾀할 수 있음. 자동구 훈련 및 노래 부르기 활동은 발화를 산출하고자 하나 뜻대로 되지 않는 환자들에게 첫 발화의 기쁨을 느끼게 함으로써 치료에 좀 더 적극적으로 참여할 수 있는 계기가 되기도 함

치료 시 요양보호사가 치료에 참여하고자 하였으나 환자가 거부하여 치료가 끝난 뒤 활용할 수 있도록 안내하였고, 요양보호사는 환자가 필요로 하는 말(운동치료나 침치료 등을 할 때 의료진들에게 하는 요구사항)이나 숙제 수행 등에 대해 언어재활사에게 알려 주었습니다.

성인언어재활 대상자들의 경우 보호자나 요양보호사가 치료실에 같이 들어와 언어재활을 함께하는 것을 원하는 경우도 있는 반면, 거부하는 경우도 상당히 있습니다. 이유는 환자 본인이 언어장애가 있다는 것을 자각할 경우 무슨 말인지는 알겠는데 얘기가 잘 나오지 않아 시간이 지날수록 좌절감을 느끼게 되는 경우가 많기 때문입니다. 또한 보호자는 답답함에 답을 재촉하게 되고 환자는 뜻대로 나오지 않는 말에 당혹감을 느끼게 되면 말을 하기 싫어하게 되어 나중에는 말문을 닫아 버리는 현상까지 나타날 수 있습니다. 따라서 보호자 교육과 함께 환자 분들이 갖고 있는 잠재능력을 최대한 끌어올려 자신감을 향상시키고 성취감을 느낄 수 있도록 도와주어야 합니다.

2. 마비말장애

중추신경계와 말초신경계의 손상에 의한
근육조절 실패로 인해
말 산출 전반에 영향을 주는 말운동장애군

Duffy(2005)에 따르면 마비말장애(Dysarthria)란 말 산출에 관여하는 호흡, 발성, 공명, 조음과 운율을 조절하는 과정에서 힘, 속도, 항상성, 범위, 긴장 및 정확성에 비정상적 문제가 수반된 신경학적 말장애를 의미합니다. 중추신경계와 말초신경계의 손상이 원인으로, 약화나 경직, 비협응, 불수의적 움직임, 근 긴장도의 증가, 감소 혹은 변동이 높은 빈도로 관찰됩니다. 즉, 중추적으로는 말 산출을 계획하거나, 체계화, 그리고 집행의 손상과 관련되며 말초적으로는 말 산출 명령을 전달하고 수행하는 일련의 과정상 문제로 인해 발생하는 결과로서의 말장애입니다.

마비말장애의 유형과 말 특징에 대해 간단히 알아보겠습니다.

〈표 7-1〉 마비말장애의 유형과 말 특징

경직형	조음/공명: 부정확한 자음, 모음 왜곡, 과다비성
	운율: 느린 말속도, 단음도, 단강도
	발성: 거친 음성, 쥐어짜는 음성
	그 외: 삼킴장애, 침 흘림, Pseudobulbar affect(가성구감정, 병리적 웃음 및 울음)
이완형	조음/공명: 부정확한 자음, 약한 압력 자음, 과대비성, 비강누출
	운율: 단음도, 단강도
	발성: 발성 부전, 기식화된 음성, 가청흡기
	그 외: 느린 속도, 운동 범위 감소, 약증/근긴장의 저하
UUMN형	조음: 부정확하고 불규칙적인 조음
	운율: 느린 말속도, 느리고 부정확하고 불규칙적인 AMRs
	발성: 거친 음성, 목쉰 음성, 강도 저하
	그 외: 편측 하안부, 혀의 약증
실조형	발성/호흡: 강도의 과도한 변이
	조음/운율: 불규칙적인 조음문제와 AMRs, 과균등 강세, 모음 왜곡, 음소 연장
	그 외: 술 취한 듯한 말 행동, 조절이상 및 협응의 어려움
운동저하형	발성/호흡: 발성부전
	조음: 음소 반복, 동어 반복
	운율: 강세 저하, 단음도, 단강도, 부적절한 쉼, 속도의 변화(대부분 빠른 말속도)
	그 외: 무표정한 얼굴, 진전(떨림), 운동범위의 감소
운동과잉형	발성/호흡: 과도한 음성 강도의 변이성, 쥐어짜는 듯한 거친 음성
	공명: 과다비성
	조음: 부정확한 조음, 불규칙적인 조음 문제
	운율: 부적절한 쉼, 과도하고 동등한 강세
	그 외: 빠르고 불수의적인 움직임
혼합형	두 가지 이상의 마비말장애 유형이 결합되어 나타남

유형에 따른 말 특징은 다양하지만 공통된 특징은 모두 말명료도의 저하입니다. 따라서 마비말장애 치료의 주요 목적은 말명료도 증진입니다.

● 초기면담 시 확인할 사항 ●

▶ 자신의 말 문제에 대한 자각: 말운동장애의 경우 인지 및 언어능력에 문제가 없이 말 문제만 가진 경우가 많음. 이럴 때 자기 감시 유무, 수정 유무와 정도 등을 알아보는 것이 필요함

▶ 예후에 대한 기대: 실어증도 마찬가지지만 발병 연령에 따라 직업에 복귀해야 하는 경우가 있고, 그렇지 않더라도 동기부여의 측면에서, 그리고 치료의 지속 가능 여부에 중요한 부분으로 작용하므로 확인하는 것이 필요함

마비말장애 사례는 1) 실어증을 동반한 마비말장애, 2) 실어증을 동반하지 않은 마비말장애, 3) 과소운동형 마비말장애를 통해 살펴보도록 하겠습니다.

사례 1	실어증을 동반한 마비말장애

일반적으로는 발증 후 의료기관으로 이송, 의학적 처치 후 말·언어검사를 의뢰하게 됩니다. 이런 경우는 이제까지 진행했던 보호자와의 초기면담과는 다른 형태로 초기면담이 이루어집니다. 면담을 통해 어떤 검사를 진행하는가 결정하기보다 의학적 진단명을 통해 말·언어평가를 의뢰받고 진행하며 상담도 보고서를 통해 이루어집니다.

1) 배경정보

이름(성별): 박**(여)
생년월일(연령): 19**. **. **.(54세)
진단명: Anomic Aphasia with dysarthria
내원경위: 20**. **. **. 오전 휴식시간 중 갑자기 쓰러져 본 원으로 이송 후 언어검사 의뢰
학력: 고졸
우세손: 오른손

2) 평가

말 · 언어평가보고서
Speech & Language Assessment Report

등록번호	****	의뢰진료과	**	검사자	***
환자(성별)	박**(F)	환자구분		검사 일자	20**. **. **.
생년월일(연령)		19**. **. **.(54)			

진단명: 말언어장애 진단명: Anomic Aphasia with dysarthria

발증일: 20**. **. **.

발증 후 경과일수: 20**. **. ** 이후 해당 검사일까지 3개월 경과

1. 병원 내원사유

박** 님은 54세 여성으로 전화 상담원으로 재직 중 발병하여 내원

우세손은 오른손, 학력은 고졸, 거주지 경기도 **시, 고향은 서울이며, 발병 전 언어능력 정상, 병력 없음. 발증 시기는 20**. **. **일로 오전 휴식시간 중 갑자기 쓰러져 본 원으로 이송됨. 초기 증상은 …(중략)…이며, 현재 증세는 …(중략)…하심. 복용 중 약물은 당뇨(약명)와 혈압(약명) 약물이며, 당일 휠체어 타고 입실하셨으나 평소에는 느리지만 독립 보행 가능한 상태

2. 언어치료실 내원사유

신경과 *** 입원 중으로 ***에 의해 언어검사 의뢰됨

3. 실시한 검사

파라다이스 한국판 웨스턴 실어증 검사(K-WAB-R; 김향희, 나덕렬, 2012)

한국판 보스턴 이름대기 검사(K-BNT; 김향희, 나덕렬, 2007)

조음기관 구조 · 기능 선별검사(SMST; 신문자, 김재옥, 이수복, 이소연, 2010)

그림자음검사(김영태, 신문자, 1995)

4. 검사 결과

1) 수용 및 표현언어 평가

−K-WAB 결과 박** 님의 AQ는 **.0(**%ile)에 해당하여 moderate Aphasia로 보임

스스로 말하기	1*.*/20점 내용 전달에서 *개 항목에서 구어로 표현 가능 유창성에서 문장의 길이는 적절하나 단조로운 운율, 어절 단위의 반복은 관찰됨 명료도 현저히 저하. 알아들을 수 없게 웅얼거리는 듯한 발화 보임
알아듣기	***.0/200점 예/아니요 검사 결과 **/60점 청각적 낱말 인지는 **/60점 명령이행은 **/80점으로 2/3 지점부터 주의 저하, 도치문에서 오반응 보임
따라말하기	6*.*/100점 2~3어절의 짧은 문장 수준까지 따라말하기 가능하나, 그 이상의 문장부터는 음소 착어 및 생략이 많이 나타남. 말더듬, 반복, 분절, 말 실행증 등의 기타 특징들은 보이지 않음
이름대기	**.0/100점 물건이름대기 **/60점 의미나 음소 단서 제공 통제단어연상 **/20점 어휘 산출 매우 지체 문장완성 */10점 문장응답 */10점 (예: '멈추라'는 교통신호등은 무슨 색깔입니까? 질문에 파란색이라고 답함)

-K-BNT 결과 박** 님은 정반응 **점으로 교육 연수와 비교하여 1%ile 미만으로 나타남. 시각적 인지장애가 의심된 항목은 없었으며 간혹 방언을 사용하였으나 수정 가능하였음
-의미단서 제공이 필요하였으며 그 후 정반응은 *개, 음절 단서 후 정반응은 1음절 후 정반응 *개, 2음절 후 정반응 *개였음. **개 항목은 의미와 음절 단서 모두 제공받았으나 오반응 및 반응 없음 나타남

2) 말 능력 평가
-SMST 일부를 사용하여 평가한 결과, 조음기관의 구조와 기능에서는 다음과 같은 반응을 보임
-읽기 과제 진행 시 짧은 호흡을 제외한 특이성은 없었으나, 긴장된 음성과 공명 문제 두드러지며 전반적인 말속도 느렸음

비구어 검사	구어 검사
• 볼 부풀리기(+) • 입술 　–다물기(+) 　–둥글게 하기(+) 　–입술 양끝으로 당기기(+) • 혀 　–내밀기(+) 　–올리기(–): 모방은 가능, 유지가 힘듦 　–혀 편향(tongue deviation)(–) 　–혀 좌우 움직임(+) • 안면 마비(–)	• 연장 발성 /아/: 8분 52초 • 조음교대운동 　–교대운동속도(AMRs) /퍼/ 11회, /터/ 4회, 　 /커/ 5회 심각 수준 　–일련운동속도(SMR) /퍼터커/ 4회 심각 　 수준 • 자동구어(숫자): 유창함. 동어 반복 없음 • 조음 및 음성: 부정확한 자음, 구절 길이가 　짧음, 모음 왜곡, 동어 반복

3) 조음 평가

그림자음검사 결과 자음정확도 **.4% 나타남

왜곡이 있지만 정밀 전사로 표기하기에 어려움이 있어 이용하지 않았고, 대치와 생략만을 오류로 계산함. 조음의 오류양상은 전설음화가 두드러졌고, 경구개음을 치조음화하는 경향이 나타났으며 종성생략 다수 보임

문장 수준과 대화 수준에서는 30% 이상의 명료도를 보임

5. 평가 요약 및 권고사항

박** 님은 20**년 **월 **일 발생한 Lt.& Rt. MCA infarction으로 인해 말언어장애가 의심되어 20**년 **월 **일 말언어평가 진행하였습니다.

K-WAB 결과, AQ **.0(**%ile)으로 중증도는 중등도로 평가되며, 유형은 분류 불가능에 속하나, 명칭 실어증 성향 관찰되고 있습니다. 이해력은 양호한 편이나, 낱말 찾기의 어려움으로 머뭇거림이 나타나고, 단어 반복 등 유창성을 저해할 수 있는 말 산출의 현상들이 많이 나타납니다. 또한 본 환자는 발화 시에 입 벌림이 제한적이고, 강직이 나타나며, 부정확한 자음, 구절 길이가 짧음, 모음 왜곡, 동어 반복 등을 보여 마비말장애(경직형)가 있는 것으로 판단됩니다. 이로 인해 내용 전달과 유창성에 많은 영향을 받고 있는 상태입니다.

따라서 본 환자는 마비말장애로 인한 말명료도 저하로 일상생활의 의사소통에 많은 어려움이 발생할 것으로 보여 말명료도 증진 및 이름대기 능력 향상을 위한 언어재활을 권고합니다.

3) 목표설정

해당 환자의 경우 실어증을 동반하였으나 마비말장애로 인한 말 문제가 더 크므로 이를 중심으로 치료를 진행하기로 했습니다. 다음 목표는 그중 일부를 작성한 것입니다.

장기목표 1. 조음기관의 기능 및 협응 능력을 향상시킨다.
단기목표
1-1. 호흡의 효율성을 증가시킨다.
1-2. 혀의 운동 범위와 정확도를 향상시킨다.
1-3. 조음교대운동(AMRs와 SMR)의 정확도와 속도를 향상시킨다.

장기목표 2. 조음 정확도 및 명료도를 증가시킨다.
단기목표
2-1. 단모음 및 이중모음의 정확도 및 명료도를 향상시킨다.
2-2. 경구개 파찰음의 명료도를 향상시킨다.
2-3. 음절 구조의 이해를 높여 종성의 생략을 감소시킨다.

장기목표 3. 고빈도 어휘의 자발적인 산출 능력을 향상시킨다.
단기목표
3-1. 일상생활과 관련된 어휘의 산출 능력을 향상시킨다.
3-2. 직장생활에서 많이 사용되는 어휘의 산출 능력을 향상시킨다.

---

4) 회기 활동

호흡이나 발성, 조음의 명료도, 특히 공명 등에서 가장 좋은 자료는 생체피드백을 주는 것임-기기 사용. 언어재활사가 주는 피드백은 주관적이고 시각적 자료를 동반하지 않아 환자가 알아차리기가 힘듦. 그러나 특정 기관을 제외하고는 사용이 불가능하므로 최대한 객관적, 증거 기반의 피드백을 주는 게 좋음

조음 훈련에는 반드시 조음기관의 운동성 향상 훈련이 필요함. bite block 같은 도구를 사용하기도 함
조음 훈련은 모방과 반복이 주된 형태임. 모니터링이 어려운 경우가 많으므로 청각적 변별 훈련도 동반함
대상에 따라 녹음이나 녹화한 자료를 제공하기도 함

목표	1-1. SMR, AMRs 정확도 및 속도 향상, 1-2. 혀의 운동 능력 향상 2-1. 모음정확도 향상
활동	1. 호흡 훈련 복식호흡 학습 및 호기 조절 연습: 하품-한숨 등 이완 발성을 산출 연습 1음절에서 2음절로, 음절 수 늘리면서 산출 연습 호흡군이 표시되어 있는 문단 읽기, 대화 스크립트 연습하기 → 호흡군에 대한 단서 없이 읽기, 대화하기 등으로 진전 2. 조음 훈련 혀 운동: 좌우, 상하, 전후. 밀기(힘). 설압자 이용하여 자극 위치 제시 낱말 수준에서 모음으로 시작하는 2~3음절 단어 연습 메트로놈 및 시각적 촉진 사용하여 SMR, AMRs, 단어 연습

목표	3-2. 직장생활에서 사용하는 어휘의 산출 능력 증진
활동	어휘 목록: 환자의 직장은 녹즙 관련 회사. 어휘 목록은 제품명, 전화 응대, 발주 등에 관한 것으로 정함 유사한 상황의 그림, 사물의 그림이나 사진, 역할을 정해 주고받기 등을 반복

호흡 및 발성, 조음 훈련은 항목, 횟수, 목표 음절 등을 적은 과제를 주어 그날의 훈련을 1회 이상 반복하게 하였습니다. 다만, 스스로 자신의 소리를 평가하는 것이 어려워 초기에는 언어재활사의 말을 녹음하여 전달하였고, 환자에게는 과제를 녹음해서 가져오도록 하였습니다. 과제는 필수적으로 제공하는 것은 아니나, 치료에 참여 의지가 없거나 치료 시 자기 할 말만 하다가 가는 경우도 많기 때문에 경우에 따라 수행 가능한 정도의 과제를 주어 성취감이나 향상을 도모하는 것이 좋습니다.

사례 2   실어증이나 실행증을 동반하지 않은 마비말장애

● 초기면담 시 확인할 사항 ●

내원 시 의학적 진단명이 포함된 보고서 등을 지참하라고 안내해 드리지만, 그렇지 않은 경우에는 환자의 말 평가를 통해 마비말장애 유형을 판단하고 치료 계획을 세워야 합니다. 따라서 이론적 배경은 숙지해 두시면 초기면담 때부터 좀 더 용이하게 진행할 수 있습니다.

초기 내원 시 말명료도가 매우 낮은 경우에는 검사자와 대상자 간의 구어 의사소통이 어려울 수 있습니다. 이때에는 대상자의 동의를 구하고 보호자와 함께 면담을 진행하면서 협조를 구해야 합니다. 호칭, 그리고 너무 평가적이거나 너무 아이들을 대하는 듯한 태도는 보이지 않아야겠습니다. 호칭(예: ○○할아버님, ○○할머님이라는 호칭을 사용)이나 환경의 구성(예: 거동이 불편한 대상자에게 바퀴 의자를 제공)으로 대상자를 존중하는 모습을 보이는 것이 좋습니다.

이번에 볼 사례는 경직형 마비말장애를 가진 60대 성인으로 실행증이나 실어증을 동반하지 않은 경우입니다.

1) 배경정보

이름(성별): 박**(여)
생년월일(연령): 19**. **. **.(65세)
진단명: Lt. MCA infarction
내원 경위: 언어평가 및 언어재활을 위해
학력: 대졸
우세손: 오른손

2) 평가

초기면담에서 K-MMSE 결과와 보고 및 관찰에 따라 인지 문제도 동반하지 않은 것을 확인했습니다. 그래서 조음 및 말운동장애 평가를 계획하여 시행하였습니다.

앞에서 언급한 것처럼 초기 평가서가 아닌 마비말장애 성인의 진전평가 보고서입니다. 형식은 기관에 따라 다르나 일반적으로 포함하는 항목은 다음과 같습니다.

말 · 언어 진전 평가 보고서

환자(성별)	박**(F)	생년월일(연령)	19**. **. **.(65)	검사 일자	20**. **. **.
진단명	Lt. MCA infarction				
발증일	20**. **. **.(기상하여 화장실 가는 도중 발증)				
경과일	현재 20**. **. **. 발증일로부터 2개월				
치료 시작일	20**. **. **. 현재까지 주 2회 언어재활, 총 **회기 진행				
내원사유	언어평가 및 언어재활을 위해				
배경정보	우세손 오른손, 학력 대졸, 거주지 경기도 **시, 고향 경상도/사투리 사용하지 않음 직업 고등학교 교사로 퇴직, 발병 전 언어능력 좋음 병력 및 가족력 없음				
실시한 검사	U-TAP, Motor Speech Disorders Evaluation				

검사 태도		음성 약화 및 명료도 저하를 이유로 발화를 힘들어하였으나 거부하지는 않음 어지러움 호소하여 주의 기울이기 어려움		음성 강도 개선 및 명료도 향상으로 발화량 증가 주의능력은 좋으나 자신의 말 문제를 확인하는 것이 싫다고 함	
검사	U-TAP	검사일: 20**. **. **. 낱말 수준 자음정확도 58.13%, 모음정확도 50% 긴장음 및 기식음에서의 이완음화 이중모음의 단모음화, 원순모음에서 약화 종성 탈락 및 공명 문제 음성 피로, 전반적인 명료도 매우 낮음		검사일: 20**. **. **. 낱말 수준 자음정확도 76.74%, 모음정확도: 80% 비공식적인 검사 포함 구개음 및 긴장음에서 정조음 증가 원순모음에서의 정조음 향상−근육조절 증가 문장 단위에서 붕괴 지속	
	말운동장애 평가	입술	구조	휴식시 대칭	보통	보통
			기능	/오, 우, 이/	약함	보통
		혀	구조	길이	짧음	증가
				내밀기	보통	보통
				두께	두꺼움	보통, 약간 두꺼움
			기능	내밀기	약함	약함
				올림	짧음	향상, 닿음
				입술 핥기	보통	보통
				구개 훑기	약함	−
				강도	약함	약화 감소, 보통
				움직임	속도 느림 우측 약함	속도 향상 범위 증가
				혀 차기	나쁨	나쁨
		교대운동 속도 (AMRs)		/퍼, 터, 커/ : 느림, 불규칙, 과다비성, 부정확함		규칙적 과다비성
		일련운동 속도 (SMR)		불규칙, 느림, 부정확함		규칙적 부정확함

		연장발성	평균 10초 미만. 짧음	평균 13초 이상
	음성 및 말 패턴		호흡: 보통/약함	보통
			발성: 강도 감소, 거친 음성, 갑작스러운 말 멈춤	목쉰소리
			공명: 비정상적(과다비성)	과다비성
			운율: 감소 및 일정함	자연스러움
치료 목표	구강조음기관의 운동성 향상(우측 운동 범위 확장 중심으로) 조음 명료도 증가(파열음, 모음/말속도와 강도 조절)			
평가 및 치료 요약	이 환자는 65세 남성으로 뇌경색 이후 생긴 말명료도 저하를 이유로 본 기관을 방문하여 평가한 결과, ** 유형의 마비말장애로 볼 수 있겠습니다. 낱말 단위 자음정확도 5*% 수준에서 7*% 수준, 모음 80% 수준으로 진전 보였습니다. 문장 단위의 산출에서는 청지각적 평가 시 40% 수준에서 60% 이상 수준의 명료도를 보여 초기에 비해 진전 보이나 아직은 실제 의사소통에서는 큰 어려움이 예상됩니다. 구강조음기관의 구조/기능 평가에서는 오른쪽 입술, 혀, 구개에서 손상으로 인한 약화된 움직임이 일관적으로 나타났으며, 입술, 혀, 구개 및 삼킴 관련 기제에 대해서도 마비로 인한 불편함을 지속적으로 호소하였습니다. 　뇌경색 발병 이후 지속적인 재활 및 언어중재 시행하였으나 구강조음기관의 우측 마비와 약화, 그리고 낮은 음질의 음성, 그리고 말명료도 저하와 유지 등에서 어려움이 잔존한 바, 지속적인 치료와 중재가 필요할 것으로 생각됩니다.			
작성일	20**년 *월 *일		작성자	

3) 목표설정 및 활동

　마비말장애 치료의 목표는 호흡부터 조음까지 모두를 아울러 말명료도를 향상시키는 것과 조음기관의 운동 능력을 향상시키는 것입니다. 마비말장애만 가진 환자의 경우에는 해당 유형을 파악하여 간단한 목표를 설정하고, 반복적이고 집중적인 훈련이 이루어집니다.

경직형 환자	목표	근 긴장을 이완할 수 있는 치료
	활동	−음성치료에서의 이완 기법이나 조음기관의 운동 및 마사지 등을 통해 긴장을 완화시킴 −시작: 호흡훈련 −조음과 조음기관의 운동성을 중심으로 하는 집중적인 훈련
이완형 환자	목표	근긴장을 유발하는 치료 : 초점을 둘 부분은 성대 내전과 발성
	활동	−호흡을 조절하고 힘을 받쳐 줄 수 있게 함 −밀기접근법(Boone & McFalane, 1988) 사용 : 팔받침대나 벽을 밀거나 당기는 행동을 통해 진행 −자세 교정 : 주로 착석의 자세 　휠체어를 타는 경우는 휠체어나 의자의 팔 받침대를 잡고 지지하여 　스스로 자세를 고정시킬 수 있도록 함 　목이나 머리의 자세도 마찬가지이며 특히 턱이 올라갔는지 확인하 　여 턱의 위치도 잡아 줌
실조형	목표	조음과 운율의 문제 개선
	활동	−운율 : 단어와 단어 사이에 적당한 쉼을 주면서 끝을 내려서 과도한 음도 의 변화를 일으키지 않도록 함 : 말속도나 조음기관의 운동 범위를 크게 하여 약간 과장된 발음을 하도록 연습 −말속도 : 앞의 예시에 나온 말속도 조절법과 같은 방법을 사용할 수 있음

> 호흡과 발성, 조음을 통합하는 데 어려움을 가진 환자들에게 적합함

사례 3　과소운동형 마비말장애

　두 번째로는 파킨슨병으로 대표되는 과소운동형 마비말장애로 이번에는 치료 활동에 대해서만 다루도록 하겠습니다. 다만, 다른 유형과 다른 점이라면 수술이나 약물 사용과 시간에 따라 말 양상에 큰 차이를 보인다는 점, 그리고 퇴행성 질환이라는 점입니다.

　과소운동형 마비말장애는 말의 속도와 강도 조절이 치료의 가장 우선된 목표입니다. 면담과 치료에서는 반드시 약물 사용과 시간, 운동 특성 및 인지−정서적 특징에 대해 확인해야 합니다.

목표 1. 음성 강도의 증진시키기

활동 예) LSVT 프로그램 활용: 시각적인 촉진이 필요함

1. 모음의 연장 발성
2. 편안한 음도에서 시작해서 높은 음도, 낮은 음도
3. 편안한 음도에서 높은 음도로 연결, 낮은 음도로 연결
4. 기능적인 단어, 구 큰 소리로 말하기
5. 큰 소리로 읽기
6. 큰 소리로 대화하기

> 말속도는 말의 명료도와 관계가 높음. 즉, 빠른 말속도로 조음 붕괴를 보이는 대상자의 경우 말속도를 느리게 하면 말명료도가 향상됨. 다만, 말명료도 향상을 위해 속도를 조절하는 활동을 하는 것은 도움이 안 될 수도 있음. 오히려 운율이나 강세 측면에서 자연스러움의 감소를 가져옴

목표 2. 말속도의 조절하기

활동 예) 속도 조절을 위한 시각판 사용하기

－음절마다 pointing하면서 발화하기
－단어 수준에서 첫음절마다 pointing하면서 말하기
－환자가 짚으면서 말하도록 유도함

활동 예) 메트로놈 손 박자 활용하기

－메트로놈 소리마다 손으로 박자 맞추기
－박자에 맞춰 말하기: 음절, 단어 수준에서 연습

목표 3. 자연스러운 말 산출을 위한 운율을 향상시키기, 호흡 증진시키기

활동 예) 호흡 훈련

－ 호흡의 길이를 늘린다－바람의 양과 세기, 효율성 증진
－ 코로 들이마시고, 입으로 내쉬기 반복함
－ 내쉬면서 /후/, /하/ 등 무성음 산출부터 음절 산출로 확장
－ 한 숨에 가능한 음절의 수 늘리는 연습함
－ 의미적으로 적절한 경계 만들기: 쉼, 그 후 다시 발화 시작을 연습함

> 공명이나 과다비성의 감소가 목표가 될 때 주의할 점. 마비말장애의 말 문제는 신경과 근육의 손상으로 인해 말 치료만으로 효과를 보는 데 한계가 있음. 특히 연인두폐쇄부전을 가진 경우는 수술이나 보조기의 도움이 필요함(구개열의 경우처럼)

목표 4. 과다비성을 감소시키기

활동 예) 조음기관 크게 움직이기, 큰 소리 내기, 또박또박(음절 경계 두어) 말하기

－구강 산출의 양을 증가시켜 상대적으로 비강으로 빠지는 바람의 양을 줄이기 위한 활동들로 구성

목표 5. 조음 문제의 개선: 말명료도 향상 혹은 말 정확도 증진

활동 예) 구강조음기제의 운동 능력 향상
－oral sensory-motor 훈련
－설압자로 위치 지시, 저항(근긴장) 훈련

활동 예) 전통적인 조음 훈련
－조음점 지시법 등을 사용하여, 매우 반복적으로 진행

> 말명료도는 중도의 조음·음운장애의 경우 실제 구어 의사소통에서 능력을 평가하는 데 적용할 수 있는 가장 실용적인 단일 지표로 사용할 수 있고(Subtelny, 1977), 중증도 평가를 위한 하나의 기준으로서도 의의가 있음(Metz, Schiavetti, & Sitler, 1980).

치료 활동에서는 언어재활사의 시범이 필요한 경우가 많은데 언어재활사가 어색해하면 당연히 원하는 결과가 나오지 않습니다. 음성 강도나 속도 조절의 경우 "자, 보세요. ～게 해 보세요"처럼 짧게 흉내만 내지 말고 되도록 시각적인 자극을 동반하여 목표 강도와 속도를 반드시 지킨 상태로 모델링하는 것이 좋습니다.

그리고 발병 초기에는 어지러움을 호소하는 경우도 많고 발병 전보다 주의력이 낮기 때문에 회기 내에서 반드시 해야 할 목표 활동을 먼저 진행하거나 과제의 난이도를 조절해서 너무 많은 에너지를 소모하지 않도록 합니다.

3. 뇌성마비 아동

다음은 뇌성마비(Cerebral Palsy)에 대해 보겠습니다. Bax(1964)에 의하면 뇌성마비는 중추신경계의 손상으로 인한 미성숙한 뇌의 결함이나 병변으로 인한 운동과 자세의 장애라고 합니다. 뇌성마비는 하나의 질병이 아니라 여러 가지 신경학적 증후군을 모아 지칭하는 말로 뇌성마비가 가지는 뇌손상은 신체나 행동, 인지, 의사소통 및 정서 등 여러 관련 장애와 관계가 있고 생애 전반에 걸쳐 다양한 영역의 재활 치료가 필요합니다.

뇌성마비는 부위, 즉 사지 장애의 정도나 분포에 따라 단마비, 편마비, 양지마비, 사지마비, 삼지마비, 하지마비로 나눌 수 있습니다. 그리고 생리학적 유형에 따라 경직형, 불수의 운동형, 저긴장형, 실조형, 혼합형으로 분류합니다. 각각의 정의나 해부생리학적 병변, 유형에 따른 말 특징 등에 대해서는 이 장에서 언급하지 않겠지만 임상에서 대상자를 만났을 때 어떤 유형인지, 어떤 특성을 보이는지 혹은 예상되는지 등에 대해 전혀 감을 잡지 못한다면 안 되기 때문에 대략적인 특성은 기억해 두시는 것이 좋겠습니다.

뇌성마비 아동은 물리치료, 작업치료, 언어재활 등의 집중적인 재활치료를 위해 낮병동을 이용하기도 하지만 운동능력이 어느 정도 발달한 경우에는 교육기관과 함께 사설 치료기관이나 복지관 등을 이용하거나 병행하기도 합니다.

1) 배경정보

이름(성별): 우○○(남)
생년월일(연령): 20**. **. **.(만 5세 7개월)
진단명: 뇌병변장애
출생 및 정보: 조산, 소뇌에서 뇌출혈이 발생, 신생아 집중치료 및 뇌 전반에 손상이 의심
운동 상태: 보조기 착용—뒤뚱거리며 걷기, 엄지와 검지를 사용한 집기 가능한 상태
언어 상태: 침 조절이 안 되고 자동화된 구나 낱말의 산출만 가능

보통 진단명, 발병시기와 치료 지원, 병력과 특이사항, 재활 치료 지원 등 일반적인 마비말장애 환자의 면담과 유사한 정보들이 오고 갑니다. 면담 시 초기부터 병원과 치료에 익숙해져서 전문적인 용어를 사용하는 보호자들도 있습니다. 이때 모르는 진단명이나 병소, 증상, 치료법 등이 나온다면 메모한 후 면담이 끝나고 알아 두도록 합니다.

뇌성마비 아동들은 병원에서 매일 오전, 오후로 재활 치료를 진행하기도 합니다. 따라서 언어재활 시 아동의 컨디션도 신경 써야 할 부분이므로 병원에서 어떤 치료가 얼마나 이루어지는지에 대한 확인이 필요합니다.

2) 평가

기존 기관에서 평가서나 소견서가 있으면 참고하여 진행하며 평가 시기가 겹치거나 너무 가까운 경우 시험적 시도(trial test)를 진행할 수도 있습니다. 뇌성마비 아동의 경우 너무 기능이 낮고 운동장애로 인해 놀이 평가가 이루어지지 못한다면 현

재 수행 가능한 말–언어발달 정도만을 작성하기도 합니다.

　해당 아동은 바우처 신청을 위해 3개월 전 언어평가를 진행했으나 보고서는 제출하여 없고, 대신 소견서를 준비해 왔습니다.

언어재활치료 소견서

아동명(성별)	우○○(남)	담당 언어재활사	언어재활사 ***
생년월일(연령)	20**년 **월 **일(만 5세 7개월)		
치료 기간	20**년 **월부터 진행		
주호소 문제	뇌병변장애로 인한 언어장애		
치료 목표	1. 호흡량 증진 2. 자세 및 발성 증가 3. 조음 능력 향상 4. 수용언어의 향상		

치료 진행 내용 및 현재 상태

1. 본 원 소재의 **재활클리닉에서 낮병동 3회차 진행. 언어재활 및 말–음악치료 받음
－불기 훈련, 발성 증가(노래, 율동) 활동 진행

2. **재활클리닉에서 주 4회 언어재활치료 진행
－언어 표현: 조음기관 훈련, 발음 치료 중심으로 진행. 구강 마사지와 따라 말하기 활동
－언어 이해: 연령에 맞는 어휘 이해 향상 연습. 그림카드 활동

언어재활사 소견(추후 치료 진행 필요 여부)

상기 아동은 언어장애 및 지적 결함 의심됨. 또래에 비해 낮은 언어 표현과 비일관적인 이해 보임. 글 읽기나 학습적인 측면, 말 표현언어의 증진, 이해 언어의 향상을 위한 언어재활이 지속적으로 필요하겠음

작성일	20**년 **월 **일	작성자	

　현재 아동은 손가락으로 가리키기나 단어 표현이 가능한 상태이므로 어휘력 검사를 시행해 보기로 했습니다. 그리고 치료실 내의 장난감이나 교구들에 얼마나 관심을 보이는지, 놀이 형태는 어떠한지 살피기로 하였습니다.

1. 표현언어

아동의 어휘 표현 발달 정도를 알아보기 위해 REVT 실시한 결과, 아동은 2세 6개월 미만, 또래의 10%ile 미만으로 나타났다. 아동은 그림을 보고 이름 말하기는 가능했으나 언어재활사의 질문을 듣고 말하기는 어려워 동사 표현은 산출되지 않았고[예: '타다' → '마, 마(말)'], 유아적인 어휘 표현(예: 칫솔 → 이까, 과자 → 까까)을 보이고 있었다.

검사 외 상황에서는 주로 '이거', '크~(마시다)', '아파', '무(물)', '으바바(차)', '아기(딸기)', '바야야(바나나)' 등 장난감 가리키면서 이름대기, 치료실 빙글빙글 돌며 '고고' 소리 내기 등의 활동(놀이)을 보였다. 구문 산출이 빈번하다고 보고받았으나 주된 표현은 이름대기, 사물요구였으며, 낮은 빈도로 산출되는 경우 일정한 의미관계의 패턴을 보이지 않았다.

2. 수용언어

아동의 수용어휘 발달 정도를 알아보기 위해 REVT를 실시한 결과, 아동은 수용어휘 발달연령 2세 6개월 미만, 또래의 10%ile 미만으로 나타났다. 주어진 보기 그림에서 선택하기는 가능했으나 과제 집중도가 길지 못하고 무작위 선택 혹은 명명하기 등의 반응도 산출되었다.

검사 외 상황에서 부정어 이해(하지 마세요, 그만하세요, 안 돼 등), 행동을 동반하지 않은 간단한 지시어 이해(○○ 주세요, ○○에 넣어요, 열어/닫아, 먹어요, 잘라요 등), 그리고 의문사 질문의 이해[○○ 어디 있어?-가리키기, 누구야?-함마(이름대기), 뭐해?-코~(자다, 의성어/의태어 등), 예/아니요 질문에 반응] 등이 일부 가능했다.

부모상담도 평가에 포함하여 상호작용의 형태와 함께 아동의 요구 표현, 외부 자극의 수용 및 거부, 놀이에 대한 이해 등에 대해 확인하였습니다.

부모는 아동과의 상호작용에 어려움이 없다고 했지만, 수용 및 거부는 무시 혹은 치기/때리기가 가장 많고 치료 시간에는 '아니', '안 해' 등의 표현을 사용한다고 한다. 첫 낱말이 '아파'일 정도로 자신의 아픔은 정확하게 표현한다고 하고, 배고프다거나 불편한 것에 대해서는 '바 머(밥 먹어)', '이거 아이야(이거 아니야, 다시 해 줘 등의 의미)' 표현을 일관되게 사용한다고 한다.

장난감에 대한 이해는 잘 모르겠지만 노는 것은 좋아하는데, 대부분 엉덩이 들썩거리며 춤추기, 가리키기, 작동시키는 완구, 소리 나는 장난감, 그리고 태블릿 pc 앱으로 터트리기, 줄긋기 등의 활동을 좋아한다고 한다.

침 흘림도 관찰했는데, 아동은 턱받이를 사용하고 있었으며 본인이 침을 닦거나 삼키지 못하여 침이 흘러 신체에 떨어져도 모르거나, 손으로 긁는 정도이며 모든 경우에서 바닥, 신체, 옷 등에 침이 떨어지는 상태였습니다. 침 흘림은 구강 조절 및 운동과 감각, 삼킴, 그리고 언어적 지시 이해 등과 관련이 있습니다. 침 삼킴이 하나의 목표가 될 수는 없지만 구강 조절 능력의 향상을 위해 중재를 할 수는 있습니다.

평가결과에 대한 상담은 아동 언어발달장애와 유사합니다. 다만, 더 낮은 수준의 기능을 가지고 있고, 주로 운동 측면에 맞춰 아동을 평가하기 때문에 평가의 결과에서는 운동 결함에 의한 산출 제한인지, 수용 능력의 저하로 인한 제한인지 확인하고 언급하는 것이 좋겠습니다. 그리고 부모가 언어재활을 통해서 바라는 점이 무엇인지도 확인합니다. 해당 사례의 경우는 언어발달 측면에서 아동의 표현언어를 향상시키기를 원하셨습니다.

3) 목표설정 및 활동

마비말장애의 경우 개인이 가진 신경학적 한계가 있고 그 안에서 최대한 기능적인 의사소통을 하게 하는 것이 치료의 목표입니다. 대상 아동의 목표는 호흡, 발성, 조음기관 등 각 영역의 기능을 강화시켜 구어 의사소통의 바탕을 다지는 것, 그리고 전통적인 조음의 치료기법을 사용하여 말의 명료도를 향상시키는 것이 필요하고 어휘와 구문의 이해-표현의 정도를 발달을 목표로 구성하기로 하였습니다.

목표 1. 조음기관의 운동 능력 향상: 1) 입술과 혀의 움직임 향상 2) 호흡의 양 증가
목표 2. 어휘 이해 및 표현: 1) 먹는 것
목표 3. 구문 이해 및 표현: 1) 목적+행위 문장

활동 예) 생일파티
– 만들기
어휘: 케이크, 딸기, 초코 등 먹는 것 재료, 포크, 컵, 먹어, 끼워, 잘라, 불어
활동: 언어재활사가 말하는 것 고르기: 보기의 수를 조절하여 증가시킴
　　　이름대기
　　　2어 조합 문장 만들기: 모델링 제공. 구조화된 문장

불기 자체가 목적이면서 동시에 입술 운동, 호흡 조절 등도 포함하고 있음. 너무 많은 목표가 한 활동에 들어가게 되면 안 됨. 특히 신경학적 손상을 가진 아동의 경우는 그러함. 다만, 각 목표를 연습하고 나서 협응이나 통합의 단계, 아동의 능력에 따른 활동의 구성 등 개인마다 다르므로 참조

-불기: 입술 모으기(물리적 촉진 제공),

　불지 않고 '후~' 소리만 내는 경우가 많음-바람 세기를 보여 줄 수 있는 활동 추가로 구성하여 불기 연습 시행

-노래 부르기: 생일축하 노래 부르기. 모음/발성의 지속 가능

발성 강도, 발성 연장, 음절 연결이나 발성 지속시간의 향상 등을 위해 사용할 수 있음. 마비말장애 유형에 따라 다르지만 활동이 근긴장을 유발하지 않도록 주의

목표 1. 파열음의 위치와 방법 익히기: 1) 양순 파열음, 치경 파열음
목표 2. 어휘 이해 및 표현 향상: 2) 일상생활 사물

활동의 예) 집 꾸미기

-조음: 조음점 지시법 및 시각적 촉진 제공. 혀끝을 보이도록(순치음화) 하여 위치 알림

목표 자음의 위치도 고려해야 함. 예를 들어, 해당 학생은 어두 위치에서 파열음 산출 **%이상 가능하나 어중 위치에서 **% 미만으로 나타나 어중 위치에서의 파열음 산출이 목표일 수도 있음. 그러나 단어에 맞춰 조음을 구성하면 위치나 앞뒤 음소 배열 등이 치료 목적이나 필요와 다르게 되어 버림

-조음 자료: 무의미, 단어(예: 티비, 소파 등)

-스티커를 붙이면서 장소와 사물의 이름을 말함

-언어재활사가 말하는 것(의미 단서, 음소 단서)을 듣고 찾기 활동도 함

　회기 활동 후 상담 시 가정에서 연습이 필요한 상황이기 때문에 목표 음소와 단어 활동 등을 노트에 붙여 보여 준 후 과제로 제공하였습니다. 조음의 경우 정확도를 원하는 것이 아니므로 어휘의 수용이나 표현 정도에 따라, 혹은 조음의 정도에 따라 목표로 하는 명료도 정도를 알려 주면 좋습니다.

<초기면담 TIP! 뇌병변장애 아동>

　뇌병변장애 아동 초기면담 시 언어재활사는 뇌 수두증이나 영아 연축이 있는지, 수술이나 약물 복용 유무, 약물 복용 중이라면 언제부터 얼마나 하고 있는지, 부작용이나 다른 신체적 문제는 없는지 확인이 필요합니다.

　그리고 출생 직후부터 병원에서 치료와 재활을 병행하는 경우가 대부분이기 때문에 보호자의 경우 의학적 처치나 운동-작업 치료에 대한 지식이나 정보는 많지만 언어발달이나 인지, 정서, 사회성 등에 대해서는 그렇지 않은 경우도 있습니다. 따라서 초기면담 시 이와 관련된 간단한 정보를 제공하는 것이 좋습니다.

4. 말 실행증

근육의 약화나 마비, 불협응 등과는 관계없이
말 산출을 위한 운동의 계획이나 프로그래밍 능력의 손상을 보이는 운동 계획 장애

말 실행증(Apraxia of Speech)은 중추신경계의 손상으로 말 산출시 필요한 근육의 마비, 혹은 약화나 협응에 이상이 없음에도 불구하고 말을 하거나 시작하는 데 어려움을 보이는 증상으로 대부분 실어증을 동반합니다. 말 실행증의 임상적인 특징으로는 '반복적인 자가수정, 착어, 음절의 반복, groping' 등이 있으며 가장 핵심적인 문제는 조음과 운율장애입니다.

1) 배경정보

함께 볼 사례는 앞서 실어증 사례에서 다루었던 환자입니다. 실어증 검사를 하면서 말 실행증이 관찰되었습니다.

> 이름(성별): 이○○(남)
> 생년월일(연령): 19**. **. **.(87세)
> 진단명: Rt. hemiplegia d/t Lt. MCA infarction
> 학력: 초졸
> 손잡이: 오른손잡이
> 내원 경위: 20**년 *월 경기 소재의 **종합병원에서 진단 및 처치 후 재활치료를 위해 **재활병원에 내원, 언어재활을 위해 평가 의뢰

2) 평가

말 실행증은 소리 내어 읽기, 설명하기나 대화와 같은 다양한 활동에서 평가가 가능합니다. 다만, 반드시 포함해야 할 것은 '모방' 과제로 길이나 복잡성을 다르게 하여 말의 계획이나 프로그램 능력을 확인해야 합니다. 그리고 과제 간 수행력 차이를 비교하는 것도 필요합니다.

1. 구강 구조 및 기능: 우측 편마비로 인한 문제
   지시 따르기 안 됨(비구어 구강 실어증 동반 가능성)
2. 길항반복운동
   1) AMRs: 느림
   2) SMR: 느리고 어려움
3. 자동구 산출: 숫자 세기 어려움. 노래 흥얼거림 부분적으로 가능
4. 따라 말하기: 1음절 가능. 그 이상은 어려움
5. 발화 시작 어려움. 모색 행동 많음

이 사례는 심각한 실어증을 동반한 경우로 그로 인해 대부분의 과제에서 제한을 보였습니다. 보통은 저빈도 음절, 음소가 더 많이 들어간 복잡한 음절, 그리고 무의미 음절에서 오류가 증가합니다. 그리고 SMR에서 정확도와 속도가 저하되고 말을 시작하는 것에 어려움을 보이거나 모색행동이 나타납니다.

3) 목표설정

말 실행증의 치료는 어떻게 접근해야 할까요? 언어재활, 즉 행동적 중재의 가장 중요한 점은 '반복 연습'과 '자극의 선택'입니다. 예를 들면, 구강운동 활동과 같은 비구어 과제보다는 구어 과제가, 그리고 자극반응도가 높거나 기능적인 어휘가 목표가 되었을 때 산출이 더 쉽습니다. 물론 자극을 선택할 때 내담자가 가진 다른 신경언어장애를 고려해야 합니다. 만약 심각한 정도의 실어증을 동반했다면, 언어 능력의 향상이 말 실행증에 긍정적인 영향을 줄 수도 있으므로 실행증보다 실어증 치료에 집중해야 합니다.

구체적인 치료의 기법들 중 대표적인 것은 1) 조음-운동적 접근: Rosenbeck 외 (1973)의 '8단계 연속 접근법(eight-step continuum)', 다감각적인 조음점 지시법 등 2) 속도-리듬 접근: 메트로놈 등으로 속도 조절하기, 운율 속도 조절하기나 노래, 멜로디 억양 치료법(MIT) 등이 있습니다. 그리고 환자가 자동적으로 산출하는 단어 중 하나를 키워드로 사용하여 확장시킬 수 있도록 하는 방법도 있습니다.

이 환자의 경우, 심도의 Broca 실어증을 동반한 경우로, 실어증 언어재활에 다음과 같은 말 실행증 중재를 포함시켰습니다.

목표	말 실행증을 감소시킨다.
활동	* 발화 시작에 대한 부분 1. 음절 모방하기 －'저를 보고, 제 소리를 듣고, 저와 함께 말해 보세요': 목표 단어 글－그림으로 제시. 조음점 안내(예) 발－입술 밀어서 알려 주기 －조음점, 입모양, 소리, 의미 복합적으로 제시 후 반복하며 하나씩 소거 －정해진 횟수만큼 단어 반복, 모델링 없이 산출 2. 키워드 확장 －'안녕하세요' 자동적으로 인사 가능: '아' 혹은 '안'으로 시작하는 단어 연습

활동은 간단한 소리의 반복과 수행에 대한 언어재활사의 피드백으로 이루어집니다. 말 실행증 역시 목표 단어를 선택할 때 보호자를 통해 환자에게 필요한 말이나 많이 사용했던 단어 등을 얻어 구성할 수도 있습니다.

다만, 앞에서도 언급한 것처럼 대부분의 말 실행증 환자는 실어증을 동반하는데, 말운동능력이 회복된다고 가정하더라도 실어증이 심하면 의사소통이 잘 이루어지지 않습니다. 그래서 말 실행증이 없다고 생각하고, 환자의 의사소통 능력을 먼저 판단한 다음, 말 실행증이 발화에 영향을 주는 정도가 심하다면, 먼저 그리고 많은 시간을 할애하여 진행하고, 그렇지 않은 경우에는 언어 체계를 구성－재구성하는 실어증 언어재활을 먼저 진행하는 것이 도움이 됩니다.

5. 아동기 말 실행증

대뇌 손상이나 신경학적 결함 없이 말 실행증의 증상과 일반적인 발달적 조음·음운문제를 가지는 집단을 설명하는 용어로 아동기 말 실행증(Childhood Apraxia of Speech)이 있습니다. 발달성 말 실행증(Developmental Apraxia of Speech)이라고도 불리는데, 뇌 손상으로 인해 말운동을 계획하는 것이 어려워진 후천적 장애를 가지는 성인의 말 실행증과 달리, 말 계획이나 프로그래밍 문제 외에 언어적인 문제도 있다고 보고됩니다. 특히 신경학적 손상 외에 유전이나 특별한 기저 질환 없이도 나타나는 등 현재까지도 발병 원인이 명확하지 않다는 것이 특징입니다. 그래서 조음·음운장애로 볼 것인지 신경학적 말 장애로 다루어야 할 것인지에 대한 어려움이 있으나, 증상적인 특징에서 말 실행증과의 유사성을 이유로 이 장에서 다루려고 합니다.

이러한 특징으로 인해 아동기 말 실행증의 진단은 아동들이 보이는 증상적인 특징들에 근거합니다. 〈표 7-2〉는 아동기 말 실행증의 14가지 구어 특징입니다 (ASHA, 2007: 박준범, 하승희, 2014, 재인용). 다음의 구어 특징을 참고하여 조음에 문제를 보이는 다른 말 장애들, 특히 조음·음운장애 아동과 감별진단을 하게 됩니다.

〈표 7-2〉 아동기 말 실행증의 14가지 핵심적인 구어 특징

14가지 핵심 특징
• 비구어 모방 과제 중 두 가지 연속 동작의 모방 능력 저하
• AMR 수행 중 근육움직임의 협응 떨어짐
• 기계적 능력을 실제 상황(막대사탕 핥기)과 가상상황(막대사탕 핥는 흉내)에서 검사해서 가상상황에서의 표현능력 저하
• 음조(pitch)와 휴지(pause)를 적절하게 사용하지 못함
• 모색 행동(groping)
• 비일관적인 조음 오류
• 빈번한 생략 오류
• 잦은 모음 오류
• 따라 말하기 상황에서 낱말과 구 모방 어려움
• 수용언어보다 지체된 표현언어
• 같은 생활 연령과 비교 시, 제한된 모음과 자음 목록
• 발화길이 증가에 따른 조음 오류 횟수 증가
• 발화 시 초분절적인 오류
• 발화 시 단순한 음절 사용

내가 만나는 아동이 아동기 말 실행증인지 아닌지 궁금하다면, 가장 먼저 확인해야 할 것은 근육 운동과 관련된 측면입니다. 근육의 약화나 마비, 협응에 문제가 있는가, 그리고 볼 부풀리기나 혀 내밀기 같은 비구어 구강 운동 과제의 수행력을 봅니다. 그리고 이것은 반드시 놀이 안에서, 즉 자연스럽고 자동화된 상태에서도 보고 지시에 의해 수행하는 상태에서도 확인합니다.

소리를 들었을 때에는 조음 문제만 있는지, 오류 패턴의 일관-비일관성, 그리고 초분절적인 특징과 속도를 봅니다. 발성의 시작부터 연속 동작을 이어 나가는 과정에서의 문제가 더 두드러지기 때문에 조음 오류는 비일관적이며 방법보다는 위치 측면에서, 그리고 쉼이나 휴지를 적절하게 사용하지 못해 생기는 느린 속도나 일정한 강도나 억양 등과 같은 운율 문제가 나타납니다. 자동적 산출과 의도적 산출의 차이도 있는데, 일반적으로 발음이 나쁜 아이들은 의도적 산출, 즉 따라서 말할 때 정확도와 명료도가 높은 반면 아동기 말 실행증은 오히려 더 낮기도 합니다.

1) 배경정보

신경학적 손상이나 기저 질환이 있는 경우보다는 일반적으로 심각한 조음 문제를 주호소로 내원하는 경우가 많습니다. 그래서 주호소만 보거나 부모 면담으로, 그리고 아동의 말을 관찰하는 정도로는 아동의 말 문제를 말 실행증 측면에서 접근하기가 매우 어렵습니다.

이름: 주**
생년월일(연령): 20**. **. **.(6;8)
주호소: 심각한 발음 부정확
평가 및 치료 경험: 3년 동안 발음 문제로 언어재활 받음. 치료실 이전으로 내원
언어발달 및 운동발달, 정서발달: 또래와 비슷한 정도. 약간의 어휘력 부족
기타: 감각문제 없음
　　　운동을 잘 못하고(몸치), 운동하는 것을 좋아하지 않음
　　　운동시키려고 태권도 학원 보냄. 태권도 말고 다른 운동(축구나 피구 등)도 한다고 했는데
　　　싫다고 안 간다고 해서 끊음
　　　어휘력이 조금 부족하다고 들었음
　　　글을 읽기는 하지만 줄줄 읽기 못함. 특히 쓴 글자를 알아보기 힘들기도 함

따라서 이 정보만으로 아이를 본다면 '치료를 오래 받았네, 청력이 나쁜 건 아닌가?' 또는 '발음 문제로 인해 언어발달에 영향을 받았겠구나', '학습이 조금 느린가?' 정도로 생각하게 될 것입니다.

2) 평가

해당 사례의 경우 조음·음운과 관련해서는 아동용 조음 검사와 무의미 음절 검사, 그리고 조음기관구조기능선별검사를 계획하여 진행하였고, 추가적으로 수용 및 표현 어휘력 검사를 시행하기로 하였습니다. 그 결과는 다음과 같습니다.

1. 자음정확도 57.1%
1) 주된 오류 형태: 생략(초성, 종성 및 음절), 단모음과 이중모음 모두 왜곡, 후행 동화 등
   * 자극반응도 나쁨. 예) 바퀴: 바쾨–박, 박…–박쿠이

       눈싸람: 누따암–눋ㅆㅑ다–눈ㅆㅑ담
2) SMR: 평균 6회(5초, 3회). /퍼터커/ 기억하지 못해 반복 안내

   /커/ 생략도 관찰. 느리고 불규칙적인 끊김
3) AMRs: 연속 산출 시, 폐쇄 약화나 생략 보임
4) 혀 올리기(–, +), 혀 좌우(+), 볼 부풀리기(+)
5) 그 외: 문장 단위의 검사는 아동이 도중에 검사 거부함

   불규칙한 말속도나 주저하는 듯한 말 시작, 그리고 음의 연결 등이 어려움–말더듬이 있는지
   확인해 볼 필요가 있겠음
2. 수용 및 표현 어휘력: 5세 0~6개월 수준

검사 결과에서 말더듬을 언급한 부분이 보이시나요? 말 실행증에 대한 생각보다 유창성 측면에서 아동의 말 행동을 분석하였습니다. 말 실행증은 모색행동이나 음의 연장, 자가 수정 등으로 유창성이 감소하게 됩니다. 그래서 행동의 측면에서만 본다면 말더듬을 의심할 수도 있을 것 같습니다. 다만, 과제나 활동의 양상에 따라 말더듬의 유창성 붕괴와는 다른 양상을 보이니 주의해야 합니다. 이렇듯 신경 손상이나 기저 질환의 보고가 없다면 숙련된 언어재활사라도 말 실행증의 가능성을 놓칠 수도 있습니다.

3) 목표설정 및 활동

이 절에서는 조음 정확도 향상을 위한 목표는 제시하지 않고, 그 외적인 부분을

보겠습니다. 아동기 말 실행증에서 다루는 조음·음운치료도 무의미 음절부터 시작하여 복잡성과 길이를 늘려 가며 진행하거나, 자극반응도가 높은 유의미 낱말을 중심으로 확장시켜 나가는 등 언어재활사의 선택에 따라 다양합니다. 그러나 비구어 구강 실행증을 동반했거나, 구강 운동에서의 문제를 보이는 경우는 구강 인식이나 운동 단계부터 진행해야 하겠습니다.

해당 아동은 글을 읽을 수 있고 종성 연습에서 글을 이용하여 음절 구조와 조음 연습을 했기 때문에 활동에서 많은 활동에서 글자를 사용하였습니다.

목표 1. 자기 감시, 시각적–청각적 변별을 향상시킨다.

활동 예) 같다–다르다 찾기
* 최소대립짝 목록 활용하여 진행
– 언어재활사의 정조음–오조음 소리 듣고 아동이 판단하기
– 언어재활사와 아동이 각각 소리를 내고 아동이 판단하기
– 소리와 글자가 같은 단어 목록: 아동 소리와 글자 비교하기
　예) 바지–바지(=), 접시–접씨(≠)

목표 1. 조음 속도를 조절하여 조음 정확도를 향상시킨다.

활동 1. 천천히–빠르게 말하기
* 글자를 이용하여 손으로 짚으면서 말함. 해당 글자를 그림으로 전환하여 다시 시행
–목표 음절, 목표 단어 큰 글씨로 제시
–'초성–모음–종성' 순으로 이어서 말하기
　예) 만나요: ㅁ – 아 – ㄴ – 아 – 요(이오), 마안나요, 만나요
　예) 접씨: ㅈ – 어 – ㅂ , ㅆ – 이, 저업씨, 접씨
–언어재활사와 아동 동시에 → 언어재활사는 입모양과 가리키기만 함. 아동은 산출 → 언어재활사는 가리키기만 함 → 동시 단서나 모델링 없이 아동 혼자 산출 → 같은 단어를 그림으로(순서 동일)
–이어서 말하기에서 조음의 속도는 점차 자연스러운 정도까지 향상
–대면 이름대기 이후에는 단어 연결–확장, 질문에 대답 등으로 길이와 복잡성 증가시킴

> 말의 시작 그리고 음절 구조의 배열을 확인하고, 다음 음소, 음절에 대한 예측이나 위치 이동 등과 같은 산출 계획을 연습하기 위해 속도를 조절하였음

목표 1. 동시 조음 및 운동 연결의 자연스러움을 증가시킨다.
목표 2. 음절의 길이를 늘려 가며 조음 명료도를 향상시킨다.

활동 1. [비구어, 행동] 그대로 멈춰라
* 얼굴 표정(구강 운동–감각 훈련 카드 중 발췌) 돌림판을 돌려서 해당 표정 따라하고 사진 찍어서 비교
* 판 두 개를 만들어서 동시에 돌리고 두 가지 연속된 얼굴 표정과 몸짓 만들기

: 감정 상태 카드 활용

- 빠른 움직임 설계, 두 가지 이상의 동작을 연결하기

활동 2. [구어] 그대로 멈춰라
* 문장 산출 과제에서 한 숨에 4~5음절 문장 말하기
- 바지를 입어: '(들숨) 바지를입어'
* 특정 행동을 하면 멈추기
- 종 치면 말을 멈추기: (들숨) 바지를 ✓ 입어

활동 3. 길게 말하기 * 메트로놈 소리를 들려주어 속도를 조절시키기도 함
- 유의미 단어 1음절부터 3음절 이상까지 음절을 늘려 가며 발음

조음의 복잡성이 증가할 때 조음 오류가 심해지므로 하나의 음절을 점차 늘려 가면서 발음을 연습하는 것이 도움이 됨

예) 차–차례–차례차례, 북–북극–북극성, 창–창문–창문밖
　　 – 구조화된 문장 채우기 활동으로 진행
예) 알록달록 (　　　): 무지개 등, 범인은 바로 (　　　)야: 나, 너, 의사 등
　　 – 특정 단어를 포함하는 이야기 만들기
예) '아기 돼지' 삼 형제 이야기: 목표어는 '아기 돼지', '아기 돼지가 말했어요'
　　 글자/그림 단어 수준에서 연습–그림 설명–피규어로 역할극(대화체 사용)

　　해당 활동은 전통적인 조음치료의 방법과 유사하기도 하고, 그렇지 않기도 합니다. 따라서 이런 활동에 대해 언어재활사는 그 순서를 정하고 보호자들에게 보통의 조음·음운장애 아동과 다른 특징을 안내한 뒤에 협조를 구해야 합니다. 일반적인 조음·음운치료와 마찬가지로 역시 지속적이고 집중적인 반복훈련과 정확한 피드백이 필요하기 때문입니다.

음성장애

음성장애란 호흡기관, 성대, 성도와 같은 포괄적인 발성 기관의 구조적, 기능적 이상으로 음의 변화를 초래하는 말 장애의 한 영역입니다. 음성에 문제가 발생하면 주관적 평가와 객관적 평가가 모두 가능한 병원에서 의사의 진단평가 후 치료를 진행합니다. 따라서 우리가 주로 근무하는 사설 기관 등에는 음성 문제만을 가지고 내원하는 경우가 거의 드물며, 내원한 경우라도 단순한 음성의 문제가 아닌 의학적 조치가 필요할 수 있으므로 정확한 진단평가가 가능한 병원으로 의뢰해야 합니다.

그러나 사설 기관에도 일반적인 언어 문제로 내원한 내담자의 음성 문제가 언어 중재에 영향을 미치거나 음성 오남용으로 인한 비정상음성 사용의 문제가 보고된다면 음성치료를 진행합니다. 이번 장에서는 병원 치료실이 아닌 음성평가 기기가 없는 사설 기관에서 만날 수 있는 사례의 음성치료에 대해 알아보겠습니다.

● 음성장애 종류 ●

음성장애의 종류는 기질적, 기능적으로 분류됩니다. 기질적 음성장애는 후두와 성대의 문제, 생리에 영향을 주는 병리 또는 질환으로 인해 발생되며 가장 보편적인 문제로는 성대마비, 후두 횡격막, 유두종, 부종, 종양, 육아종, 신경학적/내분비 질환이 있습니다. 기능적 음성장애는 음성 오용/남용 및 심인성 요인들과 관련된 문제로 발생하고 음성 오용/남용, 성대결절, 접촉성 궤양, 가성대 발성 장애, 심인성, 전환 발성 장애, 변성기 가성과 같은 음성 문제들이 있습니다.

● 음성치료 ●

음성치료는 의료진에 의한 수술이나 약물과 같은 의학적 처치나 언어재활사의 음성치료로 진행됩니다. 언어재활사가 진행하는 음성치료 기법은 크게 직접치료 기법과 간접치료 기법으로 나눌 수 있습니다. 직접치료는 음성 산출과 관련이 있는 호흡, 발성, 공명기관의 통제와 협응 훈련에 중점을 두며, 간접치료는 음성 오용/남용과 같이 음성장애를 유발하고 지속시키는 요인들을 관리하게 하는 것으로 내담자 교육이나 스트레스 관리 등에 중점을 둡니다.

〈표 8-1〉 25가지 음성 촉진 기법

음성촉진기법	적용	영향을 미치는 음성 파라미터		
		음도	강도	음질
1. 청각적 피드백	청각적 피드백이 필요할 때 (예: Parkinson's disease 등)		○	○
2. 강도 변경	지나치게 크거나 작은 음성을 사용할 때 (예: 청각장애, 구개파열 아동, 접촉성 궤양 등)	○	○	○
3. 노래조로 말하기	음성 과기능과 관련된 문제해결이 필요할 때 (예: 부전 실성증, 성대남용, 단음도 등)		○	○
4. 저작하기	과도한 긴장과 심한 성대 접촉이 있을 때	○	○	○
5. 비밀스러운 음성	성대 과기능을 줄여야 할 때(예: 기능적 음성장애, 성대 과기능으로 인한 성대비대, 성대결절 등에 특정기간)		○	○
6. 상담(문제 설명)	음성 문제에 대해 직접적인 설명이 필요할 때	○	○	
7. 손가락 조작법	높은 기본 주파수를 사용하는 남성이나, 지나친 후두의 상하 움직임으로 과도한 음도 변화와 긴장이 수반될 때 (예: 변성발성장애, 편측 성대마비 등)	○		○
8. 남용 제거	음성을 남용하거나 오용하는 여러 요소를 찾고 제거가 필요할 때		○	○

9. 새로운 음도 확립	음도가 부적절하여 새로운 음도가 확립이 필요할 때 (예: 성대비대, 성대 혹, 후두 폴립 등)	○		○
10. 음성 배치	좋은 음성을 산출하기 위한 음성배치가 필요할 때 (예: 공명장애 등)	○	○	○
11. 성대 프라이	성대의 이완 및 저음 유도가 필요할 때 (예: 성대결절, 폴립, 성대비대, 기능적 음성장애, 경련성 발성장애, 가성발성 등)	○	○	○
12. 머리 위치 변경	좋은 음성산출을 위해 좋은 자세와 머리 위치를 찾아야 할 때 (예: 성대마비, 성대 과기능, 마비말장애 등)	○		○
13. 계층적 분석	최상의 음성이 나오는 상황과 그렇지 않은 상황의 위계 설정이 필요할 때(예: 기능적 음성장애, 결절, 폴립, 성대비대 등)	○	○	○
14. 흡기 발성	진성대 진동에 의한 발성이 필요할 때 (예: 기능적 실성증, 기능적 음성장애, 가성대발성장애 등)	○	○	
15. 후두 마사지	성대 주변의 근육 이완이 필요할 때 (예: 기능적 음성장애: 심인성, 근긴장성 발성장애 등)	○		○
16. 차폐	음성 크기가 작아서 강도를 높여야 할 때 (예: 기능적 실성증, 일부 기능적 음성장애, 무변성 청소년 등)	○	○	
17. 비음/유음자극	비음이나 유음이 포함된 단어를 이용하여 쉬운 음성 산출이나 촉진을 해야 할 때 (예: 기능적 음성장애, 경련성발성장애, 성대비대, 결절, 폴립 등)			○
18. 구강개방 접근법	음성 과기능을 감소시키고 부드러운 발성과 구강 공명 증가를 유도해야 할 때(예: 음성 과기능 등)		○	○
19. 음도 억양	최적의 음도 수준을 찾고 음도 변화의 양을 증가시켜야 할 때(예: 단음도, 과기능적 음성장애 등)	○		
20. 발성 변경법	대화음성을 찾아야 할 때 (예: 기능적 실성증, 기능적 음성장애 등)	○	○	○
21. 이완	후두 근육에 대한 긴장 감소나 신체 전반적인 이완이 필요할 때(예: 과기능적 음성장애 등)	○	○	○
22. 호흡 훈련	호흡 기능을 향상시켜야 할 때 (예: 기능적 음성장애 등)		○	○

23. 혀 내밀기 /i/	가성대 발성을 하거나 긴장된 음성을 산출할 때 (예: 가성대 발성, 긴장된 발성 등)	○		○
24. 시각적 피드백	시각적 피드백이 필요할 때 (예: 변성발성장애, 공명장애 등)	○	○	○
25. 하품-한숨	성대 과기능으로 나타나는 긴장을 감소시켜야 할 때 (예: 성대과기능, 기능적 음성장애, 경련성 발성장애, 성대비대, 성대결절, 폴립 등)	○	○	○

출처: Boone et al., 2004.

● 초기면담 시 확인할 사항 ●

일반적인 사설 기관에서 주로 만나는 내담자의 초기면담을 진행하더라도 음성(호흡, 발성, 공명)의 문제가 있다고 판단된다면 이를 포함하여 진행합니다. 뇌병변장애는 대부분 음성의 문제를 동반하고 있으며, 주된 문제가 언어발달이라고 하더라도 음성의 문제가 말명료도를 저하시키는 요인일 수 있기 때문입니다.

▶ 공통: 동반된 장애, 청력 문제, 음성 문제 인식, 발생 시기, 약물이나 의료적 처치 유무, 평소의 음성 습관
▶ 아동: 가정에서의 평소 말 크기, 유전적인 요인, 울음, 떼쓰기, 인지 수준, 정서 · 행동 문제, 부모의 참여도
▶ 성인: 직업, 음주, 흡연

1. 기능적 음성장애(발성)

이번에 함께 볼 사례는 성대결절을 가진 언어발달지연 아동입니다. 성대결절은 성대를 과하게 사용하여 나타나는 음성 문제로 아동에게서 많이 나타납니다.

1) 배경정보

성명(성별): 박○○(남)
생년월일(연령): 20**년 **월 **일(4세 *개월)
주호소: 언어발달지체, 조음발달지체, 성대결절, 문제행동 증가
(유치원에서 다른 친구들을 깨물고, 때리고 소리 지르는 일이 늘어나고 있으며, 집에서도 소리
지르고 떼쓰며 우는 행동이 계속되고 있다고 함)

　이 아동은 유치원 생활에 적응이 어려워 1년 전부터 놀이치료와 축구 클럽을 다니고 있으며 얼마 전부터는 아동의 요구로 태권도 학원도 다니고 있습니다. 놀이치료와 운동을 진행하고 있음에도 여러 문제행동이 감소하지 않고 오히려 늘어 병원에서 종합심리검사와 언어평가 실시 후 내원한 사례입니다. 초기면담 시 언어평가서를 지참하였고, 이때 성대결절 진단도 함께 받았다고 보고되었습니다. 관찰결과 아동은 목소리가 거의 나오지 않는 상태로 높은 기식성과 쥐어짜는 소리, 낮은 음도와 vocal fry도 보였고 헛기침과 목가다듬기도 빈번하였습니다.

2) 평가

－ ***병원에서 언어검사 받음
－ 수용언어 및 표현언어 발달이 또래보다 1.5년가량 지연
　조음 정확도 또래의 － 1SD 미만
－ 음성 문제로 이비인후과 검진: 성대결절 진단

　음성 검사지도 지참하지 않은 경우라 정확한 결과도 알 수 없고, 아동이 내원한 기관에는 기기 평가를 진행할 프로그램이 없는데, 음성 문제가 의사소통에 방해를 주는 경우라면 어떻게 해야 할까요? 해당 사례처럼 검사 후 성대결절 진단을 받은 경우라면 언어재활사의 청지각적 평가를 통해 현 상태를 확인하고 치료를 진행할 수 있지만, 그렇지 않다면 먼저 병원이나 전문 클리닉에서 객관적 검사 후 치료 여부나 방향을 정해야 합니다.

3) 목표설정

음성 개선을 위한 목표는 다음과 같이 설정하였습니다.

장기목표	단기목표
1. 직접치료: 부드러운 발성 산출하기	1) 부드러운 발성 산출 및 유지하기
2. 간접치료: 음성 위생 안내 및 권고	1) 환경에 따른 오남용 제거하기 2) 음성 위생 교육으로 가정에서 관리하기

아동의 경우 주호소가 음성 문제가 아니며, 말−언어지체로 인한 중재가 더 필요했기 때문에 음성 개선에 대한 목표가 우선되지는 않습니다. 다만, 음성 오남용을 줄이고 부드러운 음성을 산출하도록 활동을 계획하는 형식으로 진행할 수 있습니다.

4) 회기 활동

1. 활동 초반
음성촉진기법을 치료에 반영하기 전, 아동에게 부드러운 발성이 무엇인지, 그리고 어떻게 하는지 알려 주기 위해 단독으로 음성 활동을 진행하였음

음성촉진기법	음성 활동의 예	기타
1. 저작하기 (chewing)	1) 의성어 '얌얌, 이야, 우와'와 모음 유의미 단어 '아이, 엄마' −몸에 힘은 뺀 상태로(호흡도 안정되게) 입을 크게 벌리고 일부러 크게 씹는 행동을 함	−해당 아동은 껌이나 과자를 사용하지 않았으나 활동이 어려운 경우 껌이 입에 찰 정도, 3~4개를 실제로 씹으면서 하기도 함
	2) '얌얌−이야암 이야암' 음절 산출로 전이시킴 −일부러 발음하려고 하지 말고 소리만 내도록 유도함	−얌얌 → 얌야 → 야야 → 야아 → 아 → 아니 등 음절을 생략, 첨가시키면서 자동구어, 단어나 구 형태로 진행함 −음절이 길어질수록 씹는 행동도 서서히 줄여 나감
2. 음성 위생	1) 음성 사용 줄이기 2) 충분한 수분 섭취 3) 적절한 음성 강도 사용에 대한 안내 4) 음성 남용 제거 　: 태권도 학원 상황에 대한 중재	−부모교육 −안내문을 만들어 제공

2. 활동 중반

치료 활동의 시작 시, 그리고 언어 목표 활동에서 실제로 사용해 보면서 부드러운 발성의 산출 및 유지를 연습함

음성촉진기법	음성 활동의 예	기타
1. 저작하기 (chewing)	1) 발성 준비운동처럼 저작하기 연습함 −도장 찍기나 스티커 붙이기, 퍼즐 맞추기 병행	횟수 및 강화 제공
2. 질문 이해 및 구문 표현	1) "왜 ○○를 해요?", "○○는 어떻게 먹어요?"−"얌얌" 2) "○○는 뭐라고 할까요?"−"우아, 크다", "이야, 멋있다"	

일반적으로 성대결절은 간접치료와 직접치료를 병행해야 합니다. 간접치료는 부모와 아동에게 음성에 외상을 줄 수 있는 행동을 줄이기 위하여 음성의 사용을 줄이도록 하였고, 충분한 수분 섭취와 적절한 음성강도로 말하도록 음성 위생에 대한 안내를 하였습니다. 그리고 부모와 음성남용과 연관된 상황을 확인하던 중 태권도 학원을 다니면서 목쉰소리가 나기 시작했다는 보고가 있었습니다. 따라서 학원 선생님께 '운동을 하면서 큰 소리로 말하기'나 '고함치기' 등의 음성남용 제거를 위한 협조를 요청하기로 하였습니다. 그래도 개선이 되지 않는다면 일주일에 태권도 학원에 가는 횟수를 정상음성으로 회복될 때까지 조절해 보는 방안을 제시하였습니다 (예: 태권도 학원 주 5일에서 주 3일로 조절 권고).

직접치료는 저작하기(chewing), 하품−한숨(Yawn-Sigh) 등을 사용하여 부드러운 발성을 산출하도록 하였습니다. 여기서 생각해야 할 것은 아동이 언어발달지체를 보인다는 것으로 일반적인 아이들도 자신의 말 문제를 인식하지 못하는 경우가 많은데 말이 느리고 행동 문제가 있는 경우라면 상황 이해나 자기 조절이 좀 더 어려울 것입니다. 그래서 회기 내에서 음성을 다루는 것을 최대한 자연스럽게 구성하였고 더욱이 부모를 통해 가정에서 최대한 음성 오남용을 막도록 하였습니다.

치료 전후 비교를 위하여 목소리를 녹음하도록 하였고, 부모와 아이에게 피드백을 주거나 필요시 분석을 해야 할 때도 있기 때문에 되도록이면 회기마다 녹음하는 것을 권합니다.

2. 기능적 음성장애(공명)

난청인의 음성에는 난청의 종류와 정도, 난청의 발생 시기, 보장구의 종류와 착용 시기, 교육 및 청능 · 언어재활 관련 사항 등이 영향을 줍니다.

청각에 이상에 있는 경우라도 모두 음성의 문제를 보이는 것은 아니며, 돌발성 난청으로 청력손실이 갑자기 발생하였거나 조기 진단과 조기 중재를 받은 청각장애 아동은 또래 건청 아동의 음성과 차이를 보이지 않을 가능성이 큽니다.

다음은 4세 6개월에 **대학 병원에서 청각장애로 진단받은 후 보청기를 착용하고 있는 6세 아동의 사례입니다.

1) 배경정보

성명(성별): 정○○(남)
생년월일(연령): 20**년 **월 **일(6세)
진단명: 청각장애로 인한 언어발달장애
치료력: 4세 7개월~현재 청능언어재활 진행 중
기타:
– 4세 6개월 청각장애 진단 후 보청기 착용
– 보청기 착용 전 평균 청력 오른쪽 8*dB, 왼쪽 7*dB
– 보청기 착용 후 평균 청력 오른쪽 6*dB, 왼쪽 4*dB

2) 평가

평가결과: (보고된 결과)
– 말소리지각: ① 폐쇄된 상황(closed-set) 양측 2어절 100%, 3어절 90%, 4어절 **%, 5어절 **% ② 개방된 상황(open-set) 양측 2어절 80%, 3어절 70%, 4어절 **%, 5어절 **%
– 언어: 수용언어 4세 *개월, 표현언어 4세 *개월, 수용 · 표현어휘 3;*~4;*
조음 · 음운: 자음정확도 74.4%(주된 오류는 고주파수 영역 자음 왜곡), 모음정확도 71.4%, 말명료도 67.4%
공명: 맹관공명이 확인됨

내원 시 지참한 평가서를 확인한 결과, 듣기, 언어, 조음, 공명 등에 문제가 있음을 알 수 있었습니다. 그 외에도 개모음 /아/를 산출하도록 했을 때 혀가 목구멍 쪽으로 이동한 상태에서 발성하는 것을 확인할 수 있었습니다.

3) 목표설정

난청인의 음성 문제는 청력손실로 인하여 청각적 피드백이 부족하여 이를 극복하기 위해 조음기관이나 공명기관을 비정상적으로 활용하면서 발생합니다. 따라서 난청인의 음성치료는 음성 문제의 근본 원인인 청각적 피드백을 증가시키는 것이 가장 좋습니다. 그러나 청각적 피드백이 제공되었음에도 문제를 보인다면 적절한 음성치료 방법으로 중재합니다.

여기에서는 공명에 이상이 있는 것을 바탕으로 목표가 구성되었습니다.

장기목표	단기목표
공명 문제 개선	① 공명에 이상이 있는 자음 문제 개선
	② 공명에 이상이 있는 모음 문제 개선

4) 회기 활동

청각적 피드백을 극대화하기 위하여 청능 훈련을 통한 청지각 능력 향상으로 공명기관을 정확하게 활용하도록 하였고, 발성 시 특정 말소리에 힘을 주는 경우 구개 개방 접근법을 이용하여 긴장을 완화하였습니다. 맹관공명은 혀가 지나치게 후방화되어 발생하여 음성배치와 조음치료 방법을 통해 혀의 전방화를 유도하였으며, 기기의 도움을 받을 수 없는 상황에서 거울을 통한 시각적 피드백으로 정상적인 범주를 벗어나는 자신의 목소리를 인식하고 적당한 수준으로 발성하도록 하였습니다. 모든 활동은 청능 · 언어재활 목표 안에 자연스럽게 구성되었습니다.

난청인의 음성치료	목표 및 활동	기타
청능 훈련+ 긴장 완화	활동 1. 〈자음 /ㄱ/ 단어 변별: 최소 대립 단어 변별〉 ① 언어재활사는 개방된 상황에서 청각적 단서만으로 공명에 이상이 있는 자음 /ㄱ/가 들어간 2글자 최소 대립 단어를 들려준다(예: 고래-노래). ② 아동은 자음 /ㄱ/가 들어간 2글자 최소 대립 단어를 듣고 같은 소리인지 다른 소리인지 지각한다(정반응 시 1글자 최소 대립 단어로 난이도 변경).	청능 훈련 시 힘을 주고 발성하는 특정 말소리가 확인되면 모양을 크게(구개 개방 접근법) 하여 발성하도록 함
조음치료적 접근 + 시각적 피드백	활동 2. 〈모음 /아/ 산출〉 ① 아동이 거울을 보면서 모음 /아/를 발성하게 한다. ② 언어재활사가 /아/를 발성하면서 아동에게 혀의 위치를 보여 준다. ③ 아동이 /아/를 발성하면서 언어재활사와 자신의 혀 위치를 확인하고 적절한 위치를 찾는다. ④ /아/가 적절한 위치에서 발성되면 자신 목소리를 인식하고, 시각적 피드백 없이도 적당한 수준으로 발성하도록 한다.	모음이 완성되면 혀끝 자음(치조음)으로 연결하고, 단어, 문장 수준으로 확장함

3. 기질적 음성장애(발성)

이번에 함께 볼 사례는 뇌손상으로 인해 성대마비를 가진 성인입니다. 성대마비는 성대를 지배하는 신경의 손상으로 편측마비와 양측마비, 그리고 움직임이 없거나 미약하게 남는 경우가 있습니다.

다음의 사례를 보면서 성대마비로 인한 발성 문제의 치료에 대해 생각해 봅시다.

1) 배경정보

이름(성별): 고**(여)
생년월일(연령): 19**년 **월 **일(45세)
주호소: 교통사고로 인한 뇌손상 후 단어가 잘 생각나지 않으며, 목쉰소리가 남

해당 사례는 교통사고로 인한 뇌손상으로 언어 및 음성에 변화가 생긴 경우입니다. 이 내담자의 경우 병원에서 입원 치료를 마치고 퇴원하여 복직(교사)하려 하였으나 말-언어 문제가 두드러져 내원한 경우입니다. 특이할 만한 병력이나 약물 및 수술은 없었고 음성 오남용 사례도 없는 것으로 면담 시 확인하였습니다. 그리고 면담 시 말하고 쓸 때의 단어 찾기 속도, 능력의 향상 그리고 음성 문제에 대한 목표를 안내하고, 이를 위해서 재활병원이나 음성 클리닉에 내원하여 전문적인 도움을 받기를 권고하였으나 거리 및 시간과 비용을 이유로 거절하였습니다.

> 성인 치료 문의는 상당히 많으나 비용 문제와 아동 중심의 치료실 환경, 그리고 언어재활사의 경험 부재로 치료로 연결되지는 않는 경우가 많음

2) 평가

> 검사 결과
> : 6개월 전 **병원에서 검사한 결과 자료 가지고 내원. 음성 검사 자료만 기재하겠음
> - MDVP 음성 분석 검사 결과 jitter(0.3**), shimmer(2.6**), NHR(0.1***) 거의 정상 수치 나타남
> - AP Ⅱ 공기역학적 검사 결과 MTP(9.**), MFR(1**), Max.FR(1**) 모두 비정상적 수치 보임
> - GRBAS 척도 평정 시, G(1.5), R(1), B(1), A(0.5), S(0)

보통은 음성 평가서를 가지고 내원하지 않습니다. 그때에는 담당 언어재활사의 청지각적 평가나 내담자의 자기 보고에 의존하기보다, 전문 클리닉이나 병원에 객관적 검사를 의뢰한 뒤 진행을 결정하는 것이 필요합니다.

3) 목표설정

이 사례는 평가 보고서에 나온 바와 같이, 양측 성대 사이에 생긴 틈으로 인해 목쉰소리가 나타나는 경우입니다. 그래서 음성 문제에 대한 목표는 성내 내전, 즉 양측 성대의 거리가 가까워질 수 있도록 하는 것에 초점을 맞추었습니다.

장기목표	단기목표
음성 문제 개선	성대 내전 향상

4) 회기 활동

음성촉진기법	음성 활동의 예	기타
1. 머리 위치 변경 (head positioning)	-활동 초반에 실시 -여러 가지 자세에서 음성 산출 후 가장 좋은 음성의 자세를 찾음 -해당 사례는 고개를 오른쪽으로 기울인 자세에서 가장 좋은 음성이 산출되었음	
2. 이완 (relaxation)	-밀기 접근법 전후에 근육을 풀어 주기 위해 사용하였음 -어깨 근육-안면 근육-목 근육 이완 : 최대 긴장과 최대 이완이 끊어지지 않도록 이어서 반복함 -상-하-좌-우-회전, 편측 후 양측으로 모든 방향에서 운동이 되도록 함	
3. 밀기 (pushing)	-대부분의 활동에서 적용함 -'밀기+발성' 연습을 기본으로, 밀기 접근법을 사용한 상태의 발성을 녹음하여 차이를 확인함 -밀고 음성 산출하는 경우가 많아서, 음성 시작과 동시에 밀기 유도	
4. 호흡훈련 (respiration training)	-벽에 기대어 서서 어깨는 붙이고, 턱은 살짝 위로 든 자세에서 복식호흡 연습부터 진행함 -모음부터 시작하며, 과장된 호흡 → 호기 연장 → 연장 발성 → 빠른 흡기 등으로 연습 진행	

상담 시간에는 회기 내에 진행한 활동에 대해 가정에서 훈련하도록 안내하였으며, 특히 밀기(pushing)와 호흡 훈련(respiration training)에 대한 훈련을 독려하였습니다. 그리고 끊어 읽을 곳을 표시한 연습 자료를 주고 연습할 때마다 보호자에게 모니터링을 요청할 것을 권고하였습니다.

제9장

청각장애

청각장애란 청신경과 뇌로 연결되는 소리의 전달 경로 중 어느 한곳에라도 문제가 생겨 청력손실이 발생함으로써 소리를 잘 듣지 못해 생긴 장애입니다. 청력손실로 인하여 말과 언어발달에 어려움이 따르고 정서 및 심리발달에 지장을 주며 나아가 학령기에는 학습장애로 이어질 수 있으므로 보장구(보청기, 인공와우) 착용 후 의사소통능력 향상을 위한 청능언어재활이 필요합니다.

내담자의 연령대가 다양하고 언어재활과 청능재활을 함께해야 하기 때문에 청각장애 치료 경험이 많지 않다면 어려운 영역이라고 생각할 수 있습니다. 하지만 이장을 통하여 연령에 따른 청능재활에 대한 지식과 이해를 쌓는다면 생각보다 어렵지 않을 것입니다.

이번 장에서는 청각장애 영유아(인공와우 이식수술 전·후), 학령기(보청기), 성인(인공와우)의 사례를 통하여 초기면담 및 평가와 치료 과정에 대해 살펴보도록 하겠습니다.

청능언어평가는 제1부 평가 편에서 어떤 평가를 시행하고 어떤 항목을 점검해야 하는지 확인할 수 있습니다. 또한 언어재활은 제4장의 언어발달장애 중재와 같은 방향으로 진행되기 때문에 이 장에서는 청능재활에 대해서만 언급하였습니다.

● 청능재활 ●

청능재활은 이용 가능한 소리들을 활용하는 능력을 향상시키는 것으로 감지, 변별, 확인, 이해의 말지각 4단계 중 어느 수준에 속하는지 확인 후 목표가 설정됩니다. 듣기능력을 보다 정확하게 파악하기 위해 말지각 단계를 구분하여 평가와 목표를 설정하지만 말지각 단계들이 서로 관련을 맺고 빠르게 다음 단계로 이동하기 때문에 재활 과정에서는 각 단계들을 구분하지 않습니다.

감지 단계는 특정 소리 자극에 집중하여 주의를 기울이고 소리의 존재에 대해 적절한 반응을 보이도록 유도합니다. 소리가 흥미롭고 즐거운 것이라는 것을 느낄 수 있도록 다양한 소리를 활용한 여러 가지 활동이 필요하며 환경음과 말소리를 다양하게 들려주고 활동을 조건화하여 진행할 수 있습니다. 소리가 들리면 나이 어린 아동의 경우 하던 놀이를 멈추거나 소리를 찾는 등의 반응으로, 나이 많은 아동의 경우 고리 끼우기나 퍼즐 맞추기, 악기 두드리기, 성인의 경우라면 손을 들기 등의 활동을 합니다.

변별 단계의 청능재활은 두 개의 소리를 듣고 같은 소리인지 다른 소리인지를 지각하거나 전반적인 음절 수가 다름을 구별하도록 합니다. 말소리 변별을 위하여 나이 많은 아동이나 성인의 경우 길이가 다른 낱말과 문장에서 길이가 같은 낱말과 문장으로 같다/다르다 과제 등을 진행하지만 나이 어린 아동의 경우 이러한 과제수행이 어렵기 때문에 듣고 산출하는 의성어나 의태어와 같은 말소리를 통하여 변별을 유추합니다.

확인 단계의 청능재활은 소리를 듣고 그 소리가 무슨 소리인지 알 수 있도록 합니다. 말소리 확인을 위하여 두 개의 보기를 보고 들은 말소리에 해당하는 것을 고르도록 한 후 점차 보기를 늘려 가고 길이가 차이나는 낱말에서 길이가 같은 낱말의 문장 확인으로 진행합니다. 이후 보기가 주어지지 않는 활동으로 따라 말하기, 쓰기 등의 활동을 하게 됩니다.

마지막 단계 이해는 청각뿐 아니라 인지, 언어발달 수준 등이 영향을 미칠 수 있으므로 자극요소에 대한 난이도 조절이 중요합니다. 이야기를 듣고 대답하기, 스무고개나 반대말 같은 게임하기, 대화하기 등의 활동을 진행할 수 있습니다.

병원에서 진단 및 수술적 처치 후 대부분 청력검사와 청각언어검사를 실시하기 때문에 초기면담 시 검사 사본이 있다면 지참할 수 있도록 미리 안내하고 추가적으로 확인이 필요한 사항에 대해 면담을 진행합니다. 면담 시 청능영역이 추가된 초기면담지를 준비하고 다음과 같은 사항들을 확인합니다.

● 초기면담 시 확인 할 사항 ●

▶ 공통: 임신 및 출산 시 병력 또는 특이사항, 가족력, 청각장애 원인, 청각장애 진단 연령, 청력검사 정보, 주된 의사소통 수단, 동반장애 여부, 내담자 및 보호자의 요구사항 등
▶ 보청기: 보청기 착용 시기, 보청기 착용 귀, 보청기 종류와 유형, 보청기 조절상태 확인
▶ 인공와우: 인공와우 수술 시기, 수술 기관, 인공와우 착용 귀, 인공와우 제조회사 및 모델, mapping 횟수, 어음 처리 방식 등에 대한 정보 확인
▶ 영유아: 소리에 대한 반응, 의사소통기능 확인
▶ 학령기: 치료력, 교육력, 또래관계 확인
▶ 성인: 청력손실 이전의 언어능력, 학력, 직업, 가정에서 협조 가능한 보호자 확인

1. 영유아(인공와우 이식수술 전)

출생 직후 산부인과에서 모든 아기는 신생아 청력선별검사를 합니다. 신생아 청력선별검사에서 통과(pass)되지 못하여 청력손실이 의심되면 정밀검사가 의뢰되고, 청력손실 확인 후에는 보청기 착용을 포함한 조기 중재가 시작됩니다.

1) 배경정보

다음은 출생 후 신생아 청력선별검사에 통과되지 못하고 **대학병원에서 정밀검사 결과 청각장애로 진단받고 양쪽 귀에 보청기를 착용 중인 생후 7개월의 영아입니다. 병원에서 발급한 청력검사 사본을 미리 지참하도록 안내 후 초기면담이

진행되었으며, 초기면담에서 기본 정보 외 소리에 대한 반응과 다양한 발성, 의사소통 기능들 및 아동과 주양육자와의 상호작용 형태를 확인하였습니다.

- 이름: 이** / 성별: 여
- 생년월일: 2***년 **월 **일 / 생활연령:생후 7개월
- 내원사유: 청각장애로 **대학병원에서 생후 6개월 이후 언어재활 권고하여 내원
- 출생력: −
- 가족력: 없음
- 진단력: 출생 시 신생아 청력선별검사 결과 재검(refer)으로 정밀검사 의뢰됨. 생후 2개월 정밀검사 결과 청각장애 진단
- 수술력: 생후 12개월에 양측 인공와우 이식수술 예정
- 보장구 정보: PHONAK 보청기, 귀걸이형(양쪽)
- 보장구 착용 시기: 생후 3개월(보청기 착용 후 소리 반응 생기고 옹알이 나타남)
- 보장구 착용 시간: 밤에 잘 때와 낮잠 잘 때 빼고 착용
- 보장구 착용 전 청력: ABR 무반응/ASSR(0.5/1/2/4) 오른쪽: 90/95/90/100, 왼쪽: 90/95/90/100
- 언어발달: 보청기 착용 후 생후 4개월 무렵 처음 옹알이 산출하였으며, 현재 양은 많지 않음
- 운동발달: 좋음
- 정서발달: 낯가림 없음
- 기타: ① 소리 자극을 주자 고개를 돌리긴 하나 비일관적임
   ② 울 때 외 발성 관찰 안 됨, 기분 좋을 때 '우우', '오오' 발성(주양육자 보고)
   ③ 관찰 시 주양육자−아동 상호작용 제한적
   ④ 하루 3시간 이상 동영상 노출 및 보청기 비일관적인 착용 보고

(주석) 인공와우 이식수술 전이라도 보청기 착용하여 듣기발달을 촉진시키고 발달지연을 최소화해야 함

(주석) 청성뇌간반응(ABR): 신생아 청력선별검사에 쓰이며 청력역치를 추정하는 검사

(주석) 청성지속반응(ASSR): 영유아의 객관적인 청력검사로 널리 사용됨. 고심도 난청 평가에 유용하며, 순음청력검사의 결과와 상관관계가 높음

면담 시 아동의 눈맞춤 및 운동발달의 문제는 없으나 소리에 대한 반응이 비일관적이었으며 울 때 외 관찰된 발성은 없었습니다. 주양육자에 의해 시도되는 상호작용 형태는 주로 아동 이름 부르기였으며, 가정에서 하루에 동영상에 노출되는 시간이 3시간 이상으로 장시간임을 확인하였습니다. 또한 생후 3개월부터 깨어 있는 시간 동안 착용하던 보청기를 2, 3주 전부터 아동

이 손으로 인식하게 되면서 수시로 제거하고, 더운 날씨로 외출 시에는 보청기를 착용하지 않는 등 현재 보청기 착용이 불규칙적임을 확인할 수 있었습니다.

즉시, 아동과 놀이를 통한 상호작용의 중요성을 설명하고 아동과 간단히 할 수 있는 상호작용 시범(까꿍놀이, 소근육 운동 놀이, 촉감놀이 등)을 제공하였습니다. 동영상을 끊도록 요청하였으나 협의가 되지 않아 하루에 동영상에 노출되는 시간은 1시간 이내로 줄이도록 하였고, 기존에 동영상에 노출되었던 시간에는 아동 개월에 맞는 장난감(딸랑이, 깜짝 볼, 촉감 책, 인형 등)들을 구비하여 함께 놀이하고, 다양한 소리(말소리, 동물 소리, 악기 소리, 노랫소리 등의 환경음)를 들려주도록 하였습니다.

또한 조금이라도 소리를 더 듣는 것은 듣기발달에 큰 영향을 미치게 되고, 인공와우 이식 수술 후 적응도 잘할 수 있게 되므로 수술 전까지 깨어 있는 대부분의 시간에 보청기를 착용하도록 안내하였습니다.

2) 현재 수준

청각	다양한 환경음과 말소리에 반응 비일관적
말	기분 좋을 때만 가끔 '우우', '오오' 산출(주양육자 보고)
언어	의도적 발성 없음
의사소통	함께 주의하기 비일관적

3) 목표설정

1. 청각	다양한 환경음과 말소리 탐지하기
2. 말	옹알이와 발성놀이: 다양한 초분절음 산출하기
3. 언어	일상 언어(엄마, 아빠, 이름, 까까 등) 듣기, 의도적으로 발성 산출하기
4. 의사소통	함께 주의하기, 차례 지키기

4) 회기 활동

영유아는 친밀한 양육자와의 상호작용을 통해 언어발달이 이루어지기 때문에 성공적인 청능언어재활을 위하여 주양육자를 직접 치료에 참여하도록 합니다. 이때 언어재활사는 부모와 자녀의 상호관계에 자연스러운 청각 및 언어 자극을 제공하고, 가정에서도 치료 목표를 일반화할 수 있도록 합니다.

영유아의 회기 활동은 의사소통, 청각, 말, 언어의 목표들을 구분하지 않고 통합적으로 진행됩니다. 다음은 주양육자 참여로 진행된 회기 활동의 예입니다.

목표 및 활동
초기 회기 도입) 한 주간의 변화 확인: 하루 동영상에 노출된 시간을 확인하고, 장난감은 어떻게 활용했는지, 상호작용의 어려움은 없었는지 확인(변화가 잘 이루어진 부분에 대해서는 긍정적 강화를 제공하고, 장난감 활용법 등 도움이 필요한 부분에 대해서는 구체적인 정보제공과 모델링 제공)
① 딸랑이, 탬버린, 삑삑 소리가 나는 동물 모형 등 소리 들려주기(목표 1, 2, 3, 4) → 딸랑이 흔들고 함께 주의가 가능하면 아동 시선에서 보이지 않는 곳에서 흔들고 아동이 소리 찾을 수 있게 함 → 소리 방향에 맞추어 고개를 돌리면 장난감을 보여 줌(이때 결과에 따른 웃음, 박수 등의 긍정적인 강화가 중요함) → 충분한 모델링 후 주양육자에게 다른 장난감들을 같은 방법으로 활동할 수 있도록 기회 제공함
② 소리가 나는 촉감 책(목표 1, 2, 3, 4) → 만지면 촉감에 따라 바스락, 삑삑 등 소리가 다른 촉감 책을 아동 앞에서 만지면서 "○○(이름)야", "○○(이름)이도 만져 봐" 등과 같이 자연스럽게 아동의 이름을 부름 → 아동이 손을 뻗으며 함께 관심을 보이면 "○○(이름)도 해 봐"라고 하며 촉감책을 아동에게 줌 → 아동이 만지면서 소리가 나면 엄마가 "소리가 나네", "○○(이름)야, 같이 놀자"라고 자연스럽게 언어로 반응하며 놀이에 참여함(가정에서도 자연스럽게 아동의 이름을 불러서 아동이 의미를 파악할 수 있도록 함)

③ 장난감 북 치기(목표 1, 2, 3, 4)

→ 언어재활사가 북을 치는데 아동이 관심을 갖고 쳐다보면 "○○(이름)이 차례", "○○ (이름)이가 해 보자"라고 말하고 아동에게 북채를 준다.

→ 아동이 북을 두드리면 주양육자가 "○○(이름)아", "○○(이름)이 잘하네"라고 말하며 함께 북채를 두드리는 놀이를 함

→ 이때 갑자기 "우우", "아우우" 등 옹알이 산출됨(수업 시간 25분 경과 첫 발성)

→ 언어재활사와 엄마가 웃음과 함께 박수를 치며 "○○(이름)이 기분 좋아", "우아 잘한 다"라고 반응하자 "우아우아", "오오오" 다양한 발성 놀이를 하고 즐김

→ 기분이 좋은 아동을 잡아서 일으켜 세워 주자 다양한 발성 놀이와 함께 몸을 흔들고 미소 지으며 눈맞춤을 유지함

> 1, 2번 활동에서 발성이 나오지 않았지만 치료 시간이 25분 지난 3번의 활동에서 첫 발성이 나타남

> 놀이상황에서 발성의 산출 빈도가 증가해야 첫 낱말 산출 직전에 나타나는 옹알이 형태들이 산출될 수 있음

마무리)

이번 회기의 변화에 대해 함께 이야기를 나눔. 회기에서 진행된 활동들을 가정에서도 적용할 수 있도록 안내함

2. 영유아(인공와우 이식수술 후)

보청기로도 듣는 소리가 충분하지 못한 고심도 청각장애는 와우에 전극을 삽입하고 전기 자극을 주어 소리를 듣게 하는 인공와우 이식수술을 하게 됩니다. 수술 후에는 청능훈련을 통하여 말과 언어발달을 향상시킵니다.

1) 배경정보

다음은 생후 8개월에 청각장애 진단 후 3개월 동안 보청기를 착용하다가 12개월에 인공와우 이식수술 후 내원한 1세 2개월의 아동입니다. 면담 시 주양육자의 무기력하고 우울한 감정이 보고되어 확인할 사항을 마친 후 주양육자의 이야기를 들어 주고 공감하며, 앞으로의 발달과정 안내를 통하여 긍정적으로 생각의 변화를 가질 수 있도록 하였습니다.

사 례 면 담 지

■ 이름(성별): 김**(1;2, 남)	■ 연락처: ***-****
■ 생년월일: 20**년 **월 **일	■ 주소: 경기도 ***
■ 소속기관: **어린이집	■ 정보제공자: 아동의 어머니

■ 가족사항(관계, 나이, 직업)

부: ***, **세, 회사원, 8시 출근, 7시 퇴근

모: ***, **세, 주부

■ 내원사유

인공와우 이식수술 후 재활을 위해

■ 평가 및 치료력

20**년 *월 *일 출생 시 신생아 청력선별검사 실시 안 함

20**년 *월 *일(8개월) **대학병원에서 청각장애 진단 후 양측 보청기 착용

20**년 *월 *일(9, 10, 11개월) **언어심리발달센터에서 총 11회 청능재활 진행

20**년 *월 *일(12개월) **대학병원에서 양측 인공와우 이식수술

■ 교육력

-

■ 병력(가족력)

-

> 2018년 10월부터 태어나는 신생아에게 신생아 청력선별검사가 무료 의무화되었음. 18년도 이전 출생으로 신생아 청력선별검사는 선택사항이었기 때문에 실시하지 않았다고 보고됨

■ 출생배경	• 모 연령 30세	
	• 특이사항(미숙아, 난산 등) 신생아 청력선별검사 실시 안 함	
	• 뒤집기	정상
■ 신체 및 운동발달	• 서기	정상
	• 걷기	11개월
	• 대소변 가리기	-
	• 전반적인 발달	또래와 비슷
■ 청능	• 난청 발생 시기	8개월(못 듣는 것 같아서 검사 실시)
	• 난청 정도	고도 난청
	• 보장구 정보	MEDEL(CI)
	• 보장구 착용시기	보청기 착용 8~11개월(양측) 인공와우 이식수술 12개월(양측)
	• 보장구 착용시간	깨어 있는 시간은 모두 착용
	• 보장구 착용 전 청력도	우측 평균 95dB, 좌측 평균 90dB
■ 언어발달	• 옹알이	• 시기 4개월
	• 첫 낱말	• 시기 -
		• 산출 낱말 -
	• 첫 문장	• 시기 -
		• 산출 문장 -

	• 현재 가장 긴 언어 이해능력 알아 듣는 말 거의 없으며 제스처나 엄마 목소리에 반응함	
	• 현재 가장 긴 언어 산출 산출 언어 없음 수술 전에 비해 수술 후 옹알이 같은 말소리가 많아짐	
■ 정서발달	• 눈맞춤	정상
	• 엄마와의 분리	정상
	• 아동의 성격	순한 편
■ 또래관계	• 전반적인 관계	—
	• 좋아하는 장난감	뽀로로 자동차
	• 싫어하는 장난감	없음
	• 놀이형태	모형 과일 먹는 흉내 내기 놀이함
	• 놀이수준	또래와 비슷
	• 주된 놀이 상대	엄마

■ 기타 정보 및 요구사항

✓ 수술 후 mapping 3회 진행되었다고 함

✓ 수술 후 큰 소리가 나면 놀라거나 두리번거리는 모습을 보이고 옹알이 같은 말소리가 많아졌다고 보고됨

✓ 주양육자는 앞으로 듣고 말을 잘할 수 있을지 불안감 호소하심

> 수술 전후 나타난 언어 변화를 꼭 확인해야 함

> 주양육자의 정서가 부정적인 상태라면 재활을 통한 앞으로의 발달과정을 안내하여 긍정적인 변화를 가질 수 있도록 면담이 진행되어야 함

● Mapping이란 ●

수술 후 인공와우이식기를 통해서 소리를 들을 때 각 개인에 따라 소리를 편하게 들을 수 있는 크기가 다르기 때문에 수술 각자에 맞는 소리 자극의 크기를 정하게 됩니다. 즉, 맵핑을 통하여 편하게 들을 수 있는 수준의 자극에서 일반 소리를 청취하게 하고 소리가 너무 커서 불편을 느끼는 경우 제한을 가하여 불편하지 않게 소리를 듣게 하는 것입니다.

수술 후 대략 2~4주 후에 기기 착용 및 맵핑이 이루어지게 되는데, 어린이와 성인은 맵핑의 빈도가 다릅니다. 아동의 경우 특히 자기 의사를 표시하지 못하는 어린아이들인 경우 1주일마다 맵핑을 하면서 적절한 자극의 강도를 정하게 되며, 3~4번 정도 맵핑을 하면 어느 정도 적정한 소리의 크기가 정해지고 그 후 1개월에 한 번씩 3~4번 맵핑을 하게 됩니다. 맵핑이 안정되면 6개월~1년에 한 번씩 점검하게 됩니다.

성인의 경우 본인이 소리가 너무 커서 불편한지, 또는 너무 작아 소리를 인식하지 못하는지를 표현할 수 있기 때문에 수술 후 1주일 간격으로 2~3번 맵핑을 합니다. 이를 통해 적정한 수준을 알게 되어 맵핑이 안정되면 6개월 혹은 1년마다 점검하게 됩니다. 정기적인 맵핑 이외에도 환자가 듣는 것의 변화가 있다면 중간 점검을 받아야 합니다(출처: 고대 안암병원 인공와우이식센터).

2) 평가

청능언어평가서
Auditory language assessment

이름: 김**(M)
평가일: 20**년 **월 **일
생년월일: 20**년 **월 **일
연령: 만 1세 2개월

배경정보

김**(1;2, 남)는 청각장애 아동으로 인공와우 수술 후 청능언어재활을 위하여 내원하였다. 어머니 보고에 의하면 출생 시 신생아 청력선별검사는 실시하지 않았고, 생후 8개월에 소리에 반응하지 않는 것 같아 **대학병원에서 청력검사 후 청각장애 진단을 받았다고 한다. 청각장애 진단 후 바로 보청기 착용과 함께 11회 청능재활을 진행하였으며, 보청기 청력이 부족하다고 판단되어 생후 12개월에 **대학병원에서 양측 인공와우 이식수술을 하였다고 한다. 현재 mapping은 3회 진행되었으며, …(중략)…

초기 언어발달의 경우 옹알이는 많지 않았으나 수술 후 옹알이 같은 말소리 내기가 증가하고 있으며, 첫 낱말은 아직 산출 전이라고 한다.

검사 태도

양측 귀에 인공와우를 착용한 상태에서 평가하였다. 평가자의 유도에 따라 협조적으로 과제를 수행하나, 청각적 자극에 대한 자발적인 반응은 제한되며 시간 단서에 의존하는 반응 양상을 보였다.

실시한 검사

(1) 말지각검사: 영유아청각통합능력척도(IT-MAIS), 청각수행능력척도(CAP), Ling 6 Sound Test

(2) 영·유아 언어발달 검사(SELSI; 김영태 외, 2003)

(3) 주양육자-아동 의사소통/상호작용 관찰

언어평가결과

1. 듣기능력

　IT-MAIS 결과 20/40, CAP 척도에서는 1단계로 환경음을 감지하는 것으로 나타났다. 아동은 일상 환경음(노크, 알람, 박수), 악기 소리(북, 탬버린, 트라이앵글), 초분절적인 소리(엄마, 아빠 목소리)를 100% 감지하였으며, Ling 6 Sound Test 중 /i/, /m/을 제외한 네 개의 말소리 감지가 가능하였다. 환경음 지각 및 말소리 변별과 확인 과제는 아동의 발달 수준이 과제에 수행할 수준에 이르지 못하여 실시하지 못하였다.

> 다양한 소리를 들려주어 소리의 반응을 살피도록 해야 함

2. 말과 언어 및 의사소통 능력

1) 언어능력

(1) 수용언어

　SELSI 결과 아동은 원점수 10점, 언어발달연령 9개월로 평가되었으며, 제스처를 포함한 말소리에 적절히 반응하기, 관습적 행동 따라하기, 음악에 행동으로 반응하기는 가능하나 강한 어조에 반응하기, 제스처를 포함한 동사 이해하기, 금지하는 다양한 말 이해하기는 어려운 것으로 나타났다.

(2) 표현언어

　SELSI 결과 아동은 원점수 12점, 언어발달연령 7개월로 평가되었으며, 같은 음절을 반복하여 소리내기, 엄마와 자주 하는 놀이를 유아가 먼저 시작하기, 통용되는 몇 가지 몸짓언어 사용은 가능하나 억양이나 소리 크기를 달리하여 자신의 감정 표현, 음절 수대로 모방하기, "아~" 혹은 "어~"와 같은 소리를 감탄사처럼 사용하기는 어려운 것으로 나타났다.

2) 말 능력

　평가가 진행되는 동안 아동의 옹알이는 높은 음도로 나타났으며, 모음 /아, 어, 이, 으/와 자음 /ㅁ, ㅂ, ㅃ/이 확인되었다.

3) 의사소통 능력

　주양육자와 아동의 의사소통 및 상호작용 관찰 시 상징놀이는 탐험놀이 시기로 관찰되었고, 주양육자-아동 놀이 상황에서 제스처로 거부하기 의사소통 의도를 표현하였다.

결과 요약 및 결론

　김**(1;2, 남) 아동의 청능언어평가 결과, 듣기능력은 환경음과 말소리 유무를 감지하고 반응하는 수준이고, 언어능력은 수용언어 9개월, 표현언어 7개월이었다. 또한 높

은 음도의 옹알이에서 모음 /아, 어, 이, 으/와 자음 /ㅁ, ㅂ, ㅃ/가 확인되었고, 놀이 상황에서 제스처로 거부하기가 나타났다.

따라서 자연스러운 의사소통 상황에서 듣기 중재와 함께 듣기 중심의 말·언어능력 및 의사소통능력 향상을 위한 중재가 필요하겠다.

3) 목표설정

조기에 인공와우 이식수술을 하고, 조기 중재를 시작한 청각장애 영유아는 또래 건청 영유아의 언어발달 수준과 비슷하게 언어발달이 될 가능성이 큽니다. 따라서 듣기 부분을 제외한 장단기목표는 또래 수준으로 설정합니다.

	장기목표	단기목표
수술 전까지 소리를 거의 듣지 못했기 때문에 자연스러운 의사소통 상황에서 '환경음'을 들려주는 것이 중요한 목표가 됨	1. 자연스러운 의사소통 상황에서 환경음과 말소리를 듣고 90% 이상 확인할 수 있다.	1-1. 환경음과 Ling 6 Sounds를 듣고 90% 이상 변별할 수 있다. 1-2. 환경음과 Ling 6 Sounds를 듣고 90% 이상 확인할 수 있다.
무의미한 놀이도 의미 있고 의사소통 의도가 있는 것처럼 언어로 반응해야 함. 언어발달 촉진을 위하여 목표언어로 자연스러운 반응을 하는 것이 중요함	2. 자연스러운 의사소통 상황에서 언어발달 초기에 습득하는 친숙한 낱말을 90% 이상 이해할 수 있다.	2-1. 놀이상황에서 의성어, 의태어를 90% 이상 이해할 수 있다. 2-2. 놀이상황에서 일상에서 자주 접하는 명사를 90% 이상 이해할 수 있다. 2-3. 놀이상황에서 일상에서 자주 접하는 동사를 90% 이상 이해할 수 있다.
의사소통 상황에서 언어적 표현을 사용하기 위하여 이해 낱말을 늘려 주는 것이 중요함	3. 자연스러운 의사소통 상황에서 언어발달 초기에 습득하는 친숙한 낱말을 90% 이상 자발적으로 산출할 수 있다.	3-1. 놀이상황에서 다양한 CV, CVC 음절 구조의 말소리를 90% 이상 산출할 수 있다. 3-2. 놀이상황에서 양순음 중심의 낱말을 90% 이상 모방할 수 있다. 3-3. 놀이상황에서 양순음 중심의 낱말을 90% 이상 자발적으로 산출할 수 있다.
	4. 자연스러운 의사소통 상황에서 90% 이상 발성을 동반하여 의사소통 기능을 사용할 수 있다.	4-1. 놀이상황에서 90% 이상 발성을 동반하여 사물·행동 요구하기를 할 수 있다. 4-2. 놀이상황에서 90% 이상 발성을 동반하여 거부·부정하기를 할 수 있다. 4-3. 놀이상황에서 90% 이상 발성을 동반하여 대답하기를 할 수 있다.

4) 회기 활동

영유아는 친밀한 양육자와의 상호작용을 통해 언어발달이 이루어지므로 성공적인 청능언어재활을 위하여 주양육자를 직접 치료에 참여하도록 합니다. 이때 언어재활사는 부모와 자녀의 상호관계에 자연스러운 청각 및 언어 자극을 제공하고, 이를 바탕으로 가정에서도 치료 목표를 일반화를 할 수 있도록 합니다. 다음은 주양육자 참여로 진행된 회기 활동의 예입니다.

회기목표	활동내용	기타
1-2. 말소리 확인: Ling 6 Sound Test	멜로디 블록을 준비한 후 언어재활사가 입모양을 보여 주지 않고 6음 중 한 개의 말소리를 들려주면 아동은 주의를 기울여 듣고 따라 말한다. 말소리를 산출할 때마다 블록 한 개를 통에 넣도록 한다.	영유아는 보장구 이상이나 듣기 유무를 보고할 수 없으므로 주양육자가 가정에서 Ling 6 Sound Test를 할 수 있도록 지도가 필요함
1-1, 4-1. 악기 소리 확인: 실로폰, 북, 탬버린	같은 악기를 두 개씩 준비한 뒤, 언어재활사 혼자서 북 두 개를 두드린다. 아동이 악기로 다가오거나 뺏으려고 하면 손을 내밀어 "주세요"라고 말한다. 손을 내밀어 사물 요구하기나 발성이 나타나면 악기를 주고, 함께 악기활동을 통하여 자연스럽게 악기들의 소리가 다름을 알 수 있도록 한다.	환경음 훈련은 언어습득 전 청각장애를 가진 아동에게 짧은 기간 동안 진행해야 함
2-1. 의성어 이해: 멍멍, 야옹, 어흥 2-3. 동사 이해: 넣어, 빼 3-1. 다양한 CV, CVC 구조 산출	〈상자 안에 물건 넣고 꺼내기〉 ① 상자와 장난감 동물을 준비한 후 각 동물의 이름을 의성어로 알려 준다. ② 언어재활사는 아동에게 모형 강아지를 주며 "멍멍"이라고 알려 주고, 상자에 넣으며 "넣어"라고 한다. ③ 동물을 모두 넣고 언어재활사가 "빼"라고 말하면 아동이 통에서 장난감 한 개씩 꺼내도록 한다. ④ 모형 강아지가 나오면 "멍멍"이라고 말 자연스럽게 언어자극을 제공한다. → 위 활동에 주양육자를 참여시키고, 가정으로 연계되도록 한다.	자연스러운 놀이상황에서 청각과 언어자극을 주는 것이 중요 활동 시 다양한 CV, CVC 음절 구조가 섞인 옹알이가 나타나면 모방 및 웃음과 박수 등의 다양한 강화를 통하여 긍정적 반응을 제공한다.

<Ling 6 Sound Test>

Ling 6 Sound Test는 전 주파수 대역을 나타내는 세 개의 모음(/a/, /i/, /u/)과 세 개의 자음(/m/, /s/, /ʃ/)으로 구성되었으며, 치료 시작 전이나 가정에서 듣기 유무 확인을 위하여 간단하게 실시할 수 있습니다.

실시 방법은 조용한 환경에서 입을 가리고 보청기의 경우 20~30cm, 인공와우의 경우 1m 이내 거리에서 한 가지 소리를 평소와 같은 크기로 제시하며 이때 /s/, /ʃ/는 마찰소음만 산출합니다. 정반응을 보이면 다음부터는 소음이 있는 상황에서 예측하지 못하도록 무작위로 제시하며, 소리의 간격을 불규칙적으로 제공하고, 점차 거리를 늘려 실시합니다.

3. 학령기(보청기)

청각장애 학령기는 청능언어 재활을 진행하면서 학령기로 성장한 경우가 많지만, 때로는 신생아 청력선별검사 시행 전(2018년 10월)에 출생하여 난청을 의심하지 못하고 언어발달지연이나 산만함 등을 주소로 내원하거나 진행성 난청으로 청각장애가 진단되어 내원하기도 합니다.

이때 청력검사 결과만으로 아동의 언어능력을 판단하지 않도록 유의해야 하며, 청력검사가 필요하다고 판단된다면 청력검사를 의뢰할 수도 있습니다.

1) 배경정보

학령기 초기면담은 치료력, 교육력, 또래관계 등의 확인이 추가로 필요합니다. 또한 아동에게 직접 보장구 착용과 언어이해 및 듣기와 같은 불편함은 없는지 확인해 보는 것도 좋습니다. 다음은 5세 9개월에 청각장애 진단을 받고 보청기를 착용한 6세 5개월의 아동의 사례입니다.

사 례 면 담 지

■ 이름(성별): 장**(6;5)	■ 연락처: ***-****
■ 생년월일: 20**년 **월 **일	■ 주소: 경기도 **시
■ 소속기관: **초등학교 입학 예정	■ 정보제공자: 아동의 어머니

■ 가족사항(관계, 나이, 직업)

부: ***, **세, 공무원, 평일에 바쁘셔서 주말에 주로 봄

모: ***, **세, 유치원 선생님, 허용적인 스타일로 아동과 사이 좋음

누나: ***, 초등학교 2학년, 사이 좋음

■ 내원사유

청각장애로 인한 언어발달 지연

■ 평가 및 치료력

20**년 1월(5;9) **대학병원에서 청력검사 실시 후 청각장애 진단받음

20**년 3월(5;11) 보청기 착용 및 **대학병원에서 언어검사 실시

청능언어재활 경험 없음

■ 교육력

7세 유치원에 다니고 있음

2개월 뒤 초등학교 입학 예정

■ 병력(가족력)

없음

■ 출생배경	• 모 연령 32세
	• 특이사항(미숙아, 난산 등) 청력선별검사 실시하지 않음

■ 신체 및 운동 발달	• 뒤집기	정상
	• 서기	정상
	• 걷기	정상
	• 대소변 가리기	정상
	• 전반적인 발달 1) 또래와 비슷(✓) 2) 또래보다 빠름 3) 또래보다 느림	

■ 청능	• 난청 발생 시기	5세 9개월(자꾸 되물어 청력검사 실시)
	• 난청 정도	고도난청
	• 보장구 정보	와이덱스, 양측 귀걸이형
	• 보장구 착용 시기	5세 11개월
	• 보장구 착용 시간	깨어 있는 시간은 모두 착용
	• 보장구 착용 전 청력도	우측: (0.25-0.5-1-2-4-8)55-60-90-95-90-85 좌측: (0.25-0.5-1-2-4-8)60-65-40-50-70-100

> 청각장애 언어발달은 청력손실의 유형과 청력손실 진단시기, 적절한 보장구 착용, 개인의 지능이나 성격, 중복장애의 유무, 교육환경, 부모의 적극적인 참여에 따라 각각 다르게 나타나기 때문에 청력손실만으로 언어발달을 판단해서는 안 됨

> 보청기 착용의 경우 평균청력이 같아도 주파수별 데시벨에 따라 듣기 능력이 다르기 때문에 확인이 필요함

	• 옹알이	• 시기 정상
	• 첫 낱말	• 시기 13m
		• 산출 낱말 엄마
■ 언어발달	• 첫 문장	• 시기 기억나지 않으나 느리다고 생각한 적 없음
		• 산출 문장 정확히 기억 안 남
	• 현재 가장 긴 언어 이해능력 대화에 어려움 없이 이해 가능한 것 같으나 자주 되묻는다고 함	
	• 현재 가장 긴 언어 산출 능력 대화에 어려움 없이 표현 가능함	
	• 눈맞춤	정상
■ 정서발달	• 엄마와의 분리	정상
	• 아동의 성격	온순한 편
	• 전반적인 관계	문제없음
	• 좋아하는 장난감	변신 로봇 카드
■ 또래관계	• 싫어하는 장난감	없음
	• 놀이형태	또래 친구들과 비슷
	• 놀이수준	또래 친구들과 비슷
	• 주된 놀이 상대	누나, 유치원 친구들

아동의 어머님은 청각장애는 말을 아예 못하는 줄 알았다고 하심. 대부분 이렇게 생각하는 부모님이 많기 때문에 청력의 문제가 아닌 단순 언어발달의 문제라고 생각하고 내원하는 경우가 종종 있음

일상생활에서 가족 간의 대화에 큰 어려움이 없었기 때문에 보고된 언어발달 능력은 정상임. 보고만을 신뢰하여 언어능력이 정상이라고 판단해서는 안 됨

보청기 착용의 경우 주파수별 청력역치에 따라 말소리 지각에 차이를 나타내기 때문에 주파수별 청력검사를 확인하는 것이 중요함

■ 기타 정보 및 요구사항

✓ 보청기 착용 후 청력 우측: (0.25-0.5-1-2-4-8) 45-40-40-75-85-75

 좌측: (0.25-0.5-1-2-4-8) 60-50-35-35-40-65

✓ 6개월 전 대학병원에서 실시한 청각검사와 언어검사 사본을 바탕으로 초기면담 진행함

✓ 병원에서는 우측 인공와우 수술을 권고. 어머니는 우선 보청기로 6개월~1년 언어재활을 진행하다가 수술 여부 결정하고 싶다는 의견

✓ 유치원과 태권도 학원에 다니고 있으며 선생님들께 특별한 문제가 보고된 적 없음. 또래관계 문제없음

✓ 3개월 전부터 가정에서 한글과 수학 학습지를 하는데 진도가 다소 느린 편

✓ 언어평가를 실시한 지 6개월이 지나서 재평가하기로 함

병원에서는 수술을 권한 상황이고, 가정에서는 그동안 대화에 별 어려움 없이 지내 왔기 때문에 아동의 어머니는 수술적 조치보다는 청능언어재활을 우선 진행하고자 하였습니다. 면담 시 아동의 어머니께서는 언어재활사 입장에서 수술에 대한 의견을 듣고 싶어 하셨는데, 이때 언어재활사는 개인적인 의견을 제시할 수 없음을 고지한 후 각 보장구에 따른 청능언어재활의 중재 예후를 안내하고 수술 여부에 대한 선택은 내담자가 할 수 있도록 합니다.

2) 평가

청능언어평가서
Auditory language assessment

이름: 장**(M)
평가일: 20**년 **월 **일
생년월일: 20**년 **월 **일
연령: 만 6세 5개월

배경정보

장**(6;5, 남) 아동은 청각장애로 인한 언어발달지연으로 본 기관에 내원하였다. 어머니 보고에 의하면 출생과 신체발달에 별다른 어려움은 없었으며, 언어발달력으로 옹알이도 정상이었고 13개월 첫 낱말 '엄마'를 산출하였다고 한다. 그 후로도 언어발달의 별다른 문제는 없는 것 같았으나 아동이 계속 되물어 20**년 *월(5;9) 청력검사를 실시한 결과 청각장애로 진단받았다고 한다.

…(중략)…

20**년 *월(5;11)부터 양쪽 귀에 보청기를 착용하고 있으며 치료 경험은 없다고 한다.

> 꼭 보장구를 착용한 상태에서 평가가 진행되어야 함. 어떠한 원인으로든 보장구 미착용 상태에서 평가가 진행되어서는 안 됨

검사 태도

양쪽 귀에 보청기를 착용하고 평가가 진행되었으며, 평가가 진행될수록 평가자의 말을 끝까지 듣지 않고 다른 곳으로 시선과 주의를 돌려 버렸다. 또한 질문을 되묻는 경우가 많았다.

> 이러한 산만함과 주의집중의 문제는 표현언어보다 이해언어의 문제가 발생할 수 있음

실시한 평가

(1) 말지각 검사: SNUH 아동 말지각검사, 청각수행 능력척도(CAP)

(2) 취학전 아동의 수용언어 및 표현언어 발달 척도(PRES; 김영태, 성태제, 이윤경, 2009)

(3) 수용 · 표현 어휘력 검사(REVT; 김영태 외, 2009)

(4) 구문의미이해력검사(배소영 외, 2004)

(5) 조음음운평가(U-TAP; 김영태, 신문자, 1994)

언어평가결과

1. 듣기능력

> 듣기 평가를 진행할 시에는 일정한 음도와 강도로 진행해야 함

1) 소리탐지능력(Sound Detection)

악기소리(탬버린, 북, 트라이앵글) 100%, 환경음(노크, 알람, 전화벨) 100%, 6음 100%

2) 소리확인능력(Sound Identification)

우측: 1m 100%, 2m 83.3%[i → m]

좌측: 1m 100%, 2m 83.3%[s(−)]

양측: 1m 100%, 2m 83.3%[i → m]

3) 말소리지각능력(Speech Perception)

 a) 폐쇄된 상황(closed set)−청각적 단서(AO)

  ㄱ. 말소리지각선별검사(Child Screening Test): A, B, C 100%

  ㄴ. 말소리자질검사(Speech Feature Test): A. 100%, B. 100%, C. 80%

 b) 개방된 상황(open set)−청각적 단서(AO), 청각 및 시각적 단서(AV)

  ㄱ. 일음절단어검사(PB Words Test): 88.9%, 100%

  ㄴ. 이음절단어검사(Bisyllable Words Test): 80%, 90%

  ㄷ. 문장검사(Everyday Sentence Test): 83.3%, 93.3%

4) 척도검사

 CAP: 6(친숙한 사람과 대화 가능)

> 말·언어평가 시 듣지 못하여 진행에 어려움이 있다면 청각단서와 시각단서를 모두 제공할 수 있음

2. 이해 및 표현언어 능력(AV)

1) 수용언어

 PRES를 실시한 결과, 획득점수 39점 언어발달연령 57개월(5%ile 미만)로 감정상태어 이해, 복수 이해, 계절 이해에는 정반응을 보였으나 수여자 이해, 안긴 문장 이해, 시제 이해에는 오류를 보였다. REVT를 실시한 결과 원점수 48점으로 등가연령: 4;6~4;11세(10%ile 미만), 구문의미 이해력 검사 결과, 원점수 13점 연령규준 4%ile, −2SD 이하로 평가되었으며 대부분 제대로 듣지 않거나 끝까지 듣지 않고 문항을 선택하였다.

2) 표현언어

 PRES를 실시한 결과, 획득점수 46점 언어발달연령 64개월(12%ile)로 색이름 사용, 질문에 대한 대답: '어떻게', 낱말회상에는 정반응을 보였으나 목적격 조사 사용, 사동사 사용, /ㅅ, ㅈ/ 계열 소리 모방에는 오류를 보였다. REVT를 실시한 결과 원점수 52점으로 등가연령 4세 6~11개월(10%ile 미만)로 나타났다.

3) 조음 · 음운평가

 U-TAP을 실시한 결과, 낱말과 문장 수준에서 모두 자음과 모음정확도 100%, 말명료도 92%로 평가되었다.

> 청각장애는 조음평가 시 자음 정확도가 100%로 나오더라도 말명료도는 낮을 수 있음

4) 구강 구조 및 기능

평가 시 별다른 이상은 관찰되지 않았다.

> 청각장애로 음성의 문제를 보이는 경우 보장구 착용과 청능 훈련을 통하여 청각적 피드백을 증가시키는 것이 가장 좋음

5) 음성 및 유창성

허스키한 목소리로 음성의 강도가 큰 편이었으나 크게 거슬리지는 않았으며, 공명과 유창성의 이상은 관찰되지 않았다.

결과 요약 및 결론

장**(6;5) 아동은 청각장애 남아로 양측 귀에 보청기를 착용하고 평가에 임하였다. Ling 6 Sound Test 양측 1m 100%, 2m 83.3%였으며, 개방된 상황(open-set)에서 청각적 단서(AO)로만 일음절과 이음절어, 문장의 지각이 각각 88.9%, 80%, 83.3%, 청각 및 시각적 단서(AV)로는 각각 100%, 90%, 93.3%였다.

전반적인 이해언어 능력은 4세 후반 수준, 표현언어 능력은 5세 초반, 이해·표현어휘 능력은 4세 후반이었고, 조음·음운 능력 및 문법 사용의 문제는 없었지만 대화 시 발화 길이가 대부분 2, 3어절로 짧은 편이었다.

평가결과, 청각적 문제가 언어발달에 영향을 미치고 있으며, 평가가 진행되면서 평가자의 말에 집중하지 않고 주의를 돌리거나 끝까지 듣지 않고 문항을 선택하는 모습들이 표현보다 이해언어 발달에 많은 영향을 주고 있는 것으로 확인되었다. 따라서 문장지각능력 향상을 위한 청능재활과 함께 다양한 어휘의 이해와 표현을 유도하고, 다양한 사고를 촉진할 수 있는 언어재활을 실시할 것을 제언한다.

3) 목표설정

대상 아동의 경우 대화에 어려움이 없다고 보고되었지만 말지각 검사 결과 청각적 단서(AO)로만 일음절과 이음절어, 문장의 지각이 각각 88.9%, 80%, 83.3%였습니다. 언어가 발달하면서 어휘의 길이나 복잡성이 증가하고, 기능어 역시 활발하게 사용하면서 음절 지각의 불규칙한 오류가 증가함에 따라 이를 위한 청능재활이 필요합니다. 다음 청능재활의 목표는 6개월~1년 이내의 목표로 구성되었으며 말·언어영역은 제4장의 언어발달장애와 중복되므로 청능영역의 장단기목표만 확인하도록 하겠습니다.

장기목표	단기목표
1. 개방된 상황(open-set)에서 청각적 단서(AO)만으로 이야기를 듣고 90% 이상 정확하게 이해할 수 있다.	1-1. 개방된 상황에서 AO로 제시된 1~2음절을 듣고 90% 이상 정확하게 이해할 수 있다. 1-2. 개방된 상황에서 AO로 제시된 2~4어절을 듣고 90% 이상 정확하게 이해할 수 있다. 1-3. 개방된 상황에서 AO로 제시된 5~6어절을 듣고 90% 이상 이해할 수 있다.

4) 회기 활동

다음은 단기목표를 바탕으로 구성된 활동의 예입니다. 목표 1-1의 경우 말지각검사 시 일음절과 이음절어에서 공통적으로 오류(/ㄸ/, /ㅅ, ㅆ/, /ㅊ/)를 보인 단어 위주로 활동을 진행하였습니다. 특정 음소의 난이도는 변별자질을 최소화하여 조절할 수 있습니다.

목표 1-1-1	개방된 상황에서 AO로 제시된 1~2음절을 듣고 90% 이상 정확하게 따라 말할 수 있다.
활동	① 단어에 맞는 그림카드를 준비 후 아동에게 단어를 들려준다. ② 아동이 정확히 따라 말할 때마다 그림카드에 스티커를 붙여 준다.
목표 언어	썰매, 씨앗, 쓰다, 싸움, 싹, 시계, 신발, 세모, 소라, 사과

목표 1-3-1	개방된 상황에서 AO로 제시된 5~6어절을 듣고 90% 이상 정확하게 대답할 수 있다.
활동	① 아동에게 목표 문장을 들려준다. ② 아동은 목표 문장을 듣고 질문에 대답한다.
목표 언어	추운 겨울이 되면 하얀 눈이 내립니다. → (질문) 추운 겨울이 되면 뭐가 내리나요? 날씨가 더워서 차가운 음료수를 마십니다. → (질문) 왜 차가운 음료수를 마시나요? 나는 오늘 생일선물을 받아서 기분이 좋습니다. → (질문) 나는 오늘 왜 기분이 좋을까요?

4. 성인(인공와우)

성인(17~60세) 청력손실의 원인 중 51%는 직장 또는 여가활동 중의 큰 소음 노출, 37%는 노화, 18%는 의료적 문제라고 합니다. 청각장애 성인의 경우 의사소통 기술을 유지하기 위하여 환자의 현재 상태와 요구 및 바람 등에 따라 적절한 중재를 계획합니다. 보청기를 착용한다면 보청기 착용 및 올바른 사용에 대한 교육과 듣기 능력을 향상시키기 위한 청능재활이 필요하며, 인공와우 이식수술을 하였다면 청능훈련을 통하여 예전에 경험하였던 정상적인 음향학적 자극과 전기자극에 의해 발생되는 음향학적인 차이에 적응하고, 수술 후 적응과정에서 오는 심리적 불안을 해소하는 것이 중요합니다.

다음은 **대학병원에서 청신경 손상으로 청각장애 진단을 받고 인공와우 이식수술을 받은 57세 성인의 사례입니다.

1) 배경정보

윤**은 57세의 여성으로 1년 전 뇌종양 수술로 인한 청신경 손상으로 청력손실이 나타났다고 한다(보청기 착용 전 우측 평균 청력 75dB, 좌측 평균 청력 100dB). 1년간 양측 모두 보청기를 착용하였으나 만족도가 낮고 환자 본인의 요구와 바람을 최대한 파악한 결과 인공와우가 적합하다고 판단되어 6주 전 **대학병원에서 좌측 인공와우 이식수술을 실시하고 맵핑은 2회 진행된 상태이다. 초기면담 시 수술 후 기존에 듣던 소리와 다르고 말소리지각의 어려움으로 계속 말을 알아듣지 못하게 될까 봐 두려움이 크고 어지러움이 심하다고 보고되었다.

2) 평가

　다음은 병원에서 사용하는 보고서의 예로 간결한 문장 형식의 서체를 사용하여 환자의 요점을 빨리 읽을 수 있도록 하였기 때문에 검사명과 결과가 나타내는 것을 이해하지 못한다면 내용을 파악할 수 없습니다. 청각장애의 경우 병원에서 검사 후 의뢰되는 경우가 많으므로 다음과 같은 보고서 형식을 많이 접하게 될 것입니다. 따라서 이번에는 경험해 보고자 병원 보고서의 예를 바탕으로 청능재활의 목표를 구성해 보도록 하겠습니다.

이비인후과검사실 검사 보고서
Speech perception assessment(편측)

병원등록번호: ***　　환자성명: 윤**　　생년월일 나이/성별: ****-**-**/57/F　　처방일자:

의뢰과/의뢰인: 이비인후과/***　　　　진료구분: 외래　　　　　　　　검사일자:

확인의: ***　　　　검사번호:　　　　최초보고일자:　　　　　　　최종보고일자:

임상소견: sensorineural hearing loss

post-op. Lt. 1st. Speech Perception Test. Adult.

　Ling 6 sounds detection 100%

　closed-set, word 100%, sentence 100%

　open-set, word 1 syl 35%(AV 70%), 2 syl 25%(AV 90%), sentence 64%(AV 94%)

　CAP score 4.

수술 후 첫 번째 검사

　Ling 6 sounds 탐지 100%, /a, u, i, s, sh/ 확인 가능

　closed-set, AO 조건 단어 및 문장 확인 100% 정반응

　open-set, AO 조건 1음절 35%, 2음절 단어 25%, 문장 64% 정반응

　CAP score 4 일상생활 문장이해

재활 안내

1개월 후 f/u

20**.**.** 언어재활사 ***

3) 목표설정

성인의 청능훈련은 보통 주 2~3회 6개월을 목표로 mapping이 안정될 때까지 진행함

평가결과에 따라 개방된 상황(open-set)에서 청각적 단서(AO)로 제시된 음절, 문장, 문단 수준의 말 지각 목표를 다음과 같이 설정하였습니다.

반대쪽 보청기를 착용하고 있는 경우 인공와우 적응을 위하여 재활 초기는 보청기를 착용하지 않으며, 보통 인공와우 적응이 되었다고 판단되는 재활 중기 무렵 의사의 판단으로 보청기를 착용하게 됨

장기목표	단기목표
1. 치료실 내 개방된 상황(open-set)에서 청각적 단서(AO)로 제시된 문장을 듣고 90% 이상 정확하게 이해할 수 있다.	1-1. 개방된 상황에서 AO로 제시된 2~3음절을 듣고 90% 이상 정확하게 이해할 수 있다. 1-2. 개방된 상황에서 AO로 제시된 1음절을 듣고 90% 이상 정확하게 이해할 수 있다. 1-3. 개방된 상황에서 AO로 제시된 2~3어절 문장을 듣고 90% 이상 정확하게 이해할 수 있다. 1-4. 개방된 상황에서 AO로 제시된 4~5어절 문장을 듣고 90% 이상 정확하게 이해할 수 있다.
2. 치료실 내 개방된 상황(open-set)에서 청각적 단서(AO)로 제시된 문단을 듣고 90% 이상 정확하게 이해할 수 있다.	2-1. 개방된 상황에서 AO로 짧은 문단을 듣고 90% 이상 정확하게 이해할 수 있다. 2-2. 개방된 상황에서 AO로 긴 문단을 듣고 90% 이상 정확하게 이해할 수 있다.

음향적인 힌트가 많은 2~3음절이 1음절보다 쉽기 때문에 첫 번째 단기목표로 구성됨

4) 회기 활동

다음은 장기목표 1, 단기목표 1-1 활동의 예로 하나의 단기목표 안에 세 개의 회기를 단계별로 구성하였습니다. 회기 단계별 난이도는 음향 패턴이 다르고 음절 수가 다른 낱말(회기 1-1-1)에서 음향 패턴이 다르고 음절 수가 같은 낱말(회기 1-1-2)로 조절되었고, 폐쇄형(회기 1-1-2)에서 개방형(회기 1-1-3)으로 조절되었습니다. 만약 특정 음소에서 지각의 오류를 보인다면

훈련자극에 80% 이상의 정반응을 보이거나 50% 이하의 정반응을 보이면 난이도를 변경함

변별자질을 최소로 하여 목표 언어를 구성해야 합니다.

목표	회기목표 1-1-1. 폐쇄된 상황에서 AO로 제시된 음향 패턴이 다르고 음절 수가 다른 낱말을 듣고 90% 이상 정확히 선택할 수 있다.
활동	① 음향 패턴과 음절 수가 다른 세 개의 보기로 구성된 10조의 단어 활동지를 준비한다. ② 각 조의 한 낱말을 청각적 자극으로만 듣고 활동지에 선택하도록 한다.
목표 언어	1. 감-포도-토마토 2. 귤-딸기-바나나 3. 차-버스-지하철 4. 새-나비-독수리 5. 말-오리-너구리 6. 곰-키위-강아지 7. 물-우유-음료수 8. 돈-지갑-저금통 9. 칼-접시-밥그릇 10. 발-신발-슬리퍼

처음 두 개의 보기에서 시작된 활동은 세 개의 보기로 난이도 증가됨

목표	회기목표 1-1-2. 폐쇄된 상황에서 AO로 제시된 음향 패턴이 다르고 음절 수가 같은 낱말을 듣고 90% 이상 정확히 선택할 수 있다.
활동	① 음향 패턴이 다르고 음절 수가 같은 3개의 보기로 구성된 10조의 단어 활동지를 준비한다. ② 각 조의 한낱말을 청각적 자극으로만 듣고 활동지에서 선택하도록 한다.
목표 언어	1. 구름-나비-우유 2. 무역-기차-신발 3. 달래-포도-가방 4. 날씨-신발-고기 5. 나무-거울-우리 6. 딸기-키위-포도 7. 오리-사과-매실 8. 당근-오이-피자 9. 아기-가방-신발 10. 식탁-동생-전화

다른 음절 수에서 같은 음절 수로 난이도 증가됨

목표	회기목표 1-1-3. 개방된 상황에서 AO로 제시된 음향 패턴이 다른 같은 음절의 낱말을 듣고 80% 이상 따라 말할 수 있다.
활동	① 음향 패턴과 음절이 같은 가족, 생활용품, 날짜 범주로 구성된 단어를 10개 씩 준비한다. ② 청각적 자극으로만 제공된 낱말을 듣고 하나씩 따라 말하도록 한다.
목표 언어	1) 가족 남편, 사위, 동생, 친정, 고모, 형제, 조카, 아들, 부인, 매형 2) 생활용품 칫솔, 치약, 비누, 샴푸, 린스, 로션, 수건, 걸레, 그릇, 접시 3) 날짜 달력, 하루, 이틀, 열흘, 보름, 한달, 휴가, 명절, 생일, 추석

> 폐쇄된 상황에서 개방된 상황으로 난이도 증가됨

다음은 장기목표 1, 단기목표 1-3, 1-4 활동의 예입니다.

목표	장기목표 1. 단기목표 1-3, 1-4 회기목표 개방된 상황에서 AO로 제시된 2~5어절로 확장된 문장을 듣고 따라 말할 수 있다.
활동	2, 3, 4, 5어절의 문장을 각각 들려주고 따라 말하도록 한다.
목표 언어	1) 하늘이 맑아. 하늘이 푸르고 맑아. 오늘따라 하늘이 푸르고 맑아. 오늘따라 유난히 하늘이 푸르고 맑아. 2) 커피 마실래? 나랑 커피 마실래? 나랑 같이 커피 마실래? 나랑 커피 마시러 커피숍에 가자.

> 예시에는 없으나 청능재활 3단계 확인에서 분절적 요소 외 초분절적인 요소(억양 등)에 대한 중재가 이루어진 후 구성된 활동임

<초기면담 TIP! 청각장애 영유아>

청각장애 영유아 초기면담 시 아동-주양육자의 상호작용 형태를 파악하고 도움이 필요한 부분에 대해 간단한 정보를 제공하는 것이 좋습니다. 영유아 언어발달에 있어 가장 중요한 것은 주양육자와의 상호작용이지만 첫 자녀인 경우, 육아의 경험이 없어 상호작용 방법을 잘 모르겠다고 하거나 청각장애라는 편견으로 어떻게 상호작용을 해 주어야 하는지 모르겠다고 하는 경우가 있기 때문입니다. 따라서 현재 아동 발달단계를 확인 후 이에 맞추어 듣기 자극을 바탕으로 한 놀이방법이나 장난감 활용방법 등의 정보를 제공하는 것이 좋습니다.

<치료 Tip! 활동 Tip! 중복장애가 있는 청각장애 중재>

조기 인공와우 이식수술을 받게 된 청각장애 아동의 언어발달은 일반아동의 발달과 유사하다는 보고가 있지만, 최적화된 맵핑 설정과 주 2회 이상의 청능언어재활 및 적극적인 부모 참여에도 불구하고 의사소통의 어려움이 지속되는 사례가 있습니다.

이런 경우 처음부터 중복장애라고 보고되었을 수도 있겠으며 그렇지 않다면 중복장애를 의심해 볼 수도 있겠습니다. 하지만 중복장애라 하더라도 단순 청각장애 중재와 방향이 달라지지 않습니다. 다만, 중복장애의 특성상 진전이 느릴 수 있으며 기능의 한계로 인해 언어재활사의 인내심과 끈기가 더욱 필요하게 될 것입니다.

<상담 TIP! 인공와우 건강보험 급여기준>

인공와우 이식수술은 건강보험 적용이 됩니다. 대부분은 의료기관을 통해 정보를 얻지만 상담 때 관련된 질문을 받거나 안내를 할 수도 있기 때문에 언어재활사들이 관련된 정보를 알고 있으면 좋겠습니다. 관련 법령이나 지원에 관한 정보는 보건복지부 홈페이지나 인공와우 페이지(예를 들면, 코클리어 코리아 등)에서 찾을 수 있습니다. 다음은 2018년 11월 변경된 보건복지부 고시 인공와우 건강보험 급여기준을 정리해 놓은 것입니다. 보청기 보조와 관련해서도 건강보험 급여가 조금씩 바뀌어 가므로 관련 대상자가 주로 내원하는 치료 기관에 근무하는 경우 틈틈이 확인하는 것이 좋겠습니다.

인공와우 건강보험 급여기준

■ 관련근거: 보건복지부 고시 제2018-185호 ■ 시행일자: 2018-11-01

1. 인공와우(Artificial Ear Cochlear Implant)는 다음의 경우에 요양급여함

가. 급여대상

1) 1세 미만
양측 심도(90dB) 이상의 난청 환자로서 최소한 3개월 이상 보청기 착용에도 청능 발달의 진전이 없는 경우

2) 1세 이상 19세 미만
양측 고도(70dB) 이상의 난청 환자로서 최소한 3개월 이상 보청기 착용 및 집중교육에도 청능 발달의 진전이 없는 경우. 다만, 시술 후 의사소통 수단으로 인공와우를 사용하지 못할 것으로 예상되는 경우는 제외함

3) 19세 이상
양측 고도(70dB) 이상의 난청 환자로서 보청기를 착용한 상태에서 단음절어에 대한 어음변별력이 50% 이하 또는 문장언어평가가 50% 이하인 경우. 다만, 시술 후 의사소통 수단으로 인공와우를 사용하지 못할 것으로 예상되는 경우는 제외함

4) 상기 1), 2), 3)의 난청 환자 중 뇌막염의 합병증으로 시급히 시행하지 않으면 수술 시기를 놓치게 될 경우에는 예외적으로 시행할 수 있음

5) 아래의 대상자 중 양이청(Binaural Hearing)이 반드시 필요할 경우 상기 1), 2), 3), 4) 각 해당 조건에 만족 시 반대측 또는 양측 인공와우를 요양급여함
다만, 아래의 가), 나)의 경우 순음청력 검사 및 단음절어에 대한 어음변별력, 문장언어평가결과는 인공와우를 착용하지 않은 상태에서 실시한 결과를 적용함

가) 요양급여적용일(2005. 1. 15.) 이전 편측 인공와우 이식자
나) 19세 미만의 편측 인공와우 이식자
다) 19세 미만의 양측 동시 이식 대상자

나. 급여개수

1) 인공와우는 1set(내부장치, 외부장치)에 한하여 요양급여하되, 분실, 수리가 불가능한 파손 등으로 교체 시 외부장치 1개를 추가 요양급여함

2) 상기 가. 5)의 19세 미만에서 양측 인공와우 시술이 필요한 경우는 2set(내부장치, 외부장치)를 요양급여하되, 이후 분실, 수리가 불가능한 파손 등으로 교체 시 외부장치 2개 이내에서 추가 요양급여함

2. 상기 1.의 급여대상 및 개수를 초과하여 사용한 치료재료 비용은 「선별급여 지정 및 실시 등에 관한 기준」에 따라 본인부담금을 80%로 적용함

출처: 보건복지부, 코클리어 코리아 재인용.

제**3**부

언어재활 임상 종결

제10장

임상 종결

1. 목표달성으로 인한 종결

언어재활에 있어 목표달성으로 인한 종결은 현실적으로 많지 않습니다. 말–언어 장애를 가진 대상자의 재활이라는 특징 때문입니다. 조음장애나 유창성장애와 같이 100% 완성이라는 목표에 근접하였다면 종결에 앞서 충분한 일반화 과정을 거치고, 언어발달장애와 같은 경우라면 공식검사와 비공식평가를 실시한 후 종결합니다. 필요에 따라 후속 관리가 필요하다면 후속 관리계획에 대한 의논이 필요할 수 있고, 종결 후에는 종결평가서나 간단하게 종결에 대한 기록을 남기도록 합니다. 다음은 목표달성으로 인한 종결평가서의 예입니다.

종결평가서(예)

대상아동		생년월일	년 월 일
프로그램명	언어재활	담당 언어재활사	(인)
주호소	조음 · 음운 능력 지연		
치료 기간	20**년 **월 **일 ~ 20**년 **월 **일(주 2회/52회기)		

1. 치료 전 언어 상태

20**년 **월 **일(6세 1개월)

우리말조음음운검사2(U-TAP2) 결과 자음정확도 90.69%, 모음정확도 100%

오류 유형으로는 치조마찰음 왜곡으로 모든 위치에서 오류를 보임

2. 치료 목표 및 달성

대화상황 시 모든 위치에서 치조마찰음을 100% 정조음하는 것을 목표로 진행하였고,

현재 대화 상황 시 모든 위치에서 100% 정조음 가능함

3. 종료 시 언어 상태

 20**년 **월 **일(6세 8개월)

우리말조음음운검사2(U-TAP2) 결과 자음정확도 100%

추후관리	해당 없음
발급용도	기관 보관용

작성일　　　년　　월　　일

○○센터

2. 내담자에 의한 종결

실제 치료 현장에서 가장 빈번한 것이 내담자에 의한 종결로, 이 유형은 보통 세 가지의 이유가 있겠습니다. 첫 번째, 개인적인 문제로 기관을 옮기는 경우, 두 번째, 치료를 잠시 중단하기 위해, 세 번째, 내담자의 자체 종결입니다.

개인적인 문제는 거리나 경제적인 문제 등 내담자의 개인적인 사정으로 기관을 변경하는 경우입니다. 이 경우 내담자의 요구에 따라 치료 경과 보고서나 진전 보고서, 언어평가서 등을 발급합니다. 두 번째, 휴식을 위해 종결을 원하는 경우라면 치료를 유지하지 않을 경우의 예후를 안내 후 그래도 종결을 원한다면 내담자가 원하는 방향에 따르도록 합니다. 세 번째, 부모에 의해 치료를 그만두거나 기관, 언어재활사를 변경하는 경우로, 내담자에 의한 종결의 대부분이 여기에 해당한다고 볼 수 있겠습니다. 치료실이나 언어재활사가 마음에 들지 않는다, 언어재활이 필요 없다고 혹은 효과가 없다고 생각된다, 치료가 끝났다고 판단된다 등 여러 가지 이유가 해당됩니다. 일반화 과정에서 자체 종결을 원하는 경우라면 일반화 과정 또한 치료의 한 부분임을 알리고 일반화의 중요성을 안내합니다. 또한 바우처 서비스가 끊기거나 졸업을 앞두게 되는 만 18세에는 자체 종결이 많기 때문에 만 18세가 가까워지면 내담자에게 미리 종결 시점을 확인하고, 이에 맞추어 그동안 진행된 치료를 잘 마무리하는 것이 좋습니다.

그런데 내담자에 의한 종결, 즉 부모가 이번 달까지만 하고 그만하겠다고 말하는 일이 빈번하다면, 언어재활사 본인의 문제일 수도 있다는 점을 생각해 볼 필요가 있습니다. 언어재활사의 문제로 종결할 경우 대부분의 내담자는 사실대로 말하기보다는 여러 다른 이유를 말하거나 혹은 이유를 말하지 않기도 합니다. 이러한 경우 개인의 한계 혹은 문제를 파악하고 해결하기 위한 노력이 필요합니다. 내담자에게 개인적인 문제가 생기더라도 언어재활사의 신뢰가 높고 중재도 잘 이루어진다고 판단된다면 대부분의 내담자는 치료를 유지하는 방향을 선택하기 때문입니다. 간혹 언어재활사와 맞지 않다거나 다른 언어재활사에게 받고 싶다고 직접적으로 말하는 경우가 있는데 이러한 경우 어떤 부분에 불만족한 것인지 점검하고, 목표 및 방법을 수정할 수 있지만 그래도 조절이 불가한 경우라면 종결이 진행됩니다.

다음은 이사로 인해 종결된 내담자에게 제공하기 위한 진전보고서의 예입니다.

진전보고서(예)

대상아동		생년월일	년 월 일
프로그램명	언어재활	담당 언어재활사	(인)
주호소	언어발달 및 조음 · 음운 능력 지연		
치료 기간	20**년 **월 **일 ~ 20**년 **월 **일(주 2회 84회기)		

1. 언어평가(치료 전/후)

		20**년 **월 **일(3세 5개월)	20**년 **월 **일(4세 6개월)
PRES	이해	2년 2개월(2%ile 미만)	3세 11개월(13%ile)
	표현	1세 10개월(2%ile 미만)	3세 6개월(3%ile)
REVT	이해	2세 6개월 미만(10%ile 미만)	3세 6~11개월(10~20%ile)
	표현	2세 6개월 미만(10%ile 미만)	3세 0~5개월(10%ile 미만)
U-TAP2		25.59%	51.16%

 여기에는 초기 평가의 결과와 종결 시 평가의 결과에 대해 기술합니다. 또한 치료 전후 특이 사항이나 말-언어와 관련된 행동 문제 등에 대해서도 변화가 있다면 기술합니다.

2. 치료 목표 및 달성
 치료의 목표와 치료 과정, 그리고 달성의 예 등을 기술합니다.

3. 기타
 기타 안내 사항에 대해 기술합니다.

추후관리	지속적인 언어재활
발급용도	타기관 제출용

작성일   년   월   일

○○센터

제11장 현장에서 언어재활사의 자세

　청각, 지적, 뇌병변, 그리고 자폐성 장애를 포함하여 언어장애 및 언어재활을 필요로 하는 인구는 전체 장애인 중 약 34%에 해당합니다(보건복지부, 2019). 그리고 장애인 실태조사(보건복지부, 2017)상 여러 가지 재활 서비스 가운데 언어재활이 차지하는 비중이 가장 높은 것으로 나타났고, 현장에서도 언어재활에 대한 높은 욕구와 질적인 개선을 언급하는 목소리가 많습니다. 이번 장에서는 대상자가 바라는, 그리고 현장의 전문가가 바라는, 그리고 이제 막 언어재활을 시작한 언어재활사가 바라는 자세들에 대해 알아보려 합니다.

　언어재활사 윤리강령이 별도로 있으므로 여기에서는 먼저 일한 언어재활사의 입장에서, 그리고 운영자의 관점에서 임상현장에서 실질적으로 중요한 부분을 서술해 보겠습니다.

1. 전문성 유지

1) 장애 분류에 대한 이해

언어재활사가 장애 분류에 대해 알고 있어야 하는 이유는 우리의 대상자에는 장애인 혹은 잠재적 장애인이 포함되어 있기 때문입니다. 따라서 언어재활 전문가라면 언어재활의 대상자에 대한 기본적인 정보는 갖추는 것이 좋겠습니다.

우리나라「장애인복지법」상 장애 분류는 법 제2조 장애인의 정의 등에 규정되어 있듯이 크게 신체적 장애와 정신적 장애로 분류되며, 신체적 장애 및 정신적 장애의 대분류 밑에 중분류, 소분류, 세분류의 분류체계가 있습니다. 언어재활사가 주로 만

〈표 11-1〉 **장애의 분류**

대분류	중분류	소분류	세분류
신체적 장애	외부 신체 기능의 장애	지체장애	절단장애, 관절장애, 지체기능장애, 변형 등의 장애
		뇌병변장애	중추 신경의 손상으로 인한 복합적인 장애
		시각장애	시력장애, 시야결손장애
		청각장애	청력장애, 평형기능장애
		언어장애	언어장애, 음성장애, 구어장애
		안면장애	안면부의 추상, 함몰, 비후 등 변형으로 인한 장애
	내부 기관의 장애	신장장애	투석치료 중이거나 신장을 이식받은 경우
		심장장애	일상생활이 현저히 제한되는 심장기능 이상
		간장애	일상생활이 현저히 제한되는 만성 · 중증의 간기능 이상
		호흡기장애	일상생활이 현저히 제한되는 만성 · 중증의 호흡기기능 이상
		장루 · 요루장애	일상생활이 현저히 제한되는 장루 · 요루
		뇌전증장애	일상생활이 현저히 제한되는 만성 · 중증의 뇌전증
정신적 장애	지적장애		지능지수가 70 이하인 경우
	정신장애		정신분열병, 분열형 정동장애, 양극성 정동장애, 반복성 우울장애
	자폐성장애		소아자폐 등 자폐성장애

나는 대상은 신체적 장애로 분류되는 뇌병변장애, 청각장애, 언어장애 그리고 정신적 장애로 분류되는 지적장애, 자폐성장애가 있습니다.

학교에서 배운 언어장애의 종류와 실제로 장애 등록을 할 때 받는 장애 명칭은 다릅니다. 뇌졸중 환자는 신경언어장애로 분류되는 것이 아니라 뇌병변장애로 분류되거나 언어장애에 속하며, 자폐성장애의 경우도 과거에는 따로 분류하지 않았으나 새롭게 생겼습니다. 청각장애나 지적장애의 경우는 급수를 이야기하는 경우도 있으니 (앞에 따로 적지는 않았으나) 분류 기준이나 급수에 따른 언어적 특성 정도는 머릿속에 그릴 수 있으면 좋겠습니다.

2) 배움과 노력

임상에서 다양한 연령과 영역의 내담자를 의뢰받고, 주호소가 같더라도 개인의 발달과정에 따라 그에 맞는 중재와 정보를 제공해야 하기 때문에 항상 배움과 노력을 통하여 전문성을 유지해야 합니다. 아동의 부모에게 "언어재활사 선생님이 ○○에 대해 잘 모르시는 것 같아요", "○○에서 받은 검사에 대해서 물어봤는데 선생님이 모른다고 하시더라고요" 등과 같은 불만 사항이 접수된다면 안 되겠지요.

따라서 언어재활사가 알고 있는 내용은 근거를 바탕으로 한 전문적이고 객관적인 최신 정보여야 합니다. 시대에 따라 학문이 발전하기 때문에 협회나 학회의 교육 외에도 학술대회에 참가하거나 새로 출판된 도서와 논문을 읽고, 새로 출시된 검사도구가 있다면 배워서 임상에서 적용할 수 있어야 합니다.

그리고 사례에 대해 모르는 것이 있다면 교수님이나 주변의 연차가 높은 언어재활사에게 물어보시기 바랍니다. 이러한 노력을 통하여 관련 자료를 얻을 수 있는 방법이나 치료 방향에 대한 조언을 얻을 수 있을 것입니다.

2. 품위 유지

언어재활의 대상자를 생각해 보면 단정한 외모와 옷차림, 음성 등을 언급하는 이유를 아실 것이라 생각합니다. 다양한 연령과 영역의 내담자를 대면하여 중재가 이루어지는 만큼 단정하고 활동하기 편한 복장으로 하고, 긴 머리는 묶어 개인의 용모를 단정하게 하며 개인의 위생에 신경을 써야 합니다.

　치료 후 상담은 차분하고 전문적인 말투를 사용하고, 치료 시간이 아니더라도 항상 언행이나 표정에 유의합니다. 음성과 화법은 중요한 요소입니다. 자폐스펙트럼장애 아동의 경우 언어재활사의 밝고 쾌활한 음성(고음도)이 불쾌한 자극으로 인식되기도 합니다. 반대의 경우는 무섭다고 느끼거나 지루하게 생각될 수도 있습니다. 그리고 치료 시간에 무심코 혹은 치료 시간이 아니라고 신경 쓰지 않고 내뱉은 말과 표정이 자폐스펙트럼장애 아동의 반향어나 표정 모방으로 나타날 수 있습니다. 이렇게 치료 대상에게도 영향을 주지만, 부모들과의 상담에서는 더 큰 영향을 끼칩니다. 음성과 화법이 전문성을 가르는 척도는 아니지만 부모상담에서 꽤 큰 영향을 주는 것은 맞습니다. 실제로 초기상담을 하는 사람이 누구든 간에 그 시간을 통해 치료 진행 여부가 판가름 나기도 하는데, 긴장한 모습을 보이거나 전문적인 지식을 제대로 펼치지 못한 채 뻔한 이야기만으로 초기상담을 진행하게 된다면 치료로 연결되지 못하거나 뜻하지 않은 종결을 맞는 등 안타까운 일이 생길 수 있습니다.

3. 취업

　근무지 유형으로는 개원 언어재활센터, 복지관, 병·의원, 어린이집, 학교, 다문화센터 등이 있고, 고용형태는 정규직, 계약직, 시간제 등이 있습니다. 근무지 유형에 따라 만나게 되는 내담자의 특성이 다르고 고용형태에 따라 복리후생이 다르기 때문에 자신에게 맞는 취업 방향을 확인 후 입사 지원을 합니다.

　초기 취업과 재취업, 그리고 직무 만족도에 관한 연구들이 있습니다. 가장 높은 취업 기관은 '개원 언어재활센터'였고, 그다음으로 복지관, 교육기관 등이며, 이직 원인은 급여 불만족과 업무 불만족이라고 합니다. 개원 언어재활센터의 경우 정규직의 비율이 늘어나지만, 아직 비정규직-비율제인 경우가 많습니다. 각각의 장단점이 있지만 가장 큰 차이점은 근무의 강도와 급여 불안정일 것입니다. 개인의 역량도 반영되겠지만, 같은 언어재활사라도 소속된 기관이나 지역에 따라 급여의 차이가 유의합니다. 학력이나 급수가 높거나 경력이 길다고 해도 기대하는 것만큼 비율이 높아지거나 기본급의 차이가 나지 않습니다. 면접 시 반드시 해야 할 것은 '근무 시간, 급여, 4대 보험 가입, 퇴직금, 복리후생' 등을 확인하는 것이며, 근무를 시작하게 되면 근무 계약서를 꼭 작성하여 최소한의 보장을 받는 것이 필요합니다.

4. 시간 엄수

사회생활을 한다면 기본으로 지켜야 할 사항, 출·퇴근시간 엄수는 매우 중요하지요. 정규직이 아닌 경우 별도의 출근 시간 없이 치료 시간에 맞추어 출근하는 경우가 많기 때문에 자유롭게 출근한다는 장점이 있습니다. 그렇다고 수업시간에 맞추어 내담자와 함께 출근하거나 내담자보다 늦게 도착하는 일이 없도록 하고 미리 도착하여 치료 준비를 마치고 여유 있게 내담자를 기다리도록 합니다. 퇴근 역시도 마지막 치료가 끝났다고 해서 내담자가 집에 가지도 않았는데 먼저 근무지를 나가거나 내담자와 함께 나가지 않도록 합니다.

다음으로는 치료 시간 엄수입니다. 예약된 시간에 내담자가 늦게 오거나 상담이 길어지면서 다음 치료 시간까지 영향을 주는 일이 발생하기도 합니다. 그러다 보면 이어서 진행되는 치료들이 연달아 늦어지게 되지요. 어쩌다 한 번 이런 일이 발생한다면 다른 내담자 분들도 이해하겠지만 여러 번 발생되면 기본적 신뢰에 문제가 생깁니다. 내담자가 지각을 했다면 미리 양해를 구하고 치료 시간을 조절하거나 상담 시간을 조절하여 정해진 시간을 넘지 않도록 합니다. 그래야 내담자도 최대한 시간을 맞춰 오게 됩니다. 치료는 정시에 끝났지만 상담이 길어지는 경우라면 예약된 다음 스케줄을 알려 드리고 필요하다면 별도로 전화상담이나 대면 상담을 안내하도록 합니다.

5. 관련 영역의 이해

병원에서 진단을 받고 내원한 경우라면 관련 영역의 검사 확인 후 내담자에 대한 정확한 이해가 필요합니다. 예를 들어, 지적장애의 경우 지능에 따라 일상생활을 수행하는 능력이 다르고 언어재활을 통한 예후도 다르기 때문에 지능검사 결과를 확인하고 이해할 수 있어야 합니다. 또한 자폐스펙트럼으로 인한 발달지연으로 언어재활을 진행하는 아동의 경우 통합적 치료를 위하여 놀이치료나 감각통합치료를 병행합니다. 이러한 경우 타 영역 간 상호 협력이 필요할 수도 있고, 통합적 치료를 권고할 수도 있으며, 내담자에게 언어재활 외 추가적으로 필요한 치료에 대한 정보를 요구받을 수도 있습니다. 따라서 관련 영역의 검사나 치료 종류에 대한 정보와 이해가 필요하겠습니다.

관련 영역의 검사들 중 대표적으로 알아야 할 몇 가지는 다음과 같습니다.

1. 한국 웩슬러 아동지능검사(Korean-Wechsler Intelligence Scale for Children, K-WISC)
2. 사회성숙도검사(Social Maturity Scale, SMS)
3. 베일리 영유아발달검사(Bayley Scales of Infant Development)
4. 아동기 자폐증 평정척도(Childhood Autism Rating Scale, CARS)
5. 자폐증 진단관찰 스케줄 2(Autism Diagnostic Observation Schedule ll, ADOS-2)

그 외, 아동용주제통각검사(CAT), 그리고 카우프만 아동용 지능검사(K-ABC), 다면적인성검사(MMPI), 성격유형검사(MBTI), 한국판성격평가척도(TCL) 등과 같은 성격검사, 로르샤하(RORSCHACH), 문장완성검사(SCT), 가족동적화(KFD), 집-나무-사람(HTP), 벤더게슈탈트검사(BGT) 등 관련 영역의 검사는 수십여 가지가 됩니다.

의료진이 권고하거나 이용 대상자가 많은 치료는 다음과 같습니다.

1. 놀이치료
2. 미술치료
3. 음악치료
4. 감각통합치료
5. 심리운동치료
6. 응용행동분석(Applied Behavior Analysis, ABA)

6. 케이스 리퍼

새로운 내담자 치료를 시작하는데 라포(rapport) 형성이 안 되거나 문제 파악이 안 될 경우, 혹은 목표를 설정의 어려움 등과 같이 여러 가지 문제가 생길 수 있습니다. 예를 들어, 주로 언어발달장애군을 치료했는데 처음으로 성인 실어증 사례를 만나게 되었다면 초기상담 후 열심히 신경언어장애 책과 논문을 찾아 공부하고 필요에 따라 자문을 구할 수 있습니다. 그러나 중재를 위해 여러 방법으로 노력하였어도 자신의 능력 밖의 내담자라고 판단된다면 케이스 리퍼(case refer)를 생각해 볼 필요가 있습니다. 이때는 너무나 솔직히 "제가 안 해 봐서 몰라요"보다는 "○○님의 사례는 ○○영역에서 중재 경험이 많은 분이 진행하는 것이 더 바람직할 것 같습니다"라고 하고 성인치료가 가능한 기관이나 성인치료 경험이 많은 언어재활사를 안내할 수도 있겠습니다. 치료의 한 회기가 누구에게는 치료의 골든타임일 수 있다는 것을 잊지 말아야 합니다.

7. 치료 활동

치료실이 내담자와 보호자가 있는 대기실과 가까운 거리에 위치해 있거나 방음이 잘 안 되어 생각보다 치료실 내 소리가 다른 곳으로 잘 전달됩니다. 그리고 보호자는 '치료실에서 끊임없이 말을 하는 것을 좋아한다'라는 말이 있을 정도로 언제나 아동의 말에 귀를 기울이고 있음을 잊어서는 안 됩니다. 따라서 항상 언행에 조심해야 합니다. 아동 치료의 경우 계획대로 아동이 따라오지 않거나 고집을 부린다고 해서 혼을 내거나 때리거나 무섭게 다그쳐서는 안 됩니다. 이러한 방법으로 아동의 행동수정이 일시적으로 가능할 수 있겠으나 결과적으로는 치료 진전에 좋은 영향을 주지 않으며 오히려 상황을 모르는 보호자는 소리만 듣고 감정이 상하거나 심하면 아동학대로 오해를 받을 수도 있습니다. 실제로 아동학대로 법적 다툼을 하는 일이 보고되고 있기도 합니다.

그리고 치료 활동 시 내담자 연령에 따른 만화나 장난감, 게임 트렌드를 알고 있는 것이 필요합니다. 아동 중재의 경우 최근 아동들에게 인기 있는 만화 캐릭터나 장난감을 활용하면 더 즐겁게 활동할 수 있고 학령기의 경우에는 최근 유행하는 보드게임을 활용한다면 좀 더 적극적인 활동을 유도할 수도 있기 때문입니다. 이렇게 즐겁게 활동을 하면서 주의 사항! 바로 휴대전화입니다. 치료 시 치료를 위한 상황 외에는 개인적인 메시지를 보낸다거나 불필요한 검색을 하지 않도록 주의합니다.

8. 일지 작성

매 회기 후에는 일지를 쓰도록 합니다. 보통 회기 계획을 간단하게 작성하고 별도로 결과기록을 남기는 경우가 많은데 하루에 많은 세션을 타이트하게 진행하다 보면 깜빡하고 작성하지 못하는 경우가 생깁니다. 일지를 작성해야 진전이 파악되고 중요한 것은 기록으로 남겨야 하기 때문에 일지는 밀리지 않도록 치료 진행 후 작성합니다. 그리고 바우처 치료의 경우 바우처 일지 작성이 법적인 의무사항이기 때문에 바우처 서비스 제공기관 현장 감사 시 기관에 피해가 발생하지 않도록 유의합니다. 이와 같은 모든 일지는 외부로 유출될 수 없으며 기관에서만 보관합니다.

9. 기타 업무

근무지에 행정업무 전담 직원이 없고 정규직이 아닌 형태로 고용되어 있다면 스케줄과 결제 업무를 진행할 수도 있습니다. 스케줄과 관련된 업무의 문제는 아마도 내담자의 당일 결석과 보강의 문제일 텐데요, 수시로 결석하면서 마음대로 보강 치료를 요청하거나 혹은 보강 치료를 진행하지 않아 스케줄과 급여 문제 발생할 수도 있습니다. 이를 언어재활사가 직접적으로 해결해야 하기 때문에 첫 치료 시작 전 기관의 내부 규정이 있다면 규정 안내 후 서면 동의를 받고 시작하는 것이 좋습니다. 하지만 이러한 내부 규정이 없다면 기관과 협의를 거쳐 스케줄과 관련한 안내문을 제작 후 서면 동의 후 치료를 시작하는 것도 하나의 방법입니다. 결제와 관련해서는 행정업무 담당 직원을 두지 않고 운영되는 작은 규모의 바우처 서비스 제공기관은 바우처 수업 후 결제를 직접 진행하기도 합니다. 바우처 결제 부분은 배우면 간단하고 쉬운 일이기 때문에 기관에서 도움을 요청할 경우 할 수 있는 일입니다.

이와 별도로 고용형태에 따라 치료실을 함께 쓰는 경우가 있는데, 치료실을 다른 언어재활사와 함께 쓴다면 수업 후 사용한 교구는 각각 제자리에 잘 정리정돈하고 치료실 내 개인의 영역은 지켜 주도록 합니다. 사소한 것으로 감정이 상할 수 있기 때문에 함께 치료실을 사용한다면 매너와 에티켓을 지켜 주는 것이 좋습니다.

10. 내담자와의 관계

항상 진실된 마음으로 의사소통 능력이 향상될 수 있도록 최선을 다하고 내담자의 불만사항이나 건의 및 요청사항이 있을 경우 미루거나 거부하지 않습니다. 또한 치료 활동 중 알게 되는 모든 내담자의 개인정보 동의를 받고 개인정보를 소중히 다루며 철저한 보안을 유지합니다. 객관성을 잃을 수 있으므로 내담자와 개인적인 친분을 쌓거나 하는 등의 이중관계를 맺지 않도록 하고, 불필요하게 연락처를 주고받거나 치료실 외 공간에서 별도로 만나지 않습니다.

11. 퇴사

퇴사를 결정했다면 퇴사의 아름다운 예절을 지키도록 합니다. 퇴사 통보는 직접적으로 알리고 후임 언어재활사를 채용할 수 있도록 적어도 한 달 전에 하는 것이 좋습니다. 메시지로 퇴사 통보를 하지 않도록 하고, 후임 언어재활사가 구해지지 않은 상황에서 일방적인 퇴사로 기존의 내담자들에게 치료의 공백이 발생하지 않도록 합니다. 하지만 후임 언어재활사가 채용되지 않는다고 해서 계속 근무를 유지할 수는 없기 때문에 퇴사 의사를 전달할 때 최대 근무 가능일을 조율하는 것이 좋습니다. 그 전까지 보강이나 이월한 것은 없는지 치료 일정을 확인하여 진행하고, 바우처 서류나 대상자 개인 파일에 누락된 점은 없는지 점검합니다. 개인적인 연구나 학업에 필요하다고 내담자 정보나 일지, 도구, 서류 등을 가져가서는 안 됩니다. 후임이 채용되었다면 내담자 및 부모에게도 언어재활사가 변경되는 것에 대해 충분한 설명을 해야 합니다. 가장 좋은 것은 몇 회기에 걸쳐 치료실에 아동과 언어재활사 1, 2가 함께 입실하여 아동과 치료 활동에 대한 관찰, 아동과 익숙해지는 시간 갖기이지만 이렇게 진행하는 곳은 드뭅니다. 그러므로 평가서나 일지 등 내담자 개인 파일을 잘 정리하고 필요시 아동의 행동이나 말 특성, 주의사항 등을 문서로 작성하여 전달, 부모와 아동에게도 적응의 시간을 주는 등 잘 마무리하는 것까지가 언어재활사의 일입니다. 퇴사 시에는 경력증명서를 요청하여 받도록 합니다.

장애의 정의 및 분류

「장애인복지법 시행령」(2014년 6월 30일 개정)에 의한 장애의 정의 및 분류에 대한 자료로, 2017년 장애인 실태조사에서 발췌하였음

1. 뇌병변장애

지난 1999년 장애인복지법 시행령 개정령에서 뇌병변장애를 기존의 지체장애에서 별도로 분리하여 새로운 장애범주로 추가하였다. 이에 따라 '2000년 장애인 실태조사'를 시작으로 '2017년 장애인 실태조사'에서도 지체장애와 별도로 뇌병변장애에 대해 조사를 실시하고 있다. 시행령에서 규정하고 있는 뇌병변장애란 "뇌성마비, 외상성 뇌손상, 뇌졸중(腦卒中) 등 뇌의 기질적 병변으로 인하여 발생한 신체적 장애로 보행이나 일상생활의 동작 등에 상당한 제약을 받는 사람"으로 2014년 조사와 동일하다.

보행상의 장애정도는 "도움과 보호가 필요한 사람", "보행이 현저하게 제한된 사람", "보행이 상당한 정도 제한된 사람", "보행이 경중한 정도 제한된 사람", "보행이 경미하게 제한된 사람", "보행시 파행을 보이는 사람"으로 분류되고 있고, 일상생활동작에서의 장애정도는 "일상생활동작이 현저히 제한된 사람", "일상생활동작이 상당히 제한된 사람", "섬세한 일상생활동작이 현저히 제한된 사람", "섬세한 일상생활동작이 상당히 제한된 사람", "섬세한 일상생활동작이 경중한 정도 제한된 사람"으로 분류된다.

2. 청각장애

청각장애는 청력장애와 평형기능장애로 구분된다.

청력장애란 일반적으로 데시벨(dB)의 소리를 들을 수 있는가와 같은 크기의 소리라도 어음의 청음명료도를 퍼센트로 표시하여 그 장애 정도를 분류할 수 있다. 일반적으

로 청각장애인을 농인과 난청인으로 분류하고 있는데, ① 농인(deaf person)은 보청기를 착용하거나 착용하지 않은 상태에서 귀만으로 말을 들어 이해할 수 없을 정도(일반적으로는 70dB ISO 이상)로 청각(청력)에 장애가 있는 사람을 말하며, ② 난청인(hard-of-hearing person)은 보청기를 착용하거나 착용하지 않은 상태에서 귀만으로 말을 들어 이해하기가 불가능하지는 않으나 곤란한 정도(일반적으로는 35~69dB ISO)로 청각에 장애가 있는 사람을 말한다.

평형기능장애란 청력기능의 손상으로 신체의 평형기능에 장애가 있어 생활에 불편이 따르는 경우를 말하는 것이다. 즉, 공간 내에서 자세 및 방향감을 유지하는 능력을 말하는 것으로 쉽게 말해 어지럼증으로 몸의 중심을 잡지 못하는 것을 말하며, 시각, 고유 수용감각 및 전정기관에 의해 유지된다.

보통 말소리를 거의 듣지 못하는 사람이 청각장애이고, 아래의 항목들 중 '라' 항목이 평형기능장애에 해당된다.

가. 두 귀의 청력손실이 각각 60데시벨(dB) 이상인 사람
나. 한 귀의 청력손실이 80데시벨 이상, 다른 귀의 청력손실이 40데시벨 이상인 사람
다. 두 귀에 들리는 보통 말소리의 명료도가 50퍼센트 이하인 사람
라. 평형 기능에 상당한 장애가 있는 사람

3. 언어장애

언어장애는 어떤 사람이 의사소통상의 방해를 받아 사회생활 면에서 정상적인 적응이 불가능한 경우를 말하는 것으로, ① 말이 불완전거나, ② 말이 쉽게 이해되지 않거나, ③ 음성이 듣기에 거북하거나, ④ 특정 음성의 변형이 있거나, ⑤ 발성이 어렵거나 말의 리듬, 음조 혹은 고저에 이상이 있거나, ⑥ 말이 말하는 사람의 연령, 성, 신체적인 발달 정도와 일치하지 않는 특성을 보이는 경우 등을 일컫는다.

즉, 언어장애는 다음과 같이 분류될 수 있다.

① 조음장애(articulation disorder): 음운장애(phonological disorder)라고도 하며, 말할 때 말소리를 생략, 대치, 왜곡 또는 첨가하는 것을 말한다.
② 음성장애(voice disorder): 후두·구강·비강 등에 장애가 있으면 음성장애를 일으키게 되는데, 음성장애가 후두 내의 기능장애와 관련이 있으면 발성(phonation)장애, 구강 및 비강 통로의 기능장애와 관련이 있으면 공명(resonance)장애라고 한다.
③ 유창성장애: 말의 흐름에는 유창성·속도·리듬 등 세 가지 요소가 포함된다. 이 세 가지 요소 중 일부 또는 전부에 이상이 있으면 말의 흐름에 장애가 있다고 한다. 이를 '말의 흐름장애' 또는 '유창성장애'라고 하는데 여기에는 말더듬과 속화증(성

급하게 말하기)이 있다.

- 말더듬(stuttering)은 말소리, 음절 또는 조음운동을 비정상적으로 반복, 또는 연장하는 것이다.
- 속화증(cluttering)은 말더듬과 유사하나, 말더듬과는 반대로 화자가 자기의 말에 주의를 기울이면 개선되고, 이완되어 있을 경우에는 두드러지게 나타난다.

④ 기타: 뇌성마비·지적장애·청각장애에 따른 언어장애, 언어발달지체, 실어증 등이 있다.

「장애인복지법 시행령」에서는 언어장애인이란 "음성 기능이나 언어 기능에 영속적으로 상당한 장애가 있는 사람"이라고 정의하고 있으며, 이에 포함되는 모든 언어장애 분류는 모두 법정장애의 대상에 포함될 수 있다.

4. 지적장애

「장애인복지법 시행령」에서는 지적장애인이란 "정신 발육이 항구적으로 지체되어 지적 능력의 발달이 불충분하거나 불완전하고 자신의 일을 처리하는 것과 사회생활에 적응하는 것이 상당히 곤란한 사람"으로 정의 내리고 있다. 즉, 18세 이전에 정신발달이 불완전하여 지능이 평균 이하로 저하되고 또 이로 인하여 자기의 신변관리와 사회생활에의 적응이 곤란한 상태에 있는 경우를 말한다. 그리고 「장애인 등에 대한 특수교육법」에서는 지적장애인(정신지체를 지닌 특수교육대상자)을 "지적기능과 적응행동상의 어려움이 함께 존재하며 교육적 성취에 어려움이 있는 사람"으로 정의하고 있다.

미국지적장애협회(AAMR)에서는 "지적장애란 현재 기능의 근본적인 한계로서 18세 이전에 발현되고, 지적 기능에서 의미 있게 낮은 능력(IQ. 70 또는 75 이하)을 보이며, 동시에 '의사소통, 자조, 가정생활, 사회적 기술, 지역사회 이용, 자기관리, 건강과 안전, 학습 능력, 여가, 그리고 일'(Schalock et al., 1994: 181-193) 등의 적응기술 영역에서 두 가지 이상 관련된 한계를 갖는 경우"를 지적장애로 정의하고 있다.

또한 지적장애의 분류에 있어서도, 경도(mild), 중등도(moderate), 중도(severe), 최중도(profound) 지적장애로 분류해 오던 미국지적장애협회에서는 1992년의 새로운 정의에 따라 지적장애의 정도를 지적장애인이 필요로 하는 지원의 강도에 따라 간헐적 지원(intermittent support), 제한적 지원(limited support), 장기적 지원(extensive support), 심층적 지원(pervasive support) 등을 필요로 하는 경우로 나누어 구분하고 있다(정기원외, 1995).

이러한 정의들을 종합해 볼 때, 지적장애의 발병연령은 18세 이전으로 되어 있으며, 표준화된 지능검사의 소견에서 유의하게 표준 이하의 지적인 기능과 동시에 그와 연관된 적응성, 제한성이 두 가지 혹은 그 이상의 실제 적응기술 영역들(의사소통, 자기관리,

가정생활, 사회성 기술, 지역사회활동, 자기지시, 건강과 안전, 기능적 학업효과, 여가, 직업기술의 영역)에서 존재하는 것으로 특징지어진다. 즉, 발달기(18세 이전)에 발현되고, 지능의 발달지체(IQ. 70 이하)와 적응행동의 결함으로 인한 사회적응의 한계라는 조건을 만족시키면 지적장애라고 볼 수가 있을 것이다.

5. 자폐성장애

지난 1999년 「장애인복지법」 개정 때부터 새로이 장애범주에 포함된 자폐성장애는 1943년 Leo Kanner에 의해 처음 보고되었다. Kanner의 보고에 의하면, 이러한 아동들은 태어날 때부터 사람과 주변 환경에 대하여 관계형성이 어렵고, 언어의 발달에 심각한 장애가 있으며, 여러 종류의 행동장애가 동반된다고 하였다. 현재 공식적인 분류체계로는 DSM-IV(1994)와 ICD-10(1992)의 두 종류가 있는데, 전반적인 자폐성장애(Pervasive Developmental Disorder, PDD)라 명명되었고, 기본적으로 유아자폐증(전반적 자폐성장애)의 정의와 큰 차이는 없다.

「장애인복지법 시행령」에서 규정하고 있는 자폐성장애는 "소아기 자폐증, 비전형적 자폐증에 따른 언어 · 신체표현 · 자기조절 · 사회적응 기능 및 능력의 장애로 인하여 일상생활이나 사회생활에 상당한 제약을 받아 다른 사람의 도움이 필요한 사람"으로 진단받은 후 최소한 6개월이 경과되어야 판정을 받게 된다.

자폐성장애는 발달의 전 영역에 걸쳐서 장애가 일어나는 것으로, 첫째, 대인관계의 형성이 일어나지 않으며, 둘째, 언어의 발달이 일어나지 않거나 발달의 심각한 지연이 있으며, 셋째, 상동증, 과잉운동증, 공격적인 행동, 자해적인 행동 등의 행동장애가 동반되는 특징이 있다.

자폐성장애는 우리나라에서 공식적인 정신질환 분류체계로 사용하고 있는 국제질병분류표 ICD-10(International Classification of Disease 10th Version)의 진단지침에 따르는데, ICD-10의 진단명이 F84 전반성자폐성장애(자폐증)인 경우에 자폐성장애(자폐증) 등급 판정을 받게 된다.

언어재활사를 위한 임상 기초

고대 안암병원 인공와우이식센터(2017. 11. 8.). 맵핑 및 재활 "맵핑이란". http://anam.kumc. or.kr/depthome/aacyc/

권도하, 김시영, 김효정, 박진원, 신명선, 안종복, 장현진, 전의숙, 정훈(2012). 유창성장애. 서울: 학지사.

권유진, 진연선, 배소영(2018). 한국어 이야기 평가. 서울: 인싸이트.

김민정, 배소영, 박창일(2007). 아동용발음평가. 서울: 휴브알앤씨.

김성희, 이연희, 오욱찬, 황주희, 오미애, 이민경, 이난희, 오다은, 강동욱, 권선진, 오혜경, 윤상용, 이선우(2017). 2017년 장애인실태조사. 보건복지부.

김수진, 신지영(2007). 조음음운장애. 서울: 시그마프레스.

김승국, 김영욱, 황도순, 정인호(2004). 청각장애 아동 교육. 서울: 교육과학사.

김영태(2014). 아동언어장애의 진단 및 치료(2판). 서울: 학지사.

김영태, 성태제, 이윤경(2003). 취학전아동의 수용언어 및 표현언어 발달 척도. 서울: 서울장애인종합복지관.

김영태, 신문자(2004). 우리말 조음·음운평가. 서울: 학지사.

김영태, 홍경훈, 김경희, 장혜성, 이주연(2009). 수용·표현어휘력검사. 서울: 서울장애인복지관.

김영태, 김경희, 윤혜련, 김화수(2003). 영·유아언어발달검사. 서울: 파라다이스복지재단.

김정미, 윤혜련, 이윤경(2008). 언어와 읽기 장애. 서울: 시그마프레스.

김향희(2012). 신경언어장애. 서울: 시그마프레스.

김현기(2000). 구개열아동 말의 객관적 평가 및 치료방법. 언어청각장애연구, 5(2), 106-120.

대한청각학회 편(2015). 말지각검사의 실제. 서울: 학지사.

대한후두음성학회(2016). 후두음성언어의학. 서울: 범문에듀케이션.

박경민(2018). 초등 3-5학년 단순 ADHD아동과 언어문제를 동반한 ADHD 아동의 읽기 이
　　해모니터링 능력: 이야기 담화 및 설명담화 중심으로. 조선대학교 대학원 석사학위논문.

박서린, 김향희(1999). 발달성 말실행증. 언어청각장애연구, 4, 220-233.

박준범, 하승희(2014). 아동기 말실행증 아동의 조음교대운동 특성. 말소리와 음성과학, 6(3),
　　33-40.

박혜진, 김진숙(2016). Ling 6 Sound 검사의 이해와 적용. 한국청각언어재활학회, 12(4),
　　195-203.

배소영(2011). 한국판 맥아더 베이츠 의사소통 발달 검사. 서울: 마인드프레스.

배소영, 김미배, 윤효진, 장승민(2015). 한국어읽기검사. 서울: 인싸이트.

배소영, 임선숙, 이지희(2000). 언어문제해결력 검사. 서울: 장애인복지관.

배소영, 임선숙, 이지희, 장혜성(2004). 구문의미이해력검사(TOPS). 서울: 장애인복지관.

보건복지부(2019). 등록장애인 현황. 보건복지부.

송승하(2019). 사회 의사소통 중재 프로그램을 활용한 언어치료가 학령기 고기능 자폐스펙트
　　럼장애 아동의 화용언어 능력에 미치는 영향. 이화여자대학교 대학원 박사학위논문.

송영준, 이효자, 장현숙(2011). 국립특수교육원 말지각 발달검사: KNISE-DASP. 경기: 교육과
　　학사.

신문자, 김재옥, 이수복, 이소연(2010). 조음기관 구조·기능 선별검사. 서울: 인싸이트.

신석호(2017). 사회적 의사소통장애의 임상적 이해. 대한소아청소년정신의학회, 28(4), 192-
　　196.

심현섭, 권미선, 김수진, 김영태, 김정미, 김진숙, 김향희, 배소영, 신문자, 윤미선, 윤혜련
　　(2012). 의사소통장애의 진단과 평가. 서울: 학지사.

심현섭, 김영태, 이윤경, 김미선, 김수진, 이은주, 표화영, 한진순, 권미선, 윤미선(2019). 의사
　　소통장애의 진단과 평가. 서울: 학지사.

심현섭, 신문자, 이은주(2010). 파라다이스-유창성검사 II. 서울: 파라다이스복지재단.

양수진(2000). 이야기 결속표지 발달: 4세, 6세, 8세 및 성인을 대상으로. 이화여자대학교 대
　　학원 석사학위논문.

왕수건(2010). 목소리 문제에 대하여 이비인후과에서 실시하는 후두검사법. 코기토, 68,
　　27-65.

윤미선(2011). 한국어 영유아청각통합능력척도(IT-MAIS)의 타당도와 신뢰도 평가. 언어청각
　　장애 연구, 16, 494-502.

윤미선(2012). 와우이식 청각장애인을 위한 듣기연습. 서울: 군자출판사.

윤미선, 한효섭, 김현정, 양수진, 황성혜, 최현주, 박주현(2004). 언어발달을 위한 재미있는 듣기 연습. 서울: 군자출판사.

윤지혜(2017). 퇴행성질환과 말언어장애 재활. 대한후두음성언어의학회지, 28(2), 79-83.

이경재, 신문자, 전희정(2011). 상호작용치료경험을 중심으로 한 학령전기 말더듬아동 부모의 치료경험 분석. 언어청각장애연구, 16, 478-493.

이서현, 박은혜(2011). 특수아동교육. 서울: 학지사.

이승환(2005). 유창성장애. 서울: 시그마프레스.

이영미(2010). Categories of Auditory Performance(CAP). 제7회 동아 청각 심포지엄 자료집. 부산: 동아대학교.

이윤경, 배소영, 권유진, 김민정, 박혜진, 서경희, 윤효진, 이옥분, 정경희, 정한진, 표화영(2010). 언어치료 임상실습 이론과 실제. 서울: 학지사.

이윤경, 허현숙, 장승민(2014). 학령기 아동 언어 검사. 서울: 인싸이트.

이은주, 심현섭(2007). 취학전 말더듬아동의 기질과 어머니의 기질 및 양육행동 특성. 언어청각장애연구, 12, 279-295.

이은주, 오소정(2019). 사회적 의사소통장애 연구 문헌분석. 특수아동교육연구, 21(2), 119-139.

이정학, 조수진, 김진숙, 장현숙, 임덕환, 이경원, 김형종(2010). 어음청각검사(KSA). 서울: 인싸이트.

장선아, 박희영(2012). 언어치료사의 취업과 이직현황에서 직무만족에 대한 실태조사. 언어치료연구, 21(4), 265-286.

정기원 외(1995). 1995년도 장애인 실태조사 연구보고서. 한국보건사회연구원.

정다영(2018). 인공와우이식 중복장애 아동의 의사소통능력 평가. 나사렛대학교 일반대학원 석사학위논문.

진연선, 배소영(2014). 학령기 사회적 의사소통장애와 고기능자폐 아동의 의사소통 능력 차이. 한국언어청각임상학회, 19(1), 45-59.

한진순(2009). 구개열 아동의 자음정확도, 말 명료도 및 말 용인도 간의 상관연구. 언어청각장애연구, 14, 183-199.

한진순(2010). 구개열 아동, 기능적 조음장애 아동 및 일반 아동의 일음절 낱말 자음정확도, 말 명료도 및 말 용인도 비교. 언어청각장애연구, 15, 397-410.

허승덕, 최아현, 강명구(2006). 재활청각학. 서울: 시그마프레스.

황보영, 김경신(2010). 지적장애 아동 언어치료. 서울: 학지사.

American Psychiatric Association (1994). *Diagnostic and statistical manual of mental disorders* (4th ed.). Washington, DC: APA.

American Psychiatric Association (2013). *Diagnostic and statistical manual of mental disorders* (5th ed.). Washington, DC: APA press.

American Speech-Language-Hearing Association (2007). Childhood apraxia of speech: Ad Hoc Committee on apraxia of speech in children. Retrieved from http://www.asha.org/policy/TR2007-00278/

Archbold, S., Lutman, M. E., & Marshal, D. H. (1995). Categories of auditory performance (CAP). *The Annals of Otolgy, Rbinology & Laryngology, 166*(9), 312-314.

Baron-Cohen, S., Wheelwright, S., Hill, J., Raste, Y., & Plumb, I. (2001). The "Reading the mind in the eyes" test revised version: A study with normal adults, and adults with Asperger syndrome or high-functioning autism. *The Journal of Child Psychology and Psychiatry, 42*(2), 241-251.

Bax, M. C. (1964). Terminology and classification of cerebral palsy. *Developmental Medicine and Child Neurology, 11*, 295-297.

Boone, D. R., McFarlane, S. C., Von Berg, S. L., & Zraick, R. I. (2004). 음성과 음성치료(*The voice and voice therapy*). (황영진, 유재연, 정옥란 옮김). 서울: 시그마프레스.

Brothers, L. (1990). The neural basis of primate social communication. *Motivation and Emotion, 14*(2), 81-91.

Daniel, R. B., & Stephen, C. M. (2007). 음성과 음성치료(*The voice and voice therapy*). (황영진, 유재연, 정옥란 옮김). 서울: 시그마프레스.

Duffy, J. R. (2005). *Motor speech disorders: Substrates, differential diagnosis, and management* (2nd ed.). St. Louis, Mo: Mosby.

Green, M. F., & Horan, W. P. (2010). Social cognition in schizophrenia. *Current Directions in Psychological Science, 19*(4), 243-248.

Hegde, M. N. (2011). *Introduction to communicative disorders* (성철재, 이숙향, 윤규철 옮김). 서울: 학지사.

Joseph, R. D. (2016). 말운동장애: 기질 · 감별진단 · 중재(*Motor speech disorders: Substrates, differential diagnosis, and management*). (김향희, 서미경, 김윤정, 윤지혜 옮김). 서울: 박학사.

Kent, R., Weismer, G., Kent, J., & Rosenbek, J. (1989). Toward phonetic intelligibility testing in dysarthria. *Journal of Speech and Hearing Disorders, 54*(4), 482-499.

Kristin, A. C. (2014). 학령기 말더듬 아동의 정서 및 태도를 다루는 방법. 제17회 세계 말더듬의 날 기념 말더듬 치료 워크숍.

Marilyn, S. W. (2010). 뇌성마비 언어치료 SLP를 위한 가이드북(*Cerebral palsy resource guide* for speech-language pathologists). (신후남, 이명순 옮김). 서울: 박학사.

Metz, E. D., Schiavetti, N., & Sitler, R. W. (1980). Toward an objective description of the dependent and independent variables associated with intelligibility assessments of hearing-impaired adults. In J. D. Subtelny (Ed.), *Speech assessment and speech improvement for the hearing impaired* (pp. 72-81). Washington: Alexander Graham Bell Association.

Norbury, C. F. (2014). Practitioner review: Social (pragmatic) communication disorder conceptualization, evidence and clinical implications. *Journal of Child Psychology and Psychiatry, 55*(3), 204-216.

Patricia, A. P., & Rebecca, J. M. (2012). *Treatment of autism spectrum disorders: Evidence-based intervention strategies for communication and social interactions.* Baltimore: Paul H. Brookes Pub. Co.

Peterson-Falzone, S., Trost-Cardamone, J., Karnell, M., & Hardin-Jones, M. (2009). 구개열 언어치료: 임상 가이드(*The clinician's guide to treating cleft palate speech*). (황영진, 김하경 옮김). 서울: 박학사. (원서 출판 2006)

Rebekah, H. P., Laura, W. P., & William, O. H. (2017). 언어장애 진단평가(*Diagnosis and evaluation in speech pathology*). (김민정, 한진순, 이혜란 옮김). 서울: 학지사.

Rosenbek, J. C., Lemme, M. L., Ahern, M. B., Harris, E. H., & Wertz, R. T. (1973). A treatment for apraxia of speech in adults. *Journal of Speech and Hearing Disorders, 38*, 462-472.

Roth, F. P., & Worthington, C. K. (2014). *Treatment resource manual for speech language pathology.* San Diego: Singular Pub. Group.

Schalock, R. L., Stark, J. A., Snell, M. E., Coulter, D. L., Polloway, E. A., Luckasson, R., Reiss, S., & Spitalnick, D. M. (1994). The changing conception of mental retardation: Implications for the field. *Mental Retardation, 33*(3), 181-193.

Subtelney, J. (1977). Assessment of speech with implications for training. In F. Bess (Ed.), *Childhood deafness* (pp. 183-194). New York: Grune and Stratton.

Tye-Murray, N. (2009). *Foundations of aural rehabilitation: Children, adults, and their family members.* Clifton Park, NY: Thomson/Delmar Learning

Van Riper, C., & Erickson, R. L. (1996). *Speech correction: An introduction to speech pathology and audiology.* Needham Heights, MA: A Simon & Schuster Co.

Veronika, S., & Doris, M. (2010). 말-언어장애 아동을 위한 호흡·조음·발성 치료(*Atem-spiele: Anregungen fur die sprach-und stimmtherapie mit kindern*). (박정식, 배진애

옮김). 서울: 학지사.

Walter, H. M. (2013). Dr. Manning의 유창성 장애(*Clinical decision making in fluency disorders, 3rd ed.*). (심현섭, 신문자, 이은주 옮김). 서울: 시그마프레스. (원서 출판 2009)

Witzel, M. A. (1995). Communicative impairment associated with clefting. In R. J. Shprintzen & J. Bardach (Eds.), *Cleft palate speech management: A multidisciplinary approach*. St. Louis, MO: Mosby.

World Health Organization (1992). *The ICD-I0 classification of mental and behavioural disorders–clinical descriptions and diagnostic guidelines*. Geneva: WHO.

Zimmerman-Phillips, S., Osberger, M. J., & Robbins, A. M. (2001). *Infant-toddler meaningful auditory integration scale*. Sylmar: Advanced Bionics Corp.

언어재활사를 위한 임상 기초

찾아
보기

〈저자 소개〉

강민선(Kang Min Seon)

명지대학교 대학원 언어치료학과 석사
보건복지부 1급 언어재활사
현) 열린아동청소년발달센터 원장

이경민(Lee Kyung Min)

명지대학교 대학원 심리재활학학과간협동과정 언어치료전공 박사수료
보건복지부 1급 언어재활사
현) 소통과공감심리상담센터 원장

언어재활사를 위한 임상 기초
Treatment Guidelines for Speech-Language Pathology

2021년 2월 25일 1판 1쇄 발행
2023년 3월 20일 1판 3쇄 발행

지은이 • 강민선 · 이경민
펴낸이 • 김 진 환
펴낸곳 • (주) **학지사**

04031 서울특별시 마포구 양화로 15길 20 마인드월드빌딩 5층

대표전화 • 02) 330-5114   팩스 • 02) 324-2345

등록번호 • 제313-2006-000265호

홈페이지 • http://www.hakjisa.co.kr
페이스북 • https://www.facebook.com/hakjisabook

ISBN 978-89-997-2337-7 93370

정가 19,000원

출판미디어기업 **학지사**

간호보건의학출판 **학지사메디컬** www.hakjisamd.co.kr
심리검사연구소 **인싸이트** www.inpsyt.co.kr
학술논문서비스 **뉴논문** www.newnonmun.com
원격교육연수원 **카운피아** www.counpia.com